Gisbert Gemein
und
Metin Oezsinmaz

Deutsche und Türken in der Geschichte

Inhalt

Aschendorff Münster

Sonderheft 8 der Zeitschrift „Geschichte, Politik und ihre Didaktik", herausgegeben vom Geschichtslehrerverband NRW e.V.

Text- und Abbildungsnachweise

Texte:
Ekkehard Eickhoff. Venedig, Wien und die Osmanen. Umbruch in Südosteuropa 1645–1700. Unter Mitarbeit von Rudolf Eickhoff. Klett-Cotta, Stuttgart 1988 (S. 95f. und 407). *29-29, 32-33*
Josef Matuz. Das Osmanische Reich. Grundlinien seiner Geschichte. Darmstadt, Wissenschaftliche Buchgesellschaft, 3. Auflage 1994 (S. 184f. und 253f.) *30-31, 61*
Gordon A. Craig. Deutsche Geschichte 1866–1945, Verlag C.H. Beck, München 1980. *67-68*
Wolfgang Gust. Der Völkermord an den Armeniern. Die Tragödie des ältesten Christenvolkes der Welt. © 1993 Carl Hanser Verlag, München – Wien. Mit freundlicher Genehmigung des Carl Hanser Verlages. *85-86*
Michael W. Weithmann, Atatürks Erben auf dem Weg nach Westen. Die Türkei im Spannungsfeld zwischen Nahost und Europa. © 1997 Wilhelm Heyne Verlag, München. *129-130*
Michael Neumann-Adrian – Christoph K. Neumann. Die Türkei. Ein Land und 9000 Jahre Geschichte. © 1990 Paul List Verlag, München. *25-26*
Alan Palmer. Verfall und Untergang des Osmanischen Reiches. © 1992 Paul List Verlag, München. *51-53*
Fritz Neumark. Zuflucht am Bosporus. Deutsche Gelehrte, Politiker und Künstler in der Emigration 1933–1953. Freiburg 1980. Mit freundlicher Genehmigung des Verlags Herder, Freiburg. *122*

Abbildungen:
Türkin mit Laute und Türkin mit Gitarre, mit freundlicher Genehmigung der Staatlichen Kunstsammlung Dresden, Porzellansammlung. *54*
Kostümfigurine August des Starken als Sultan beim Cartel-Rennen am 9. Februar 1697 in Dresden, mit freundlicher Genehmigung der Staatlichen Kunstsammlung Dresden, Kupferstich-Kabinett. *53*
Bernd Nicolai. Moderne und Exil. Deutschsprachige Architekten in der Türkei 1925–1955. Verlag Bauwesen, Berlin 1998. Mit freundlicher Genehmigung der Huss-Medien GmbH. *95, 97-99.*

ISBN 3-402-01688-5

Druck: Druckhaus Aschendorff, Münster, 2001
Gedruckt auf säurefreiem, alterungsbeständigem Papier ∞

Vorbemerkung
Zur Konzeption des Bandes

Das vorliegende Werk behandelt Themenbereiche, die für die meisten Deutschen – selbst hinsichtlich ihrer eigenen Geschichte – unbekannt sind. Seine Bedeutung, auch Relevanz für den Unterricht braucht nicht lange begründet zu werden. Die Aufnahme z. B. der Behandlung eines fremden Kulturkreises wie des Islam als obligatorischen Unterrichtsgegenstand in der jüngeren Lehrplangeneration wird – weil didaktisch sinnvoll – auch von deren Kritikern nicht bestritten. Aber die Aufnahme der Geschichte des islamischen Raumes oder der Umweltgeschichte birgt Probleme, weil – zugespitzt gesagt – keiner es kann. Woher auch? Studieren konnte es kein Lehrer, auch heute nicht. Lehrstühle für islamische *Geschichte* sucht man an deutschen Hochschulen vergeblich. Islamwissenschaft steht dort in einer (unguten) Tradition europäischer Orientalistik und versteht sich als Philologie. Ohne deren Bedeutung für die Geschichtswissenschaft schmälern zu wollen (Textanalyse bleibt weiterhin eine der vielen Notwendigkeiten), sind die methodischen Fragestellungen der Historiographie heute breiter; hinter eine sozialgeschichtlich orientierte Geschichtsschreibung (um nur einen Ansatz zu nennen) wird kaum einer zurückgehen wollen.

Es ist nicht der Gegenstand, der Bedenken weckt, sondern die (in jeder Hinsicht unverschuldete) Kompetenz derer, die dieses Thema dann unterrichten sollen. Die Gefahr von Halbbildung und neuer Klischeevorstellungen droht. Schulbücher (einer der Autoren hat zu dieser Thematik eins geschrieben), auch wenn sie noch so gut sind, sind dabei für den Lehrer nur unzureichende Hilfe, dazu gehörige Lehrerbände bieten in der Regel nur methodisch-didaktische Hinweise, schließen aber nicht die fachwissenschaftliche Lücke. Schulbücher sind in der Regel für Schüler geschrieben, im Umfang begrenzt, im darstellenden Teil auf einem geringeren Abstraktionsniveau und einer für Schüler überschaubaren Informationsdichte; anders gesagt: Der unterrichtende Lehrer, ebenfalls ein selbst lernender Lerner, weiß hinsichtlich des neuen unbekannten Gegenstandes so viel, wie seine Schüler erarbeiten können. Der schulaufsichtliche Hinweis auf die Fortbildungsverpflichtung der Lehrer hat angesichts von amtlichen Fortbildungsangebot und gestiegener Arbeitsbelastung in der Schule die Motivationskraft des Zynismus.

Die beiden Autoren sind Lehrer. Sie haben ein ursprünglich als Schulbuch konzipiertes Werk in den einführenden Texten überarbeitet und hinsichtlich der Materialauswahl deutlich erweitert. Es ist also vorrangig kein Buch für Schüler, sondern für Lehrer, die Schüler unterrichten. Auswahl und Aufbereitung der Quellen und Texte orientieren sich an den heutigen Standards des Geschichtsunterrichts, was z. B. Repräsentativität, Vielfalt der Materialien, Multiperspektivität betrifft. Das Werk ist mithin in seiner Grundstruktur „didaktisiert", für Unterricht als Materialsammlung geeignet, gleich ob als „Steinbruch" für Einzelstunden oder längere Sequenzen. Es verzichtet aber auf eine unterrichtsmethodische Aufbereitung (z.B. Arbeitsfragen), überläßt dem Lehrer auch die Kürzung einzelner Quellen bzw. deren Auswahl, wo zum gleichen Sachverhalt mehrere Materialien angeboten werden. Der Lehrer muß also das Werk für seine Bedürfnisse bzw. die seiner Lerngruppe „bearbeiten". Er findet dafür allerdings auch längere Texte aus der Sekundärliteratur, die in den meisten Fällen (wenn auch gekürzt) auch für (Oberstufen-)Unterricht geeignet sind, die ihm aber vorrangig die für ihn wichtigen Zusatzinformationen liefern sollen.

Mit dieser sich vom traditionellen Schulbuch unterscheidenden Konzeption wird das Werk mit seinen zahlreichen Quellen und Texten aus der wissenschaftlichen Literatur zu einem „Lesebuch“ für den, der sich (nur) – gewissermaßen aus erster Hand – über eine Geschichte informieren will, die alle betrifft, die in Deutschland leben, Türken wie Deutsche.

Schwierige Nachbarn? Willkommene Gäste? Deutsche und Türken in der Geschichte

Es ist eine fast tausendjährige wechselvolle Geschichte, beginnend mit kriegerischen Auseinandersetzungen in der Kreuzzugszeit; es ist eine Vergangenheit, die nicht vergeht, die heute noch andauert, auch wenn der Strom türkischer Arbeitsmigranten abgeebbt ist. Deren Integration ist weiterhin ein aktuelles Problem, ebenso wie das Begehren der Türkei, Mitglied der EU zu werden. Türken in Deutschland sind Deutschen ein vertrautes Bild, und doch wirken sie auf viele fremd. Was wissen Deutsche – außer als Urlaubsland – über die Türkei, ihre Kultur, ihre Geschichte, was wissen sie also über ihre Nachbarn im Viertel, ihre Kollegen am Arbeitsplatz, den Mitschüler in der Klasse? Wissen Deutsche – in Umkehrung der Frage und im Gegensatz zu vielen Türken – überhaupt etwas über Deutsche in der Türkei? Wer in eine gemeinsame Vergangenheit schaut, die nicht nur von Kriegen geprägt ist, sieht nicht nur den Fremden, er schaut auch auf sich selbst. Diese Schrift wird daher Quellen bieten, die in der „Gedächtnisgeschichte" der Deutschen über ihre eigene Vergangenheit fast verloren waren.

Vorurteile und Ängste

Heutige deutsche Vorurteile über Türken haben eine lange Vorgeschichte, reichen über den Schreckensruf „Türken vor Wien" bis zur Kreuzzugspredigt Urbans II. vom 27. Nov. 1095. Diese wirkt weit über die mittelalterliche Kreuzzugspropaganda prägend für die Bildung von Feindbildern. Den deutschen Vorurteilen und dahinter sich verbergenden Ängsten entsprechen türkische Ängste, artikuliert in den Zeitungen, die in Deutschland gelesen werden. Für unsere türkischen Mitbürger verzahnen sich Geschichte und Gegenwart, die beide nicht nur eine Geschichte der „Türkengreuel" oder heutiger rechtsradikaler Gewalttaten sind, sondern auch die vielfältiger Formen der Zusammenarbeit, der gegenseitigen Beeinflussung und Bereicherung, in die sich die beiden Autoren dieser Schrift einordnen. Schon das deutsche Mittelalter kennt neben dem Feindbild auch das Vorbild, wenn die Nürnberger die geordneten Zustände im Osmanischen Reich mit denen in Deutschland vergleichen. Doch warum ist das Fastnachtspiel von Hans Rosenplüt von 1454, der dies artikuliert, nicht nur weitgehend unbekannt und für den Leser nicht greifbar, während eine moderne türkische Übersetzung lieferbar ist?

Exotischer Orient – der „kranke Mann am Bosporus"

Nicht Rosenplüt, sondern Lessings „Nathan" wird von Deutschen bemüht, wenn man Belege sucht, daß es neben den Kriegen auch „aufgeklärte" Umgangsformen mit dem Andersgläubigen gab. Doch die europäische Aufklärung hat auch den Orient nur als Spiegel für die eigene Kultur benutzt. Mit dem Abklingen der Türkengefahr nach 1683 ändert sich das Bild des Türken in Europa. Der exotische Orient faszinierte, Europa machte ihn sich zu eigen, allerdings nur mit seinen guten Seiten. Die Geschichte des Vorderen Orients, einschließlich der ägyptischen, wird zur eigenen, europäischen Vorgeschichte, ein eurozentrisches Geschichtsbild, dem auch heutige amtliche Lehrpläne noch verhaftet sind. Die Entstehung des heutigen europäischen, westlichen Kulturkreises wird meist mit der Karolingerzeit angesetzt; er wäre mithin deutlich jünger als der chinesische, indische, auch der byzantinische und islamische Kulturkreis, mit dem er die gleiche Wurzel in der antiken Mittelmeerkultur hat. Gehört es zum Überlegenheitsgefühl, eine längere, ältere Geschichte zu haben? Ordnet sich ein solches Geschichtsbild nicht nahtlos in die imperialistische Landnahme der Europäer im 19. Jahrhundert ein, in deren Dienst sich – in Frankreich früher als in Deutschland – Malerei und ganze Wissenschaftsdisziplinen von der Orientalistik bis zur Geographie stellten? Wird deshalb in der akademischen Diskussion in Deutschland das Buch „Orientalism“ von Edward Said totgeschwiegen oder als „umstritten“ abgetan, weil es die historischen Grundlagen einer Disziplin einer kritischen Würdigung unterzieht? Warum ziehen sich die, die dies tun, in die provinzielle Enge zurück, fern einer Welt, die aufgeregt dieses Buch diskutiert?

Die Adaption des Orients ist Teil europäischer Geschichte, sie hat Auswirkungen auf Selbst- und Fremdbild. Es wird ja nicht der gesamte Orient angeeignet, sondern die Aspekte, die passen, die faszinieren, die positiv besetzt sind. Was aus europäischer Perspektive dem Orient bleibt, ist ein negativer, ein schäbiger Rest: Aus dem Despoten wird ein orientalischer Despot, und man verdrängt die eigene Geschichte; aus der politischen Ohnmacht des Osmanischen Reiches wird der „kranke Mann am Bosporus“, angeblich reform- und modernisierungsunfähig, und man braucht nicht zu reflektieren, welche Rolle man selbst dabei spielte und wie lange Reformen in Europa brauchten. Der Bau der Bagdad-Bahn durch die Deutschen bedeutete weniger eine entwicklungspolitische als eine imperialistische Erschließung Anatoliens und des heutigen Iraks. Deutsches Engagement im Osmanischen Reich führt dann nicht nur zum Bündnis im 1. Weltkrieg, sondern auch zur Verstrickung in die Tragödie, die den Armeniern widerfuhr.

Deutsche in der Türkei – Türken in Deutschland

In Deutschland ist weitgehend unbekannt, daß die Türkei nach 1933 ein wichtiges Exilland war, nicht so sehr hinsichtlich der Zahl der Exilanten, zu denen der spätere Berliner Bürgermeister Ernst Reuter zählte, als vielmehr ihrer Qualität wegen. Die zahlreichen Wissenschaftler spielen eine wichtige Rolle bei der Umsetzung der kemalistischen Reformen; sie sind die akademischen Lehrer eines Großteils der türkischen Nachkriegselite, sie haben zahlreiche spätere Landräte, Provinzgouverneure, auch einige Minister ausgebildet. Diese prägen dann bis weit in die 70er Jahre das Deutschlandbild der Türken und eine deutschfreundliche Einstellung, nicht so sehr die vielbeschworene „Waffenbrüderschaft“ des 1. Weltkrieges, die oft genug durch das arrogante Auftreten deutscher Militärs zu Krisen führte. Weitgehend „vergessen“ ist in deutscher Geschichtserinnerung eine erste Gruppe türkischer Arbeitsmigranten im Kaiserreich, auch die Integration von Muslimen im Preußen Friedrichs II., ein Vorbild für heute?

Heutige Probleme

Die heutigen Probleme sind komplexer und – durch die Zahlenverhältnisse – größer. Die deutsche Wirtschaft rief „Gastarbeiter“, die dann über Jahrzehnte und inzwischen drei Generationen blieben. Die deutsche Politik blieb unentschieden, sah Deutschland nicht als Einwanderungsland, nahm aber faktisch Einwanderer auf; erst mit Beginn des neuen Jahrtausends wird diese seit langem überfällige Frage mit dem Ziel einer Lösung diskutiert. Ähnlich unentschieden wirken aber auch die türkischen Migranten; Umfragen ergeben immer wieder überdurchschnittlich hohe Rückwanderungswünsche, denen aber ein faktisches Verharren in Deutschland widerspricht.

Ähnlich widersprüchlich wirkt das diplomatische Verhältnis der beiden Länder. Die moderne Türkei versteht sich seit Kemal Atatürk als westlicher, europäischer Staat. Das Selbstbild steht in krassem Gegensatz zu dem Türkenbild vieler Europäer, die in dem anderen Glauben, vor allem den traditionellen sozialen Verhältnissen in Anatolien, einen Kulturgegensatz sehen. Die heutige Türkei strebt in die EU, die Europäer, auch die deutsche Regierung formulieren stets neue Vorbehalte. Die türkische Europa-Politik wirkt nach innen wie eine Folge von enttäuschten Hoffnungen und gebrochenen Versprechungen sowie dem Verdacht, dass hinter den Deklamationen, die neue Hoffnungen wecken, europäische Rücksichtnahme gegenüber dem gemeinsamen Bündnispartner USA steht, welche die Türkei als verläßlichen NATO-Partner nicht missen wollen. Es gibt mehr als nur Indizien, dass die Amerikaner verhindern, dass die Europäer das „Haus Europa" endgültig für die Türkei verschließen. Diese offene Frage, mit Mißtrauen aus türkischer Perspektive gestellt, verschärft eine andere: Das „Haus Europa" wird derzeit der Türkei nicht geöffnet, aber im „Haus Deutschland" leben inzwischen mehrere Millionen Türken als unmittelbare Nachbarn der Deutschen; sie bilden mit anderen Muslimen aus Nordafrika, dem ehemaligen Jugoslawien, dem Iran und Afghanistan die drittgrößte Religionsgemeinschaft in Deutschland. Wir sollten uns daran erinnern, daß ihre andersartige Religion, die angeblich trennt, ähnlich wie die des Christentums den gleichen Entstehungsraum hat: den Vorderen Orient, den in den letzten 2000 Jahren Perser, Araber und Türken prägten.

Kap. I Das Bild vom anderen

Kap. I.I Eine folgenreiche Rede

Türkische Kolumnisten, die deutsche bzw. europäische Vorurteile über Türken behandeln, stellen diese meist in einen historischen Kontext. Luther und Urban II. werden oft – direkt oder indirekt – zitiert. Die Autoren zeigen dabei (wenn auch manchmal einseitiges) Bildungswissen über westliche Geistesgeschichte, das Deutschen in dieser Differenziertheit oft fremd ist. Aber es ist ein Bildungswissen über Vergangenheit, das in der Gegenwart schmerzt, wie umgekehrt aus der Vergangenheit kommende westliche Vorurteile heutige Denkstrukturen prägen.

Um diesen Zusammenhang von Geschichte und Gegenwart zu verdeutlichen, werden an den Anfang unserer Untersuchung moderne türkische Zeitungskommentare, in Deutschland für in Deutschland lebende Türken geschrieben, mit einer Rede aus dem Mittelalter konfrontiert, die Geschichte machte, die das Zeitalter der Kreuzzüge einläutete, damit auch die Geschichte von Deutschen und Türken. Denn auf den Schlachtfeldern der Kreuzzüge standen sich nicht mehr die „Franken" (wie die arabischen Chronisten pauschalierend alle Westeuropäer nannten) den Arabern gegenüber, sondern Türken, welche die militärische Macht im Vorderen Orient übernommen hatten.

Den verschiedenen, erst mehrere Jahre später in Latein (Urban II. sprach wohl in Altfranzösisch) aufgezeichneten Redefassungen ist ein – aktuell auf die Seldschuken bezogenes – Feindbild gemeinsam, wobei weniger die graduellen Unterschiede der Redefassungen als deren Wirkungsgeschichte von Bedeutung sind. Auch wenn die Fassung bei Fulcher von Chartres heute als die authentischste gilt, die von Robert dem Mönch ist im Mittelalter weiter verbreitet; von ihr liegen allein mehrere mittelhochdeutsche Übersetzungen vor. Indem Robert entsprechende Urban-Worte ausschmückte und ergänzte, beeinflußte er Motive der späteren Kreuzzugspropaganda sowie des Feindbildes, das in der historisch-politischen Realität der seldschukische Türke und weniger der Araber war. Der Propagandacharakter dieser Redefassung wird an den Möglichkeiten ihrer Instrumentalisierung deutlich. 1108 wird in einem Kreuzzugsaufruf deutscher Fürsten das gleiche Muster auf Slawen übertragen, in späterer Zeit auf Osmanen. Dabei ist nicht nur die lange Wirkungsgeschichte einzelner Greuelmotive auffällig, die nur noch unterschiedlich ausgeschmückt zu werden brauchten, charakteristisch ist eine Tendenz, die schon bei Urban angelegt ist: Der Gegner wird als unmenschlich geschildert, ihm werden menschliche Attribute abgesprochen, er wird zum Tier. Im Gegensatz zum Islam mit einem eher realistischen Menschenbild, das auch seine negativen und gewalttätigen Anlagen berücksichtigt, Krieg als eine erlaubte Ausnahme neben dem erstrebenswerten Normalzustand Frieden hinnimmt, ihn aber dadurch an bestimmte Regeln binden kann, stehen christlichen Staaten und die Kirche des Mittelalters vor dem unlösbaren Problem, wie sie die Notwendigkeit des Krieges in einer Friedensreligion begründen sollten, die noch zusätzlich Nächsten- und Feindesliebe predigte. Als Folge mußte das Feindbild besonders negativ gezeichnet werden, dem Feind mußte die Würde des Mitmenschen genommen werden, damit man ihn ohne Unrechtsbewußtsein töten konnte. Damit ist aber eine Propagandastruktur vorweggenommen, die in säkularisierter Form im 20. Jahrhundert eine Zuspitzung erhielt, wenn in der NS-Ideologie Juden und Slawen als „Untermenschen" gekennzeichnet werden.

Quellen/Materialien

M 1 Fremdbildwahrnehmung eines heutigen Türken in Deutschland

Kommentar des Journalisten Ilhan Selçuk in einer türkischen Zeitung:

„Wer die Türken mit einer rassistischen Brille betrachtet
Wie betrachtet der zeitgenössische Mensch den Menschen? Macht er im 21. Jahrhundert die rassistische Einstellung wieder lebendig? ...
Chinese, der Hund ...
Minderwertige gelbe Rasse ...
Schmutziger Neger ...
Träger Inder ...
Und der aus dem Westen?
Wir alle bewundern die privilegierten Diener, die Gott mit Sorgfalt erschaffen hat! Türken wurden in der letzten Periode der Osmanen als „unzurechnungsfähig" und minderwertig gesehen ...
Freunde, wie können wir glücklich sein? Jedes Schimpfwort über Türken ist etwas Besonderes:
- Türke? Ach wo, was ist denn ein Türke? Sie sind unzivilisierte Nomaden.
- Sie sind Bauern und bleiben Bauern.
- Grobe Kerle! ...
- Sie können noch nicht mal richtigen Sex mit Frauen haben. Einen schnellen Geschlechtsakt gibt es wohl, oder? Sie verstehen von Frauen nichts.
- Schlag eine Enzyklopädie auf! Kannst du das Foto eines Türken darin finden?
- Aus den Nägeln eines Türken tropft nur Blut. Sie denken an nichts als Krieg.
- Sie stinken ...
- In Europa vermeidet jeder, einem Türken zu begegnen. Der Gestank von Schinken und Wurst ist wie ein giftiges Gas.
- Was hast du gesagt? Türke? Ich betrachte keinen als einen Menschen, der nicht jeden Tag seine Unterhose wechselt.
- Sieh, wie sie die Kurden unterdrücken. Sie haben das gleiche mit den Armeniern und Griechen gemacht.
- Alle haben einen schwarzen Schnurrbart.
- Ach, dieser schwarze, hinterhältige, schlaue Bauernfängertürke; eine Plage für die Menschheit.
- Sie besetzten die Insel Zypern.
- Sie haben aus Kurdistan eine Kolonie gemacht.
- Sie können keine Städter sein.
- Ihre Geschichte ist erfunden. Als sie 1923 die sogenannte Republik gründeten, erfanden sie die Lüge der „nationalen Geschichte".
- Ein Türke kann kein Europäer sein.
- Sie sind nicht seßhaft. Woher kann diese Nomadenhorde die Zivilisation haben?
- Türken sind faul.
- Schade, sie saßen in der Wiege der Zivilisation auf dem Besitztum von anderen.
- Türken sind Tyrannen.

Es gibt zweierlei rassistische Einstellungen. Wir nennen den Türken rassistisch, der sich dem anderen gegenüber überheblich fühlt, und warum sollte der nicht rassistisch sein, der Türken niederhält?"

Ilhan Selçuk, Türke Irkci Gözlügüyle Bakanlar ..., in: Cumhuriyet Gazetesi, 16 Aralik 1994 Cuma (aus dem Türkischen übersetzt von Metin Oezsinmaz und Gisbert Gemein)

M 2 PENCERE (Das Fenster) – Vorurteile des Westens

„Papst Urban II. rief die Christen zu den Kreuzzügen auf: „ Jerusalem soll von den Türken gereinigt werden." Christen, die diesen Appell hörten, legten laut einen Eid ab: „Gott will es!"

Wenn nun in das Bewußtsein von Christen dieses Türkenbild so festgeschrieben wird, können Sie sich den Rest vorstellen.

In der europäischen Zivilisation war das Wort Türke sinngleich mit dem Wort Feind. Was heißt Türke? „ Mörder, Lüstling, gottlos, grob, ungeschickt, widerwärtig, grausam, Plünderer, unbarmherzig, aggressiv, ungesittet, schrecklich, Barbar, aus unbekannter Herkunft, verflucht, blutgierig..." Warum waren Europäer mit dem Türken verfeindet? Weil der Mensch immer Gründe sucht, den anderen zu versklaven. Mit dieser Methode beruhigt er sein Gewissen, rehabilitiert seine Tat und begangene Schuld.

*

Drei treibende Kräfte übertreffen in dem historischen Verlauf alle anderen, der die unzivilisierten Wertvorstellungen des Europäers bestimmt:

1) Christentum
2) Kolonialismus
3) Imperialismus

In der ersten Phase motivierte die Finsternis des Christentums die Feindseligkeit der Europäer gegen die Türken. Es ist interessant, daß der Papst Urban II. sagte: „*Jerusalem soll von den Türken gereinigt werden.*" Der Papst sprach nicht von Muslimen, sondern von Türken. In dieser Zeit hatten Türken kein Nationalbewußtsein über ein Türkentum. Um eine Nation zu werden, mußten sie bis zum 20. Jahrhundert warten.

Als die Türken mit dem Osmanischen Reich bis zum Bauch von Europa gelangten, standen die Christen vor einem *Türkenproblem*. Den Gipfel des Widerspruchs zwischen beiden Religionen auf der Welt symbolisierten die Türken. An diesem Widerspruch orientierte sich der Westen.

Die Vorurteile der europäischen Geistlichen, Politiker und Schriftsteller gegenüber Türken sind schrecklich und haarsträubend. Der Standpunkt von Martin **Luther** zu den Türken, der die reformatorische Wende in der Zivilisationsgeschichte symbolisiert, ist primitiv, düster und grausam. Viele Dichter und Romanautoren in Europa, deren Namen in die Literaturgeschichte mit goldenen Buchstaben geschrieben wurden, haben Vorurteile den Türken gegenüber. Die Perspektive der europäischen Staatsmänner zu den Türken, die nach dem I. Weltkrieg den Vertrag von Sèvres anordneten, erreicht die Spitze der Unmenschlichkeit: „ *Die Türken sollen aus Europa verbannt werden.*"

Ilhan Selçuk, Batinin Önyargilari (Vorurteile des Westens), in: Cumhuriyet Gazetesi, 4 Harizan 1995 Pazar (aus dem Türkischen übersetzt von Metin Oezsinmaz und Gisbert Gemein)

M 3 Das Türkenbild in der Urban-Rede nach Robert dem Mönch

Mit seinem Kreuzzugsaufruf vom 27.11.1095 hat Papst Urban II. eine lange Periode christlich-muslimischer Auseinandersetzungen eingeläutet, die militärisch auf muslimischer Seite vor allem von seldschukischen, später osmanischen Türken ausgefochten wurde. Die Redefassung nach Robert dem Mönch prägt vor allem das mittelalterliche Feindbild.

„Volk der Franken, Volk auf dieser Seite der Berge, Du Volk, wie in vielen Eurer Werke deutlich wird, von Gott ausgewählt und geliebt, sowohl durch die geographische Lage als auch den katholischen Glauben wie auch durch die Ehre der heiligen Kirche herausgehoben von allen anderen Völkern: An Euch richtet sich unsere Rede und Euch meint unsere Ermahnung. Wir wollen, daß Ihr wißt, welch trauriger Grund uns in Euer Land geführt hat, welches Bedürfnis nach Euch und allen Gläubigen uns hierher gezogen hat. Aus dem Land von Jerusalem und von der Stadt Konstantinopel kam ein schwerwiegender Bericht, und schon sehr oft kam uns zu Ohren, daß nämlich das Volk des Reichs der Perser, ein fremdes Volk, ein Gott gänzlich fernstehendes Volk, eine Art von Menschen also, die weder ein Herz haben noch an Gott glauben, die Länder jener Christen überfallen, mit Schwert, Raub und Feuer verwüstet, die Gefangenen teils in ihr Land verschleppt, teils auch elendiglich abgeschlachtet hat, die Kirchen Gottes entweder von Grund auf zerstört oder für den Ritus ihrer eigenen Heiligen in Beschlag genommen haben. Altäre besudeln sie mit ihrem Unrat; sie beschneiden Christen und das Blut der Beschneidung gießen sie auf den Altar oder in die Taufbecken. Bei manchen Leuten gefällt es ihnen, sie mit einem besonders schimpflichen Tod zu quälen; sie durchbohren den Nabel, reißen den noch Lebenden den Kopf ab, binden sie an einen Baumstamm und treiben sie so unter Schlägen herum, bis sie mit heraushängenden Eingeweiden zusammenbrechen und zu Boden fallen. Manche, die sie an einen Baum gebunden haben, erschießen sie mit Pfeilen; manchen strecken sie den Hals, gehen mit dem blanken Schwert auf sie los und probieren, ob sie mit einem Schlag den Kopf abschlagen können. Was soll ich über die schändliche Vergewaltigung der Frauen sagen, über die zu sprechen schlimmer ist als zu schweigen? Das Reich der Griechen ist von ihnen schon so weit niedergedrückt und besetzt, daß man es in noch nicht einmal zwei Monaten durchqueren kann. Wem also obliegt die Mühe, dies zu rächen, dies (den Feinden) zu entreißen, wenn nicht Euch, denen vor allen anderen Völkern Gott den glänzenden Schmuck der Waffen, Geistesgröße, körperliche Behendigkeit und die Fähigkeit verliehen hat, die Scheitel derer zu ducken, die sich Euch widersetzen?"

Roberti Monachi Historia Hierosolymitana, in: Recueil des Historiens des Croisades, Bd. 3, Paris 1866 (Neudruck 1967), S. 727 (aus dem Lateinischen übersetzt von Gisbert Gemein)

M 4 Feindbildübertragung

Eine Übertragung der Grundmuster der Propagandaelemente von Urban II. erfolgt in dem Kreuzzugsaufruf deutscher Fürsten zur Christianisierung des Slawenlandes 1108:

„Erhoben haben sich wider uns grausame Feinde, Männer ohne Barmherzigkeit, und sie bedrücken uns hart. In ihrer Bosheit sich rühmend, entweihen sie die Kirchen Christi mit ihrem Götzendienst, zerstören die Altäre und schrecken nicht davor zurück, das gegen uns zu vollführen, was zu hören das Herz des Menschen erschauern läßt. In unser Gebiet werden sie oft geführt, schonen keinen, rauben, morden und vernichten und bringen mit ausgesuchten Martern um, enthaupten viele und opfern die Köpfe ihren Götzen. Einigen holten sie die Eingeweide aus dem Leib, schnitten ihnen die Hände ab, banden die Füße zusammen und sagten, indem sie unseren Christus beschimpften: „Wo ist nun ihr Gott?" [...] Die Heiden sind schlimm, aber ihr Land ist sehr gut an Fleisch, Honig, Mehl und Vögeln. Wenn es bebaut wird, ist es voller Reichtum, so daß ihm keines gleich ist."

Quelle: Zitiert nach Peter Milger, Die Kreuzzüge. Krieg im Namen Gottes. Gütersloh: 1989, S. 34 f.

M 5 Das Türkenbild des Spätmittelalters

Das Türkenbild in der Propaganda des Spätmittelalters faßt Claudius Sieber-Lehmann zusammen:

„Bei der Schilderung der Türkengreuel in den nach 1453 verfaßten Texten spielen erwartungsgemäß die Zerstörung von Gotteshäusern und Sakrilegia eine große Rolle. Hinzu kommen die sexuellen Gewalttaten der Osmanen gegenüber Nonnen und christlichen Frauen. Sexuell bedrängt werden aber in den Schauergeschichten auch die Männer. So soll sich Mehmed II. am Sohn eines griechischen Adligen und/oder am Sohn des griechischen Kaisers vergangen haben. Auch in späteren Reden wird immer wieder auf die gleichgeschlechtlichen Neigungen der Osmanen Bezug genommen.

Letzten Endes gelten die Türken als Tiere. Besonders häufig ist der Vergleich mit tollwütigen Hunden, daneben aber werden sie wie im Hochmittelalter als *serpens* und *draco* tituliert. Zum animalischen Bereich gehört, daß osmanische Herrschaft und Religion mit *foedissima spurcicia* (ekelhaftem Schmutz) assoziiert werden. Als tierische Ungeheuer zeichnen sich die Türken erwartungsgemäß durch eine besondere Grausamkeit aus. Die Schilderung von Greueln bildet ein feststehendes Versatzstück der auf den Reichstagen vorgetragenen Reden. Die immer wiederkehrende Formel lautet, die Osmanen und vor allem ihr Sultan dürsteten nach Christenblut und begehrten nichts inniger als dessen Vergießung, die *effusio sanguinis Christiani.* Neben dem Durst nach Blut prangern die Redner immer wieder die Verschleppung von Christen, vor allem von Kindern, während der osmanischen Raids und die anschließende Versklavung an."

Claudius Sieber-Lehmann, Der türkische Sultan Mehmed II. und Karl der Kühne, der „Türk im Occident", in: Franz Rainer Erkens (Hrsg.), Europa und die osmanische Expansion im ausgehenden Mittelalter, Berlin 1997, S. 19 ff

1.2 Krieg und Frieden

Kriegsgeschichte ist in der deutschen Geschichtswissenschaft eher „Schmuddelkind" als seriöse Subdisziplin des Faches, auch wenn in jüngster Zeit Ansätze einer Neubewertung zu beobachten sind (vgl. Rolf Pröve, in: GWU 10/00), hat doch die Bildung stehender uniformierter Heere zur Ausbildung von Territorialstaaten sowie der Entwicklung der Manufakturwirtschaft einen erheblichen, wenn nicht sogar entscheidenden Beitrag geleistet. Dies gilt auch für das Habsburgerreich, das über seine „Türkenkriege" seine Großmachtstellung in Europa errang, die es bis in das 20. Jahrhundert bewahren konnte.

Die Begeisterung einer früheren Zeit für die Glanztaten des Blauen Kurfürsten, wie der bayrische Kurfürst Maximilian *Emanuel* wegen seiner Uniform genannt wurde, oder die Siege des Prinzen Eugen sind heute nach zwei Weltkriegen kaum mehr nachvollziehbar. Sie spiegeln gleichermaßen vorhergehende Ängste vor den lange militärisch überlegenen Osmanen und die Überlegenheitsgefühle des jetzt imperialistischen Deutschlands.

Die wechselvolle Geschichte von Kriegen, Waffenstillständen und Friedensschlüssen zwischen Deutschen (hier meist die Habsburger) und Osmanen wird hier nur skizzenhaft dargestellt und in wenigen ausgewählten Quellen dokumentiert; das gilt auch für die diplomatische Ebene der Beziehungen, da sie nur ein – wenn auch notwendiger – Hintergrund zum Verständnis der jeweiligen Feind- und Fremdbilder sind, die den eigentlichen thematischen Schwerpunkt dieses Kapitels bilden.

Man kann darüber streiten, welche der beiden großen islamischen Expansionsbewegungen für Westeuropa gefährlicher war, eine erste arabische des frühen Mittelalters oder eine zweite osmanisch-türkische, welche die Geschichte des ausgehenden Mittelalters und der frühen Neuzeit prägt. Beiden ist strategisch eine Zangenbewegung gemeinsam, die bei der arabischen von Süden über Nordafrika und Spanien führt, im Osten über Kleinasien gegen Byzanz, das hier über Jahrhunderte einen erfolgreichen Abwehrkampf für Europa ficht, bei der türkischen über den Balkan nach Ungarn führte, im Süden durch die türkische Flotte über das Mittelmeer; Malteser, aber auch die Flotten der italienischen Stadtrepubliken wie der Habsburger fechten hier die erfolgreichen Abwehrkämpfe aus. Beide Expansionsbewegungen gelangen bis ins Herz von Europa, 753, als Araber ihre Pferde an der Loire tränkten, 1529 und 1683, als die Türken Wien belagerten. Aus heutiger Perspektive und Kenntnisstand wird man die türkische Landnahme als die nachhaltigere und aus europäischer Sicht gefährlichere einschätzen. Die arabischen Einfälle in Frankreich waren nicht mehr als „Razzien", Streif- und Raubzüge, die zudem dem beduinischen Bevölkerungsanteil im Sinne eines Ghazi-Kriegertums eine traditionelle Betätigung weiterhin erlaubte, welche die städtische Religion des Islam für den Bereich der Umma, der Gemeinschaft der in Frieden lebenden Gläubigen, zurück- bzw. hier im wörtlichen Sinne an den Rand zu drängen suchte. Eine dauerhafte Inbesitznahme Galliens scheint nicht beabsichtigt, wie sich auch die arabische Landnahme auf das „trockene" Spanien beschränkte, das „feuchte" der Pyrenäen und atlantischen Randgebirge aussparte. Die osmanische Landnahme in Südosteuropa war dagegen auf Dauer angelegt. Mehrere, sich gegenseitig verstärkende Motive treffen zusammen. Der osmanische Herrscher ist Sultan, der an der Spitze seines Heeres erfolgreich Krieg führt; noch lange wird dies als Herrschaftslegitimation gelten, auch wenn die Teilnahme und praktische Befehlsführung zurücktritt. Er ist (seit 1541) Kalif, Schutzherr und Anführer aller Gläubigen, dessen Aufgabe es ist, den universalen Anspruch des Islam weltweit durchzusetzen; denn erst in seiner weltweiten Herrschaft würde das „Haus des Krieges" durch das „Haus des Friedens" ersetzt sein. Er ist weiterhin nach eigenem Selbstverständnis Nachfolger der römischen Kaiser (schon die Rum-Seldschuken hatten die Rom-Idee übernommen), Rivale der Habsburger auch auf diesem Gebiet. Erst in einer Schwächeperiode des Osmanischen Reiches kommt es mit dem Waffenstillstand von Zsitva-Torok 1606 zur gegenseitigen Anerkennung der Kaiserwürde.

Die jeweils aktuelle Bedrohung des Reiches, zuerst der Habsburger Lande, dann auch der der Reichsfürsten, hatte erhebliche Auswirkungen auf das Verhältnis der habsburgischen Kaiser zu den Reichsständen, beeinflußte auch die jeweilige Schärfe der Gegensätze während der Reformationszeit und im Zeitalter der Glaubenskriege. Bei der Beurteilung der in dieser Zeit entstandenen bzw. aus der Vergangenheit überkommenen und nun verschärften Feindbilder (im einzelnen in Kap. 1.3 dokumentiert) wird man auch ihre „innenpolitische" Funktion beachten müssen, eigene Gegensätze zu übertünchen. Auch wenn für die meisten Deutschen in den Kernlanden „Türkengreuel" lediglich ein fiktives Propagandamotiv blieben, waren Krieg und selbst in offiziellen Friedenszeiten Plünderungszüge für die Bewohner beider Grenzregionen „normale" Alltagserfahrung. Mit den Siebenbürger Sachsen geriet auch eine deutsche Volksgruppe unter eine länger andauernde türkische Herrschaft, die weiterhin ihre Verbindungen zum Reich pflegte.

Materialien

M 1 Das Vorspiel: Die Kreuzzüge

Während der Kreuzzüge standen sich die „Franken", wie die arabischen Chronisten pauschal alle Westeuropäer nannten, militärisch den seldschukischen Türken gegenüber. In der Geschichtsschreibung werden die Kreuzzüge als eigene Epoche behandelt. Bezogen auf die Thematik dieses Bandes wirken sie wie das Vorspiel zu den späteren und für die deutsche Geschichte bedeutsameren Auseinandersetzungen mit dem Osmanischen Reich.

Hier wird – repräsentativ für viele – nur ein Beispiel genannt. Eine unterrichtliche Aufbereitung der Thematik „Kreuzzüge" erfolgt in:

- *Gisbert Gemein – Joachim Cornelissen, Kreuzzüge und Kreuzzugsgedanke in Mittelalter und Gegenwart, bsv München 1992.*
- *Gisbert Gemein – Hartmut Redmer, Der christlich-europäische Westen und die islamische Welt – ein Kampf der Kulturen?, in: Geschichte und Geschehen exempla Bd. 1, Klett, Stuttgart 2001, Kap. 4, S. 72 ff.*

Der Autor der Gesta Francorum berichtet vom Überfall der Türken auf das christliche Lager bei Doryläum:

„Die Türken schossen aus erstaunlicher Entfernung mit Pfeilen auf uns. Wir hatten keine Aussichten, ihnen zu widerstehen oder der Wucht des Angriffs so vieler Feinde standhalten zu können. Die Frauen im Lager waren an diesem Tag eine große Hilfe für uns, denn sie brachten unseren Kämpfern Wasser und ermunterten die Streiter und Verteidiger."

Albert von Aachen schreibt zur gleichen Begebenheit:

„Die Türken mit ihrem Fürsten Kilidsch Arslan gewinnen die Oberhand, dringen kühn in das Lager ein, kämpfen mit Pfeilen und Hornbogen und töten die Pilger zu Fuß, Mädchen, Frauen, Kinder und Greise; kein Alter verschonen sie. Durch dieses grausame Morden geraten die zarten und vornehmen Frauen in Angst und Entsetzen, sie eilen, um sich festlich zu schmücken, und bieten sich den Türken an, ob diese, vielleicht in Liebe zu den edlen Frauen entflammt, sich gnädig stimmen lassen (. . .).

Beide Quellen: Zitiert nach Peter Milger, Die Kreuzzüge. Krieg im Namen Gottes, Gütersloh/Berlin 1989, S. 77.

M 2 Kreuzzug und Gegenkreuzzug?

Im Epilog seines Kreuzzugsbuches verknüpft der libanesische Historiker Amin Maalouf die Kreuzzüge mit der osmanischen Landnahme:

„Wenn das Abendland versucht hatte, den Vorstoß des Islam durch aufeinanderfolgende Invasionen zu bremsen, so war das Umgekehrte eingetreten. Nicht nur, daß die Franken-Staaten im Orient nach zwei Jahrhunderten Kolonisierung entwurzelt waren, sondern die Muslime hatten sich derart erholt, daß sie unter Fahne der Osmanen zur Eroberung Europas ansetzten. 1453 fiel ihnen Konstantinopel in die Hände, und 1529 lagerten ihre Ritter vor Wien."

Amin Maalouf, Der heilige Krieg der Barbaren. Die Kreuzzüge aus der Sicht der Araber, München 1996, S. 279

M 3 Datenübersicht zur osmanischen Geschichte

seit 1230	Mit dem Vordringen der Mongolen wandern (erneut) nomadisierende Stämme aus Turkestan nach Westen aus, von denen sich größere Teile, darunter die Osmanen, um die Jahrhundertwende in Kleinasien festsetzen
1281(?)–1326	Als Emir einer Kriegertruppe (Ghazid) im Dienst der Rum-Seldschuken erklärt sich Osman I. zum Sultan und gründet
1301	das Osmanische Reich
1326	Eroberung von Brussa, das als Bursa Hauptstadt wird
1326–1356	Osmans Sohn Orhan vollendet die Unterwerfung Bythyniens (1337 Eroberung Nizäa = Izmit), führt eine neue Währung und als nationales Symbol den Fes (eine glatte Mütze aus Filz) ein
1346	Orhan verbündet sich mit Johannes Kantakuzenos und heiratet dessen Tochter und leistet
1349	Byzanz Hilfe gegen die Serben
1354	Gallipolihalbinsel osmanisch, Einnahme Ankaras
1359–89	Murad I. stößt in das byzantinische Kaiserreich vor; Aufstellung der Janitscharentruppe
1361	Eroberung Adrianopels (als Edirne 1365 neue Hauptstadt); das byzantinische Reich wird auf die Stadt Konstantinopel beschränkt
1389	Schlacht auf dem Amselfeld; der Sieg über die Serben und andere Balkanvölker weitet die osmanische Macht bis zur Donau aus; im Osten Erweiterung bis zum Euphrat
1393	Eroberung von Bulgarien und der Walachei
1395–1401	Die Belagerung Konstantinopels veranlaßt Kaiser Siegismund zu einem Kreuzzug
1396	In der Schlacht von Nikopolis bleiben die Osmanen siegreich
1402	Die vernichtende Niederlage in der Schlacht von Angora (Ankara) gegen Timur und der Zusammenbruch des kleinasiatischen Reichsteils verzögern den Fall Konstantinopels
1413–21	Mehmed I. und
1421–51	Murad II. vermögen die Staatskrise zu überwinden, da sie im westlichen Reichsteil nicht bedroht sind
1438	Einführung der „Knabenlese"

1444	Ein (letztes) Kreuzfahrerheer unter Johann Hunyadi wird bei Warna vernichtet
1451–81	Mehmed (Mohammed) II., der Eroberer; sein neues Hausgesetz bestimmt hinsichtlich der bislang ungeklärten Nachfolgefrage (keine Primogenitur), daß jeder neue Sultan „um der Ordnung der Welt willen" seine Brüder zu töten habe, um die Bürgerkriege verschiedener Thronprätendenten zu verhindern.
1453	Belagerung und Fall Konstantinopels, als Istanbul neue Hauptstadt des Reiches. Mehmed setzt seine Eroberungspolitik erfolgreich fort. Venedig verliert seine Besitzungen auf Morea (Peloponnes), Serbien und Bosnien werden osmanische Provinzen
1468	erlischt der von dem albanischen Nationalhelden Georg Kastriotis (Skanderbeg) organisierte Widerstand mit dessen Tod
1461	fällt mit Trapezunt der letzte christliche Vorposten
1512–20	Selim I. gewinnt Syrien, Arabien und Ägypten; das Osmanische Reich wird zur Vormacht im östlichen Mittelmeerbecken
1478	Osmanische Oberhoheit über das Chanat der Krim
1481–1512	Bayezit II.; das Heer wird mit Feuerwaffen ausgerüstet
1483	Einverleibung der Herzegowina
nach 1500	Allgemeine Ausrüstung der Janitscharen mit Musketen
1512–20	Selim II.
1517	Vernichtende Niederlage der Mamluken vor Kairo; Ägypten wird osmanisch
nach 1518	Das Kalifat wird – angeblich – auf Selim I. übertragen
1519	Der algerische Korsar Hayreddin Barbarossa tritt in osmanische Dienste
1520–66	Suleiman II., der Prächtige, führt das Reich zur höchsten Blüte
1521	Eroberung Belgrads
1522	Kapitulation der Johanniter auf Rhodos mit der Folge einer türkischen Kontrolle des venezianischen und genuesischen Handels
1526	In der Schlacht von Mohacs verliert Ungarn unter König Ludwig II. seine Selbständigkeit bis 1918; die Türkenabwehr fällt Österreich/Habsburg zu, verbündet mit Polen und Venedig (Liga von Cognac), während Frankreich mit Suleiman paktiert
1529	Erste Belagerung Wiens
1533	Waffenstillstand mit Teilung Polens; der osmanische Vasall Johann Zapolya, Fürst von Siebenbürgen, erhält den größeren östlichen Teil
1541	wird das türkische Ungarn osmanische Provinz
	Nach Verzicht des letzten Abbasiden-Kalifen übernimmt Suleiman den Kalifen-Titel, die osmanischen Sultane werden (bis zur Abschaffung des Kalifats durch Kemal Atatürk 1924) die „Schutzherren der Gläubigen"
1534	Übernahme Persiens; die persischen Schiiten werden zu erbitterten Gegnern der Osmanen
1536	Staatsvertrag (Kapitulation) über Handels- und Konsularfragen mit Frankreich
1538	Die Moldau wird osmanischer Vasall, Südarabien wird erobert
nach 1545	Beginn einer ständig wachsenden Inflation
seit 1550	wird die Naturalwirtschaft im agrarischen Bereich allmählich durch Geldwirtschaft abgelöst

1565	Malta wird ohne Erfolg belagert
1567–1661	Beginn des Reichsverfalls
1568	Friede von Edirne (Adrianopel) gegen jährliche Tributleistungen Habsburgs
1571	Die Seeschlacht von Lepanto bricht die Vorherrschaft der türkischen Flotte
1574–95	Murat III. zieht sich in den Harem zurück; sog. „Weiberherrschaft"; Auswuchern des Bestechungswesens, Ämterkauf, permanente Unruhen in Anatolien, seit 1578 Münzverschlechterung
1580	Staatsvertrag mit England
um 1580–1600	Die Belastung der osmanischen Bauernschaft erhöht sich um das sechsfache; Verschuldung und Landflucht sind die Folge; die Handelswege durch das Mittelmeer verlieren zunehmend an Bedeutung
1589	Große Janitscharen-Revolte in Istanbul
1593-1606	Erneuter Krieg mit Österreich
1606	Frieden von Zsitva Torok mit gegenseitiger Anerkennung der Kaiserwürde; Bagdad und Mossul fallen ab; Palastintrigen und Korruption zersetzen das Reich, die sog. „Weiberherrschaft" bildet sich in vollem Umfang aus
1603–17	Ahmed I.; Beendigung der bisher obligaten Brudermord-Praxis
1623–40	Murad IV. wirft Janitscharenaufstände nieder und nimmt blutige Rache für den Abfall im Osten
1653	Der Friede mit Persien bringt eine Grenzregelung, die bis 1918 hält
1645–69	Krieg um Kreta mit Venedig, Genua, Malta erschüttert erneut das Reich
1656–61	Großwesir Mohammed Köprölü und sein Sohn Ahmed können durch strikte Reformen das Reich erneut konsolidieren, Voraussetzung für einen
1663–99	zweiten Türkenangriff auf Mitteleuropa
1663/64	1. Türkenkrieg, als sich Österreicher und Osmanen in die politischen Wirren Siebenbürgens einmischen
1664	Schlacht bei St. Gotthard/Raab endet trotz der türkischen Niederlage mit dem (Schand-)Frieden von Vasvar (Eisenstadt): Teilung Ungarns und österreichische Tributleistungen
1683-99	2. Türkenkrieg
1683	Die 2. Belagerung Wiens durch den Großwesir Kara Mustafa endet durch die Schlacht am Kahlen Berg, die den türkischen Druck auf Westeuropa endgültig nimmt
1684	Die Heilige Allianz (Österreich, Polen, Venedig, seit 1686 Rußland) unter dem Protektor Papst Innozenz XI. beginnt trotz der Angriffe Ludwigs XIV. im Westen eine kaiserliche Gegenoffensive
1686–97	Befreiung Ungarns
1687	Reichstag zu Preßburg: Die ungarischen Stände übertragen die Stephanskrone dem Hause Habsburg; Entstehung der österreichisch-ungarischen Doppelmonarchie
1691	Siege der Österreicher bei Nisch und Slankamen; Befreiung Siebenbürgens; Aufstände christlicher Balkanvölker
1696	Zar Peter I. erobert Asow

1697	Prinz Eugen siegt bei Zenta; Eroberung Sarajewos
1699	Friede von Karlovitz: Österreich steigt zur Großmacht auf; Venedig erhält Morea, das es aber nur bis 1715 halten kann
1716–18	3. Türkenkrieg mit Siegen des Prinzen Eugen bei Peterwardein und Temesvar
1718	Friede von Passarowitz: größte Ausdehnung des Habsburgerreiches
1718–30	„Tulpenzeit": Trotz fortschreitender Auflösungserscheinungen des gesamten sozioökonomischen Gefüges pflegt der Sultan mit seinem Hofstaat einen kultiviert-verschwenderischen Lebensstil, der mit pompösen Festen, Gartenbaukunst (Tulpenmode) zu den Glanzleistungen höfischer Selbstdarstellung gehörte, mit Rückwirkung auf die europäischen Fürstenhöfe
1736	Russen erobern Asow zurück
1737–39	Krieg mit Österreich
1740	in einem Vertrag wird Frankreich Schutzherr der Katholiken im Osmanischen Reich
1783	Die Krim wird russische Provinz
1798–99	Napoleons Expedition nach Ägypten
1799	Die Pforte (Synonym für die osmanische Regierung, benannt nach dem Eingangstor am Topkapi-Palast, an dem ausländische Gesandtschaften empfangen wurden) schließt mit England ein Verteidigungsbündnis
1802	Friedenschluß mit Frankreich
1806	Wahhabiten erobern Mekka
1806–12	Krieg mit Rußland
1815–17	Serbischer Aufstand
1818	Frondienst im Osmanischen Reich abgeschafft
1826	Liquidierung der Janitscharen durch Mahmut II.
1829	Griechische Unabhängigkeitserklärung, 1830 von der Pforte anerkannt
1830	Frankreich besetzt Algerien
1.11.1831	Erste osmanische Zeitung erscheint
1834	Gründung der osmanischen Kriegsschule
1838	Handelsvertrag mit England; der osmanische Markt wird von britischen Waren überflutet
1839–76	Ära der Tanzimat-Reformen
1840–54	Banque de Constantinople, erste Geldanstalt im Osmanenreich
1846	Erste osmanische Universität gegründet
1853–56	Krimkrieg
1854	Osmanische Auslandsanleihen bei Frankreich und England
1856	Gründung der Osmanischen Bank
1857	Aufstände der christlichen Bauern in Bosnien und der Herzegowina
1859	Stände der Moldau und der Walachei wählen einen gemeinsamen Fürsten, faktische Vereinigung der beiden Donaufürstentümer
1860–61	Intervention französischer Truppen im Libanon beendet den Bürgerkrieg (seit 1858) zwischen Drusen und Maroniten
1865	„Jungosmanen" konstituieren sich als Geheimorganisation mit der politischen Zielsetzung der Reformierung und Modernisierung
1867	Emigration der Jungosmanen nach Paris, 1870 Rückkehr

1869–76	Erarbeitung eines bürgerlichen Gesetzbuches
1875	Osmanischer Staatsbankrott
1876	Aufstand in Bulgarien, Studentenunruhen in Istanbul
1876	Serbien eröffnet Krieg, Balkankrise
23.12.1876	Sultan Abdülhamit proklamiert eine neue osmanische Verfassung
1877–78	Krieg mit Rußland
3.3.1878	Frieden von San Stefano
15.6.–17.7.1878	Berliner Kongreß: Mit dem Berliner Frieden vom 13.7.1878 scheiden Rumänien, Serbien und Montenegro aus dem osmanischen Staatsverband aus
1881	Frankreich besetzt Tunesien
1882	Großbritannien besetzt Ägypten
1883	Österreich baut Balkaneisenbahnen
1888	Aufstand auf Kreta
1888–1940	Deutsche Bank baut Bagdadbahn
1895	Blutige Armenierdemonstration
1905	Armenischer Attentatsversuch auf den Sultan, Armenierpogrome
1907	Jungtürkisches Aktionsprogramm
1908	Osmanische Verfassung wieder in Kraft gesetzt; Bulgarien proklamiert sich als unabhängiges Königreich; Österreich annektiert Bosnien-Herzegowina; Kreta proklamiert den Anschluß an Griechenland
1909	Jungtürkische Revolution
1912	Tripolis-Krieg; 1. Balkankrieg
23.1.1913	Staatsstreich der Jungtürken
1913	2. Balkankrieg
15.2.1914	Deutsch-britische Verständigung über den Bagdadbahnbau
2.8.1914	Geheimbündnis zwischen dem Osmanischen und dem Deutschen Reich
29.10.14	Das Osmanische Reich wird auf seiten Deutschlands in den 1. Weltkrieg hineingezogen
ab Mai 1915	Evakuierung der Armenier aus Ostanatolien
30.10.1918	Waffenstillstand von Mudros
5.5.1919	Mustafa Kemal Pascha Heeresinspekteur in Anatolien
15.5.1919	Griechische Truppen besetzen Izmir, am 8.7.1920 Bursa, am 25.7. Edirne
4.–11.9.1911	Kongreß von Sivas; Gründung eines „Repräsentativkomitees" unter - Vorsitz Mustafa Kemals; die sultanische Regierung tritt am 2.10. zurück; Pforte und Kemalisten organisieren Anfang Dez. gemeinsame Wahlen
23.4.1920	Eröffnung der „Großen Nationalversammlung" in Ankara
10.8.1920	Frieden von Sèvres
1921/22	Erfolgreicher Krieg gegen die Griechen; deren Vertreibung aus Kleinasien
1.11.1922	Abschaffung des Sultanats
1922–24	Letzter Kalif Abdülmecit II.
24.7.1923	Friedensvertrag von Lausanne legt die bis heute gültige Staatsgrenze der Türkei fest
13.101923	Ankara wird Hauptstadt
29.10.1923	Ausrufung der Türkischen Republik
3.3.1924	Abschaffung des Kalifats

M 4 Kartenfolge „Osmanische Landnahme“ und Landverluste

aus: Albert Hourani, Die Geschichte der arabischen Völker, Frankfurt 1992, S. 268 f, 332 f

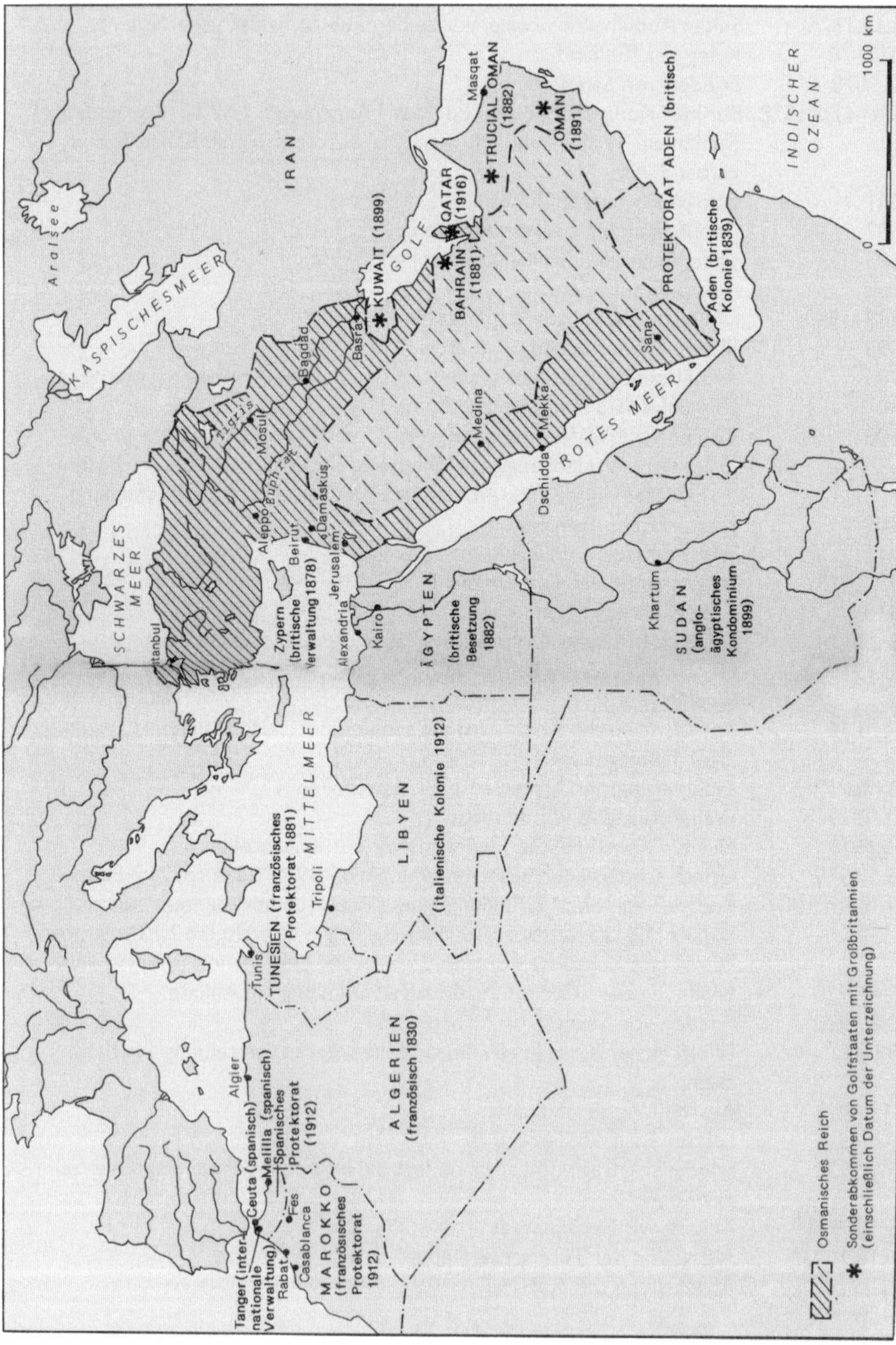

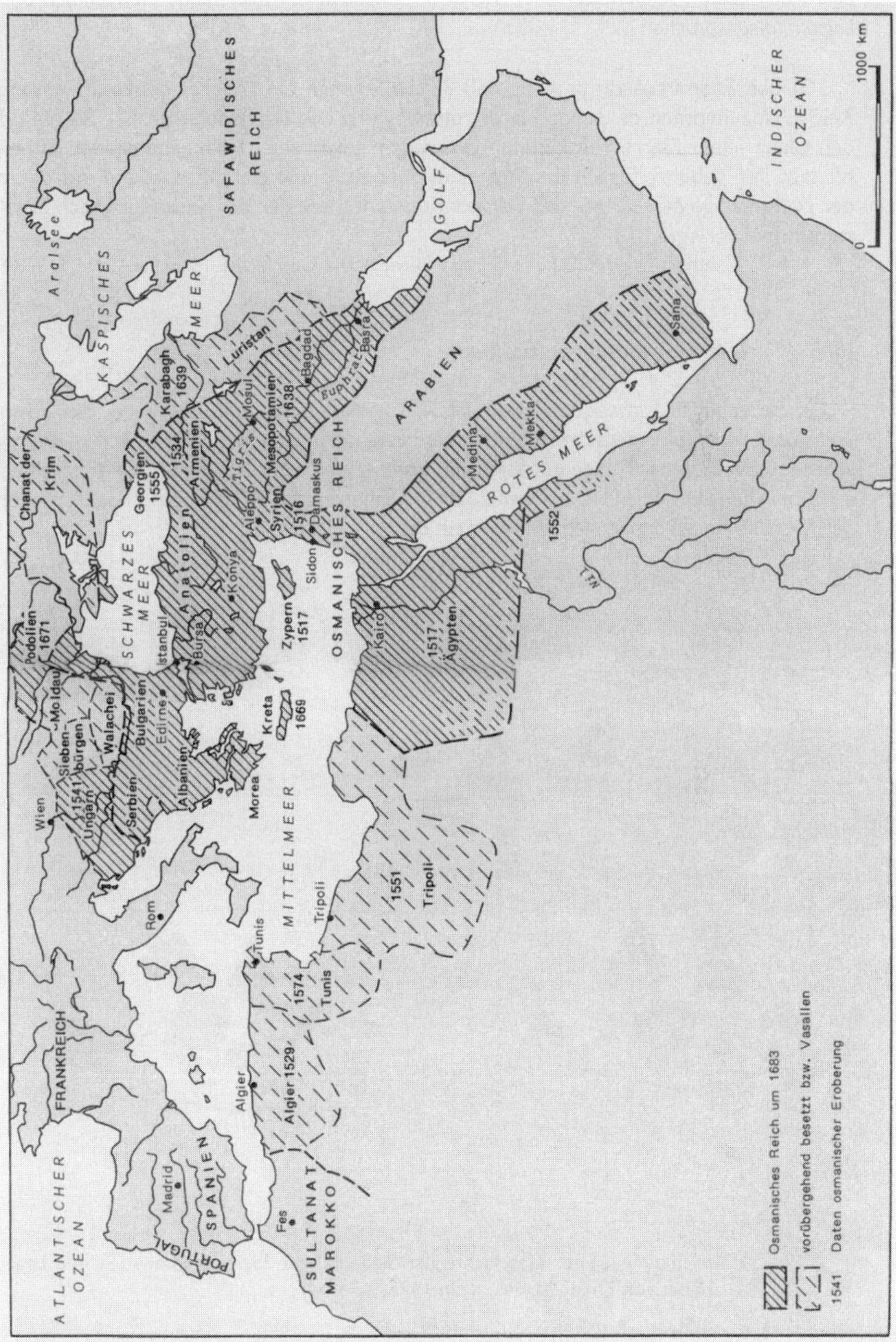
ATLANTISCHER OZEAN
FRANKREICH
SPANIEN
PORTUGAL
Madrid
SULTANAT MAROKKO
Fes
Algier
Algier 1529
Tunis
Tunis 1574
Tripoli
Tripoli 1551
Rom
Wien
MITTELMEER
Morea
Kreta 1669
Zypern 1517
Ungarn 1541
Siebenbürgen
Moldau
Walachei
Serbien
Bulgarien
Albanien
Edirne
Istanbul
Bursa
Podolien 1671
Chanat der Krim
SCHWARZES MEER
Anatolien
Konya
Georgien 1555
Armenien 1534
Karabagh 1639
KASPISCHES MEER
Aralsee
SAFAWIDISCHES REICH
Luristan
Mosul
Tigris
Mesopotamien 1638
Bagdad
Euphrat
Basra
Aleppo
Syrien 1516
Damaskus
Sidon
OSMANISCHES REICH
Kairo
Ägypten 1517
Nil
ARABIEN
Medina
Mekka
Sana
ROTES MEER
1552
GOLF
INDISCHER OZEAN
0
1000 km
Osmanisches Reich um 1683
vorübergehend besetzt bzw. Vasallen
1541 Daten osmanischer Eroberung

M 5 Brief des Bischofs von Nocera an Kaiser Karl V. 1530

Nicht ein verzerrtes Feindbild kennzeichnet die Kommunikation zwischen Angehörigen der politischen „Elite“, sondern der eher sachliche Bericht über rivalisierende Herrschafts- und Legitimitätsansprüche:

„Glaube Euer Majestät ja nicht, daß Sultan Soliman ein anderes denke als unsere Reiche einzunehmen, da er von Natur ruhmbegierig und durch seine großen Siege und den Glanz seiner Herrschaft kühn und verwegen geworden ist. Ich habe gehört, daß er oft sagt, ihm gebühre füglich das Imperium über Rom und das ganze Abendland, da er der rechtmäßige Nachfolger des Kaisers Konstantin sei, der das Kaisertum nach Konstantinopel verlegte ...“

zitiert nach: H. Schulze (Hrsg.), Europäische Geschichte, München 1994, S. 928 f

M 6 Die Siebenbürger Sachsen

Die Siebenbürger Sachsen beteiligten sich im 15. Jahrhundert am Kampf gegen die Türken und waren wichtige Waffenschmiede der Heere. Weil die älteren Fliehburgen bei den überraschenden Einfällen der Türken zu abgelegen sind, werden nicht nur Stadtmauern errichtet, sondern in den Dörfern entstehen etwa 250 Kirchenburgen. Die verschiedenen Bauabschnitte der Kirchenburg Schönberg veranschaulichen die Entwicklung:

nach: Quellen zur Geschichte der Siebenbürger Sachsen, gesammelt und bearbeitet von Ernst Wagner, Köln 1976, S. 75

Aufruf des Woiwoden der Walachei, Alexander Aldea, an die Kronstädter und das Burzenland 1432:

„Io Alexander, Woiwode und Herrscher über das ganze Land Ungrovlachien. Meine Herrschaft schreibt allen Kronstädtern, und so wisset, daß die Türken über alle Furten der Donau eingedrungen sind und gegen das Land heranziehen, um zu rauben und zu zerstören; eilt so schnell wie möglich, Tag und Nacht, damit ihr mir Hilfe bringt; denn wenn es uns schlecht geht, wird es euch noch schlechter gehen. So wie ihr könnt, beeilt euch; wieviel Streitmacht ihr aufstellen könnt, soll eilends kommen. Was aber noch nicht fertig ist, schickt hinterher. Sie sollen rasch ankommen. Anders sollt ihr nicht handeln, nach unsern Worten.

Io Alexander Woiwode, von Gottes Gnaden Herrscher."

zitiert nach: Quellen zur Geschichte der Siebenbürger Sachsen, gesammelt und bearbeitet von Ernst Wagner, Köln 1976, S. 76

M 7 Ein Bericht nach Wien 1454

Der Hermannstädter Bürgermeister Oswald berichtet 1454 dem Bürgermeister und Rat der Stadt Wien über die Maßnahmen der Türken nach dem Fall Konstantinopels 1453:

„Dem hochwürdigen weisen bürgermayster und dem ganzen rat der löblichen stat Wienn meine lieben herrn, Oswald, burgermeister zu der stat Hermanstat.

Mei vnd meiner dinst beuelhung beuor, hochwirdig vnd weis lieben herren, das mir yecz Balthaser Knebel, euer mitwanner weiser dieser brief von euren wegen mündlich gesagt hat, hab ich klärlich verstanden. Vnd darumb das eurem begerengenueg gescheh, hab ich wellen diese neue mer, dy yecz hy vmb in den landen zu aufgang der sunne gemeret sind, euch in schrift zu senden vnd schreiben: wy vol daz ist, daz ich vormallen in vergangener zeit vernommen hab, wy der tuerkisch kaiser, dy stat zu Constantinopl, wolt genczlich zestoren vnd niderbrechen, yedoch hab ich yeczundgar gewislich vnd furwar verstanden, daz der selb tuerkisch kaiser yczund in der stat zu Constantinopl personlich an vnderlas sein wesen vnd wanung schik zu haben, vnd mit unsaeglicher vnd unerczelter menigung der haiden den er teglichen sold gibt, da sey, vnd die pruech an der stat vnd maur vnd ander nottürftig stet, lass wider machen vnd genczen, vnd auf das aller sterkhist vnd vesstist stekchen vnd pewaruen, vnd maynt vnd hoft scheelklich vnd verdemelich, er mag dy selb stat wider dy christen vnlaidlich vnd an schaden behalten. Er hat auch zu der stat bracht , zway hundert schef von türken, vnd von den landen vber mer fuenfzig tausend haiden vol geweepnet, dy nu auf disem land des meersin der türkey sind, den er allen teglichen sold aufgibt, auch beginnet er vnd gleichsent wy er well schickhen ein grosse vnd merkliche macht zu vmlegendas geslosvnd auch dy stat dabey, das da haist Kyla, dy da ligen an an dem enden da dy Tainaw in das mer fleusset, auch das dy groessern vnd meechtigeren wahlen, dy in inseln vnd mersteten wanen das sorgsamer vnd wieser ist, haben mit dem vorgenannten türkischen kaiser frid gemacht, auch hab ich vernomen von aienem mein ausspeher dem wolzczeglauben ist, der erst vor vier tagen von den lannden übergepirg herkömen ist von der spehung, wy dy tuerken gleich oder nahent in als grosser menig, als dy Walalchen selbst daselbs in den steten der jarmeerkt vnd anderswo vmbvaren kaufmanschaft treiben, darumb, wy wol wir glaubenvnd auch hoffen, daz dy türken den frid, der da zwischen in vnd dem wirdigen kunig reich ze Vngernn vnd lannden, dy ze dem künig reich gehoren geseczet ist, vnczerprochten halten, so ist vns doch ze fuerchten, daz sy in disen landen oder gegenten, dy by vmb gelegen sind, icht raubrey, nach dem vnd sy in betriegnuess vnd wuettreechung gewanet sind, werden beginnen.

Wenn aber dy vorgenant stat Constantinopl, dy etwen seelig vnd heilig was, aber nuen mit der Türken henden scheueczlich vnd leesterlich genidert vnd erczogen, vnd mit den vnsaubristen füessen getrettet ist, vnd vermailigt, dy da was gescheeczt gleich als ein maur vnd ein schilt der ganczen christenhait vnd zu voedrist dieser Hermanstat dy in den gemerkchen der tuerken nahen gelegen ist, ist bei den Türken fur ander stet des kunigreichs ze Vngern naemhaeftiger, darumb schrein dy verfluchten Türcken oft vnd dick , jung vnd alt an vnderlas: Cibin, Cibin, das ist Hermanstat, Hermanstat, damit hoffen si wann sy diese stat gewunnen so meechten sy, nicht allain dem vorgenannten kunigreich ze Vngernn, der dy Hermanstat als ein schilt vnd scherem ist, sunder auch auch der ganzen kristenhait dester leuechter nach ihrer poshait willen schaden vnd irrung bringen. Yczund sol das zu neuem meeren genüg sein, wird ich auch furpass anderer gewisslicher mer junen, dy will ich auch eurn weishaitten zu besunder erfrischung der gemuet kunt ich bevil mich ye juniklichen. Geben zu der Hermanstat an mitichen nagst nach sand seruazen tag, anno et cetera LIIIJ."

nach: Quellen zur Geschichte der Siebenbürger Sachsen, gesammelt und bearbeitet von Ernst Wagner, Köln 1976, S. 79 f

Anmerkungen:

Kyla	Festung und Stadt Chilia im Donaudelta
insel und mersteten	gemeint sind die Besitzungen Genuas und Venedigs im Schwarzmeergebiet
Datum des Briefes	15. Mai 1454

M 8 Augenzeugenbericht eines Wiener Landknechts über die Schlacht von Mohacs

Nach der Eroberung Belgrads 1521 bedeutete die verlorene Schlacht von Mohacs für das christliche Europa den Verlust der pannonischen Tiefebene für 200 Jahre; die ungarische Hauptstadt Ofen wird Sitz eines türkischen Paschas. Der junge ungarische König Ludwig II. kommt nach der Schlacht im Bach Csere um; die Habsburger sind die Erben, gegen deren Hauptstadt Wien bereits 3 Jahre später Sultan Suleiman II. vorrückt.

Der nachfolgende Augenzeugenbericht wurde von Karl M. Kertbény, „Ungarn betreffende deutsche Erstlingsdrucke 1454–1600", Budapest 1880 (S. 55, 336–338) in heutiges Deutsch aus „Newe Zeittung" vom 30.9.1529 übertragen (der Titel und Anfang im damaligen Deutsch: „Wie die Schlacht zu Vngarn mit dem Türckischen Keyser ergangen: Hatt einer von Wienn, so dabey gewest, herauf je Oringen beschrieben ...")

„Am 29. Aug. ist man früh aufgewesen und rüstete sich, um sich mit den Türken zu schlagen. Dieser lag nur eine halbe Meile von uns, und rings um uns herum alles verbrannt, was er erreichen konnte, so daß wir oft 9-10 Feuer auf einmal sahen (brennende Dörfer) ringsher eine halbe Meile. Und der Türke hatte seine Kundschaft über uns sicher und gut, wir dagegen gar keine, denn der König besaß kein Geld, Kundschafter zu halten; und das wollten vielleicht auch seine Herren nicht. Denn ihrer viele hielten es geheim mit dem Türken. Also zog man vor die Wagenburg hinaus, machte schlechte Ordnung um die achte Stunde. Da ließen sich die Türken ein wenig sehen, als unser Geschütz noch auf dem Wasser war und dann in die Schlachtordnung geführt wurde, soweit ich das eine Ordnung nennen kann. Dann blieben etliche Büchsen bei der Wagenburg, und da haben wir angehoben zu schießen, wo man die Türken erreichen konnte. Und wir haben also von 8 Uhr gescharmützt und gehesiert, bis 4 Uhr Nachmittags. Und die Türken lösten noch keinen Schuß, bis wir zu dem rechten Angriff eilten. Nun haben sie sich mit Gewalt sehen lassen, und zogen gegen uns, wir auch stracks auf sie los. Doch als wir fast schon aneinander waren, wichen die Türken wieder mit List zurück, bis an ihr Geschütz, das sie vergraben und verborgen hatten. Es waren an 300 Stück, groß und klein; und als wir vorzogen bis nah an ihr Geschütz, da hoben sie greulich an zu schießen, also, daß Niemand zu verbleiben vermochte. Da gab des Mönchs Volk die Flucht, und danach eilte Jedermann der Wagenburg zu, welche nicht von den Türken besetzt, sondern von den Ungarn selbst geöffnet und zerrissen worden war. Darauf erschlug er (der Türke) die Christen jämmerlich. Denn wäre die Wagenburg unzertrennt geblieben, daß man sich daraus hätte wehren können, hätten die Feinde uns nichts getan. Aber da war keine Treu und Hilfe vieler Ungarn, sondern eine grausame Flucht. Etlich haben auch große Güter weggeworfen, um leichter laufen zu können, aber alle sind gefallen...

Es sind an die 300 Landsknechte mit da gewesen, die alle auf ihre Kosten hinabzogen, galten aber so wenig als ein Hund, und heute angekommen, mußten sie morgen schon in die Schlacht und wurden an das Geschütz beordert, auf daß ihnen etwas Sold gezahlt werde. Ich glaube aber auch nicht, daß Einer davongekommen, und geschah es, so erschlugen ihn die Ungarn. Übrigens hatte der König von Ungarn ein gut Teil deutscher Edelleute bei sich am Hofe gehabt, und feine deutsche Rüstung, Kürassiere und andre, bei 300; unter diesen hielt er sich in der Schlacht ..."

nach: Quellen zur Geschichte der Siebenbürger Sachsen, gesammelt und bearbeitet von Ernst Wagner, Köln 1976, S. 96 f

Anmerkungen

gehesiert	gehetzt? ge-/verheert?
des Mönchs Volk	gemeint ist Paul Tomori, Erzbischof von Kalocsa
List der Türken	es handelt sich um eine übliche türkische Taktik, der schon 1396 die Kreuzfahrer bei Nikopolis zum Opfer fielen

M 9 Krisenerscheinungen

„Schon in den letzten Jahrzehnten der Herrschaft Süleymans des Prächtigen wurden immer mehr Überfälle auf Karawanen nach Istanbul gemeldet, immer mehr Unruhe auch unter den Studenten an den vernachlässigten Medresen der Provinz. Grund war wohl vor allem eines: Obwohl die Bevölkerung immer weiter wuchs, gab es für ehrgeizige Türken immer weniger Gelegenheit, Karriere zu machen. Denn die *ulema* und die Bürokratie hatten nur relativ wenige lukrative Posten zur Verfügung, und die Janitscharen sowie der Palast nahmen nach wie vor fast ausschließlich durch die Knabenlese ausgewählte, als Nicht-Muslime geborene Männer auf. In den folgenden Jahren wurde das Problem noch ganz erheblich dadurch verschärft, daß auch die osmanischen Streitkräfte dazu übergingen, Gewehre zu benutzen. Im 16. und 17. Jahrhundert aber waren die schweren Vorderlader eine Waffe, die sich ausschließlich für gut ausgebildete Infanterie – Soldaten zu Fuß also – eignete. Zugleich war ein mit Gewehr bewaffneter Fußsoldat billiger als ein gepanzerter Reiter.

Durch diese neuen Waffen wurden solche Hilfstruppen wie die *yaya* und *müsellem* erst überflüssig, dann abgeschafft; und die Bedeutung der Provinzreiterei der Sipahis ging ebenfalls zurück. Gerade aber das waren ja die Einheiten gewesen, in denen türkische Muslime Karriere machen konnten.

Neben der Erfindung des Gewehrs führte ein weiterer welthistorischer Vorgang zur Verschärfung der Krise: die Preisrevolution des 16. Jahrhunderts. Denn überall in Europa führte das Bevölkerungswachstum zu einem Ansteigen vor allem der Getreidepreise. Im Osmanischen Reich wurde diese Entwicklung noch dadurch dramatisiert, daß gegen Ende des 16. Jahrhunderts die Welle amerikanischen Silbers, die bei etwa gleichbleibender Produktion zu einer Geldentwertung führte, im Osmanischen Reich ankam. Dadurch wurde es einerseits europäischen Händlern möglich, osmanische Waren relativ billig zu exportieren, andererseits führte die Geldentwertung zu einem Rückgang der Kaufkraft aller Lohnempfänger, also besonders der Janitscharen, aber auch der Sipahis, deren Einnahmen ja auch von den in *akçe* festgelegten Steuerbeträgen abhingen. Dazu kam dann noch, daß der in Finanznot geratene Staat bald den Silbergehalt des *akçe* verminderte, 1584 gar auf fast die Hälfte.

Das Janitscharenkorps konnte bis zu einem gewissen Grade durch Rebellion dafür sorgen, daß derlei Kaufkraftverluste durch Lohnerhöhungen ausgeglichen wurden.

Die Sipahis dagegen verarmten, konnten oftmals nicht mehr für ihre eigene Ausrüstung oder die der von ihnen auf die Feldzüge mitzunehmenden *cebelü* sorgen und verließen dann die Timare."

Michael Neumann-Adrian, Christoph K. Neumann, Die Türkei. Ein Land und 9000 Jahre Geschichte, München 1990, S. 242 f

Anmerkungen

ulema	Islamischer Theologe, islamische Geistlichkeit
yaya	Fußsoldat, später im Troß
müsellem	berittener Soldat, später im Troß
akçe	türk. Bezeichnung für den in Europa sog. Asper, eine kleine Silbermünze, die osmanische Währungseinheit
Sipahi	feudale Reiter, vergleichbar den westeuropäischen Rittern
Timar	Kleinpfründe zur Versorgung der Sipahis, bis zu einem Jahreseinkommen von 1999 akçe, nicht vererbbare Lehen

M 10 Der Waffenstillstand von Zsitva-Torok 1606

Der von Kaiser Rudolf II. 1606 abgeschlossene, dann mehrfach verlängerte Waffenstillstand mit dem Osmanischen Reich hat in seinen indirekten Folgen welthistorische Bedeutung: Er bereinigte die zwischen beiden Vertragspartnern strittigen ungarischen Verhältnisse und führte zu einer gegenseitigen Anerkennung der Kaiserwürde in der Rechtsnachfolge des römischen Reiches. Fast ein Dreivierteljahrhundert andauernd, bedeutete er für die Habsburger eine deutliche Entlastung an ihrer Ostgrenze (wie umgekehrt für die Türken die Probleme mit Persien Grund waren, im Westen Ruhe zu suchen), so daß nun eine aktive Westpolitik für Wien möglich war. Die Türkengefahr war zudem in der Vergangenheit für die auseinanderstrebenden Reichsstände ein Ferment der Identität und des Zusammenhalts gewesen, das zumindest partiell konfessionelle Gegensätze zu überdecken vermochte. Ihr Wegfall bedeutet eine innere Lockerung sowie eine verstärkte Neigung deutscher Reichsfürsten, eine gegen Habsburg gerichtete Politik zu betreiben; gleichzeitig ist der Wegfall der türkischen Bedrohung Voraussetzung für die habsburgische Politik im 30jährigen Krieg.

Die Textüberlieferung ist problematisch, da es keine gemeinsame Vertragsausfertigung der beiden Parteien gibt, die lateinische und türkische Fassung in einigen Passagen erheblich voneinander abweichen (z. B. fehlt in der türkischen Fassung die Formulierung, daß die „Verehrung" von 200.000 Gulden „ein Mahl für alle Mahl" erfolgt).

„ ... Bekennen und thun kund mit diesem Brief jedermännigklich, wem dis zu vernemben Noth ist, für uns, unsere Erben und Nachkommen, daß zwischen uns an einem und dann dem durchlauchtigsten und großmechtigen Fürsten Sultan Ahmed, türckischen Kayser, auch in Asia und Graecia anderntheils, durch unser mit vollmechtigen Gewalt dartzue reputirten Commissarien auf zwayntzig Jahr, die nechst volgenden, einen Frieden eingegangen, gemacht und geschlossen worden...

1. Erstlich, daß beyder nechst zu baiden Kaysern abgeordneten Legaten, der eine zum Vatter, der ander aber zum Sohn angenohmen werde, und daß dies bey jetziger Legation geschehe.

2. Zum andern, daß sie in allen Schreiben, Briefen und Besuchungen freundlich procediren und, daß einer den andern einen Kayser, nicht aber einen König nenne.

3. Zum dritten sollen auch die Tartarn und andere Nationen in diesen Fried begriefen sein ...

4. Zum viertten solle zwischen den zwey Kaysern in allen Orthen Fried gehalten werden....

(Art. 5 verbietet gegenseitige Plünderungen)

6. Sechsten soll kein Vestung noch Schloß weder heimblich noch offentlich, noch mit einerley Practicen überfallen noch eingenohmen ... werden. Das aber, so Herr Bockey nach Inhalt des Wiener Vertrages gewilligt und gegeben worden, soll ihme bleiben.

(Art. 7 regelt den Gefangenenaustausch)

8. Achtens soll der Oberste zu Raab, desgleichen der Passa von Ofen (von welchem die andern Passa dependiren sollen), sowohl die Oberstens diesseits und jenseits der Thonau und der Ban in Windischland alle Beschwerligkeit, Zanckh und Unruehe auf den Gräntzen zu verhüten, fürfiehle, soll hierüber ein jeglicher Kayser ersucht werden.

9. Neunden mögen die Schlösser und Vestungen an ihren alten Orth von jedem Thail wider erbauet und bewestiget werden. Von neuem aber Vestung oder Castel aufzubauen soll verboten sein.

10. Zehenden solle von unserm Theil ein Legat mit Ehrungen zu dem türckischen Kayser abgefertiget und entgegen von Murat Passa, Zerdar, ein Legat zu der Fürstl. Durchl. Ertzhörtzog Matthias auch mit Ehrungen geschickt werden. Und wan unserer Legaten auf Constantinopl ankommen, soll entgegen der türckischen Kayser zu Ratificirung des Friedes zu unsern Kayser ein Legation nach Praag schickhen mit besseren Verherungen und Geschenkhen, als vor etwo im Brauch gewesen.

11. Elfften solle anietzo der Kays. Mayt. Legat nach Constantinopl ein Verehrung bringen, in Maßen die zuegesagt worden 200.000 Gulden werth, doch ein Mahl für alle Mahl.

12. Zwölfften solle dieser Fried auf 20 Jahre wehren, antzuraiten von dem 1. Tag Januarii des künfftigen Jahrs, und nach 3 Jahren soll jeder Kayser zum andern seine Legaten mit Verehrungen schickhen ...

13. Dreytzehenden , daß Wätzen möchte widererbauet, aber nich erweitert werden, soll es in unsern Handen bleiben.

14. Viertzehenden, wann nun unsere Legaten zu Constantinopel angelangt, soll inen freystehen, vom türckischen Kayser zu begehren, was sy wollen.

(Art. 15 betrifft territoriale Fragen sowie die Stellung von Adligen, deren Dörfer der Türkei zugefallen sind, ferner Regelungen für deren Steuer- und Tributeinziehung:)

... so etwo Edelleuth daselbst wohnen oder Häuser daselb haben, die sollen den Türcken weder Tribut noch Zehend geben, gar nicht unterworffen oder dienstbar, sondern allerdings sowoll für ire Häuser, ire Gründ als irer Persohn frey sein. Und welche ihrem ordentlichen König nichts geben dörffen, sollen auch den Türggen nichts zu geben schuldig sein.

Es sollen auch die Türckhen auf die Dörffer nicht selbst herauskommen, sondern durch die Richter yedes Orth ire Einkommen einfordern. Wann aber die Richter, das was sie schuldig nicht laisteten, solle man ihren Haubtleuthen oder ordentlichen Obrigkeiten darumb zueschreiben, daß sy die dartzue halten. So auf diese Weis aber auch nichts ausgericht, alsdann mögen die Türckhen hinauskommen und die mit Ernst zur Gebühr halten, gleichergestalt soll es auch bey den Ungern gehalten werden ..."

zitiert nach: Bernd Roeck (Hrsg.), Deutsche Geschichte in Quellen und Darstellung, Bd. 4: Gegenreformation und Dreißigjähriger Krieg 1555–1648, Stuttgart 1996, S. 129 ff

Anmerkungen

Passa	Pascha; Titel für Wesire, Statthalter und andere Würdenträger
Ban	Titel für den Befehlshaber der südungarischen Grenzmarken, aber dem 16. Jhd. nur noch auf Kroatien-Slawonien („Windischland") bezogen
Serdar	Titel für türkische Würdenträger
Waitzen	strategisch wichtige Festung oberhalb von Pest am linken Donauufer

M 11 Südosteuropa um 1650

Einen Überblick über die politische Situation um 1650 in Südosteuropa gibt der Historiker und frühere Botschafter der Bundesrepublik in Ankara, Ekkehard Eickhoff:

„Die politische und soziale Struktur der Mächte, die in diesen Jahrzehnten in Südosteuropa gegeneinander im Felde standen, ist von schroffer Verschiedenheit: neben der turbulenten, schon zum Chaos neigenden Adelsrepublik Polen-Litauen die große Ländergruppe der Casa Austriaca, die sich nach der Niederwerfung der böhmischen Stände aus einem ständestaatlichen Agglomerat zu einem immer besser geordneten monarchisch-absolutistischen Fürstenstaat hin entwickelte; neben den eigentümlichen Kräften des Papsttums als weltlicher Macht und des maritimen Ordensstaates auf Malta die innerlich ausgeglichene, äußerst stabile Adelsoligarchie Venedigs; neben der zunächst durch und durch demokratischen Militärgesellschaft der Kosaken die vollkommenste Despotie, welche die rastlose Tatkraft und politische Härte der frühen großen Osmanensultane über der riesigen Landmasse ihres Reiches errichtet hatte. Außer in den Vasallenstaaten in Nordafrika, Osteuropa und der Krim waren die Untertanen aller Provinzen vor dem Padischah gleich, alle großen, weltlichen und geistlichen Ämter wurden von ihm allein verteilt; jeden Gläubigen konnte er über Nacht zu Reichtum und Macht erheben, – und selbst dem Ungläubigen waren gewisse wichtige Ämter offen. Schon die Tatsache, daß die Mehrzahl der weltlichen Hof- und Heeresämter aus den Reihen der Pagen, der Tschausche und Bostandschi (Boten und Gärtner) aufstieg, daß diese wiederum aus den drei Pagenkasernen von Istanbul, Edirne und Galata hervorgingen, die ihrerseits aus dem Knabenzins der christlichen Rajahs im Alter von sechs bis neun Jahren ausgewählt worden waren, – schon dieser Werdegang der Mehrzahl aller wichtigen Funktionäre ist bezeichnend. Es gab keine Ansätze zur Bildung einer adligen, neben dem Hause Osman privilegierten Schicht. Es ist dies einer der wesentlichsten Züge des Reiches, seit es unter Selim I. durch die gewaltige Ausdehnung nach Süden zu einem levantinischen Vielvölkerstaat geworden war und die alten türkischen Führersippen aus der bithynischen Frühzeit der Osmanli in der nivellierten Masse der Untertanen verschwanden. Da die Erblichkeit der Reiterlehen grundsätzlich vermieden wurde, konnte sich auch bei den Sipahis kein neuer Schwertadel bilden. Zwar hatte der Sohn eines Wesirs, Provinzgouverneurs oder Mufti natürlich bessere Aussichten auf einträgliche Ämter als der unbekannte Page im Serail, aber der auf dem Markt gekaufte Sklave (Sijawusch) konnte ebenso bis zum Großwesir aufsteigen und ein schwarzer Eunuch als Kislar Aga (Oberster Wächter des großherrlichen Harems) eine große politische Rolle spielen. Zwar gab es namentlich bei den Richtern und Geistlichen – was im Islam ja durch die Verbindung von Theologie und Recht funktionell zusammengehört – ganze Dynastien von Muftis und Mollahs, aber auch der Scheich-ül-Islam (Großmufti), der oberste Richter und Lehrer des Reiches, wurde allein vom Padischah ernannt. Da schließlich das Haus Osman selbst von Mechmet II. bis Murad IV. durch die Institution des Brudermordes beim Herrschaftswechsel keine kaiserlichen Prinzen des Hauses zu besonderen Stellungen aufsteigen ließ, da ihre Mütter und Gattinnen aus irgendwelchen, als Tribut oder Geschenk an den Großherrn gesandten, meist christlichen Sklavinnen ausgewählt worden waren, schwebte der Kalif und Padischah in einsamer Höhe über allem, was ihn umgab, und selbst die Walide (Sultanin-Mutter) und der Großwesir waren meist aus ganz unbedeutender Herkunft zu ihrem gegenwärtigen Glanz erhoben worden.

Ekkehard Eickhoff, Venedig, Wien und die Osmanen. Umbruch in Südosteuropa 1645-1700, Stuttgart 1988, S. 95 f

M 12 „Reichskriegsverfassung“ von 1681/82

Die unter Kaiser Leopold I. in der Zeit vom 23.3.1681 bis 14.4.1682 ratifizierten Reichsgutachten werden als „Reichskriegsverfassung“ bezeichnet. Unter dem doppelten Druck eines erneuten türkischen Vordringens im Osten und der französischen Reunionspolitik im Westen entstanden, ist sie die letzte große Reformmaßnahme des Heiligen Römischen Reiches und behält – zumindest in der Theorie – bis zu seinem Ende Gültigkeit:

„Aus der Römisch-Kayserlichen Majestät, unsers allergnädigsten Herrn, am 17. Januarii jüngsthin ertheilten Decreto Commissionis haben Churfürsten, Fürsten und Stände allhier anwesende Räthe, Bottschafften und Gesandte mit mehrerm gebührend vernommen, wie daß Dieselbe, zu Genieß- und Handhabung des lieben Friedens, Allergnädigst verlangen, daß man den Punctum Securitatis Imperii mit allen nothwendigen Umständen überlege, um alle, sonderlich die von den Türcken besorgende Gefährlichkeiten, so dem Reich oder dessen Gliedern zustehen möchten, kräfftiglich abzuwenden, und was man dißfalls für ratsam befinde ..."

zitiert nach: Helmut Neuhaus (Hrsg.), Deutsche Geschichte in Quellen und Darstellung, Bd. 5: Zeitalter des Absolutismus 1648–1789, Stuttgart 1997, S. 73

M 13 Die 2. Belagerung Wiens 1683: eine Wende

Einen Überblick über den zweiten Vorstoß der Osmanen auf Wien und die Bedeutung der Niederlage in der Schlacht am Kahlen Berg am 12. September 1683 gibt der 1925 in Budapest geborene und in Freiburg lehrende Historiker Matuz:

„Erheblich schwerer wiegende Folgen hatte der Angriffskrieg der Pforte gegen das ihr ebenbürtige Österreich im Jahre 1683. Was Kara Mustafa plante, war den Osmanen nicht einmal unter Süleyman dem Prächtigen gelungen, als sich das Reich auf dem Zenit der Macht befand: nämlich die Metropole Wien zu erobern. Kara Mustafa, dem man nachsagt, er habe in Wien ein eigenes Sultanat errichten wollen, hatte jedoch den wirtschaftlichen und sozialen Wandel, den der Habsburgerstaat und das Deutsche Reich erlebt hatten, nicht beachtet. Er unterschätzte das erheblich gewachsene wirtschaftliche Potential und erkannte die waffentechnische und taktische Überlegenheit der habsburgischen Militärmacht nicht.

Von der Staatsräson her hatte der Großwesir allerdings vertretbare Gründe für einen Krieg mit den Habsburgern. Im sog. Königlichen Ungarn hatte 1678 die seit längerer Zeit anhaltende allgemeine Unzufriedenheit, insbesondere der hart unterdrückten Protestanten, dazu geführt, daß der nördliche Teil, Oberungarn, sich von Wien lossagte und unter Emmerich Thököly, dem Anführer der sog. *Kurutzen,* ein eigenes Fürstentum bildete. Um gegen die Habsburger bestehen zu können, suchte Thököly um osmanischen Schutz nach. Er wurde zum osmanischen Vasallen und von der Pforte 1682 als ungarischer König anerkannt. Wegen der Expansionspolitik Ludwigs XIV., der kurz zuvor im Elsaß und in Lothringen Erwerbungen gemacht hatte, fand sich der Wiener Hof jedoch zu Zugeständnissen an das Königliche Ungarn bereit, woraufhin die Bevölkerung Oberungarns größtenteils von Thököly abfiel. Weil dies für die Pforte den Verlust des neuen Vasallenstaates bedeutete, wurde der Krieg gegen Österreich eröffnet.

Trotz der Verfallserscheinungen im Heereswesen verfügte das Osmanische Reich noch über eine zumindest zahlenmäßig ansehnliche Armee von rund 250000 Mann, von denen nun 200000 zum Einsatz kamen. Zeitweilig sah es aus, als ginge Kara Mustafas Rechnung auf: Im August 1683 war Wien eingeschlossen, und im osmanischen Feldlager rechnete man schon mit einer baldigen Eroberung der Kaiserstadt. Ein kurz zuvor geschlossenes Bündnis mit Polen machte sich aber nun für das Habsburgerreich bezahlt, denn das belagerte Wien konnte durch einen konzentrischen Entsatzangriff der Truppen des polnischen Königs, Johann Sobieski, sowie der Verbände Karls von Lothringen, des Befehlshabers der kaiserlichen Truppen, befreit werden: Am 12. September 1683 erlitt das Osmanenheer eine verheerende Niederlage am Kahlenberg bei Wien.

Kara Mustafa Pascha mußte für sein Versagen mit dem Leben bezahlen. Aber auch für den weiteren osmanischen Geschichtsverlauf ergaben sich schwerwiegende Konsequenzen. Der osmanische Expansionismus fand bei Wien sein unwiderrufliches Ende.

Fortan war das Reich der Osmanen endgültig in die Defensive gedrängt. Aber auch für Europa war die Abwehr des letzten osmanischen Großangriffs von universalhistorischer Bedeutung. Überall in Europa erkannte man, daß die gefürchteten 'Türken' keine unschlagbare Macht mehr darstellten. Vielmehr schien eine Zurückdrängung der Osmanen aus weiten Gebieten Europas bei einer Konzentration der Kräfte der europäischen Staaten durchaus im Bereich des Möglichen. Zu diesem Zweck kam auf Betreiben des Papstes Innocenz XI. im Frühjahr 1684 die sog. Heilige Liga zustande, der Habsburg, Polen und Venedig angehörten. Ein gleichzeitiger Angriff auf das Osmanenreich in Podolien und in der Moldau (durch Polen), in Ungarn (durch Habsburg) und auf dem Balkan (durch Venedig) wurde vereinbart ...."

Zitiert nach: Josef Matuz, Das Osmanische Reich. Grundlinien seiner Geschichte, Darmstadt 1985, S. 184 f

Anmerkungen

Kurutzen (ursprüngl. „Kreuzfahrer") wurden die antihabsburgischen Aufständischen im Königlichen Ungarn genannt

M 13 Kriegserinnerungen

Die zweite Belagerung Wiens, die Schlacht am Kahlen Berg am 12. September 1683 und die anschließende Plünderung des reichen türkischen Feldlagers (angeblich geht die Wiener Kaffeehauskultur auf diese Beute zurück) hat im Gedächtnis der Zeitgenossen, aber auch in der Erinnerungsgeschichte der folgenden Generationen tiefe Spuren hinterlassen. Aus der Vielzahl der „Kriegserinnerungen" sind hier zwei aus unterschiedlicher Perspektive angeführt:

Aus dem Kriegstagebuch des Zeremonienmeisters der Hohen Pforte:

(14. Juli) „Als sich der Großvesir in der Vorstadt aufhielt, ließ er nach den Vorschriften der erhabenen muhammedanischen Tradition ein Schreiben an den Giaurenkönig aufsetzen: „Entweder Islam oder Tribut - sonst wird die Entscheidung in unserem Streit dem Schwert überlassen! Nehmt es zur Kenntnis!"... Nun war aber der Giaurenkönig zehn Tage vor der Ankunft des islamischen Heeres vor Wien mit einer Anzahl seiner Leute nach Linz entflohen (und hatte als Stellvertreter Starhemberg eingesetzt, der sich in der Festung eingeschlossen hatte). Da also die Befehlshaber in der Festung auf den Brief keine entscheidende Antwort zu geben wußten, sandten sie folgenden Bescheid: „Uns sind seit zwei Tagen viele Leute umgekommen, und wir sind von Gram erfüllt. Jetzt geben wir auf dieses Schreiben keine Antwort." (Darauf der Großvesir:) „Wohlan denn, man bringe also die Geschütze in Stellung und der Kampf soll beginnen!"..."

Geschichte in Quellen, Renaissance ..., S. 456 f

Anmerkung

Giaur Ungläubiger

Aus dem Bericht des kaiserlichen Feldmarschalls Markgraf Hermann von Baden:

„Der Zugang zum Lager war steil und äußerst schwierig, sowohl von unserer Seite wie von der den Polen zugekehrten. Diese wurde, weil sie dem großen Lager mit dem Zelt des Großvesirs am nächsten lag, äußerst hartnäckig verteidigt; als aber der Vesir von Budapest, der hier den Befehl führte, unseren linken Flügel ins Lager eindringen sah und befürchten mußte, daß er umzingelt würde, gab er das Lager mit der gesamten darin befindlichen Artillerie den Polen preis, die dem großen Lager am nächsten waren, infolgedessen als erste eindrangen und den größten Teil der reichen Beute an sich brachten. Die Türken am höchsten Punkt des Lagers machten Miene, als wollten sie Widerstand leisten; als sie aber die deutschen Truppen vorrücken sahen, machten sie sich nach und nach aus dem Staube und überließen ihr Lager der Plünderung ..."

Geschichte in Quellen, Renaissance ..., S. 553

M 14 Die Schlacht am Kahlen Berg 1683: Wertungen

Eickhoff bietet in seinem Buch zwei gegensätzliche Wertungen über die Schlacht am Kahlen Berg von 1683 und die folgenden „Türkenkriege". Sie erfolgen aus unterschiedlicher Perspektive, vor allem einer Bewertung eines gesamten Jahrhunderts osmanischer Geschichte, das zu Beginn durch Zerfallserscheinungen geprägt war („Haremsherrschaft"), bis dann durch die Reform- und Konsolidierungspolitik der Köprölüs dem Reich wieder eine derartige Stärke verliehen worden war, die den erneuten Vorstoß nach Wien erst ermöglichte:

„Hier war wohl die größte Wendung in der Geschichte des östlichen Europas erreicht – in fast einmaliger Einigkeit zwischen Deutschen und Polen, Kaiser und Reich, Fürsten und Ständen, Katholiken und Protestanten, beseelt und ermöglicht durch die Diplomatie und Opferfreude eines ganz von dem großen Ziel erfüllten Papstes.

Dieser Sieg, der den weiteren Verlauf der Ereignisse an der Donau für lange Zeit bestimmen sollte, löste denn auch von Rom bis Litauen und von Holstein bis Graz einen in unzähligen Flugschriften wiedergegebenen Jubel aus, in den sich erst spät und vereinzelt die Stimmen von Neid und Enttäuschung mischten. In den Erblanden und im Reich läutete man ganze Tage hindurch Viktoria, die Türkenglocken aber waren für immer verstummt."

Ekkehard Eickhoff, Venedig, Wien und die Osmanen. Umbruch in Südosteuropa 1645–1700, Stuttgart 1988, S. 407

„Für das Osmanische Reich aber war die Zeit der Räumung Ungarns und Siebenbürgens nicht nur eine Periode des Niederganges. Erst wenn man die inneren Erschütterungen des Staates um die Mitte des 17. Jahrhunderts ins Auge faßt und das Chaos ermißt, das in den zentralen Reichsinstanzen in den 50er Jahren vorherrschte, oder wenn man sich das Urteil sorgfältiger westlicher Beobachter in Istanbul aus diesem Jahrhundert vergegenwärtigt, die das Osmanenreich für ausgehöhlt und dem Zusammenbruch nahe hielten, wird die volle Bedeutung des Ordnungswerks deutlich, das die Köprülü vollbrachten. Mechmet und Achmed Köprülü haben die innere Krise überwunden und das Staatsgefüge so weit gefestigt, daß es auch die Niederlagen nach 1683 überdauerte, durch die zum erstenmal in der Reichsgeschichte wohlgeordnete osmanische Provinzen, von türkischen Lehen und Siedlungen durchsetzt, an das christliche Europa zurückfielen. Noch stand dem Reich eine lange Periode höchster zivilisatorischer Blüte bevor. Die den Türken eigene starke politische Begabung brachte es zuwege, das Osmanenreich als Vielvölkerstaat mit zahlreichen andersgläubigen Minderheiten vielfältig zu erneuern und bis tief in das Zeitalter des europäischen Nationalismus hinein zu erhalten. Und während das Römisch-Deutsche Reich, das 112 Jahre vor dem

Osmanischen unterging, und die Donaumonarchie heute von der Landkarte verschwunden sind, so ist an die Stelle des osmanischen ein moderner türkischer Staat getreten, der politisch, geistig und wirtschaftlich tief nach Europa hineinreicht und im Freundeskreis alter Kulturnationen seine gewichtige Rolle spielt."

Ekkehard Eickhoff, Venedig, Wien und die Osmanen. Umbruch in Südosteuropa 1645–1700, Stuttgart 1988, S. 430

M 15 Der Friede von Karlowitz 1699

Nach dem Scheitern der Belagerung von Wien am 12. September 1683 durch die Osmanen gestaltete sich die habsburgische Gegenoffensive sehr erfolgreich. Wie das Heilige Römische Reich als Ganzes beim Entsatz von Wien nicht beteiligt war, sondern nur einzelne Reichsfürsten aus eigener Initiative sich den Österreichern und Polen anschlossen, so führte Kaiser Leopold I. (1658–1705) die folgenden Kriegszüge gegen die Türken in Ungarn und auf der Balkanhalbinsel nicht als Reichskrieg, auch wenn dies nicht die Beteiligung aus dem Reich ausschloß; dem bayrischen Kurfürsten Maximilian II. Emanuel (1662–1726) gelang 1688 die zeitweise Einnahme Belgrads, Markgraf Ludwig Wilhelm I. von Baden, der „Türkenlouis", gewann am 19. August 1691 einen Sieg bei Slankamen; der Sieg des Prinzen Eugen von Savoyen (1663–1736) bei Zenta (11.9.1697) schloß die Türkenkriege Kaiser Leopold I. überaus erfolgreich ab. Mit dem Friedensvertrag vom 26. Januar 1699 in Karlowitz (nordwestlich von Belgrad) stieg das Habsburgerreich zur europäischen Großmacht auf. Sultan Mustafa II. bestätigte Österreichs Herrschaft über Ungarn, Siebenbürgen und große Teile Slawoniens, konnte allerdings Temesvar und Belgrad behalten. Im Unterschied zu vielen früheren, meist pauschal formulierenden Texten regelt dieser Vertrag zahlreiche territoriale Einzelheiten sowie Details z. B. hinsichtlich Gefangenenaustausch, Behandlung der Geistlichen, Amnestie, selbst Übergangsbestimmungen.

Obwohl der Friede nach Art. 20 auf 25 Jahre abgeschlossen war, brach der Krieg schon 1715 wieder aus. Durch den Sieg des Prinzen Eugen bei Peterwardein 1716 gewann Habsburg mit dem Frieden von Passarowitsch (21. Juli 1718) weitere Gebiete, die es aber im Frieden von Belgrad 1739 nicht alle halten konnte, nachdem es 1736 in den von Rußland gegen das Osmanische Reich begonnenen Krieg hineingezogen worden war.

„ Der Erste Articul. Das Land Siebenbürgen, gleichwiesolches anjetzo in Ihrer Käyserl. Majestät Posseßion und Gewalt ist, solle unter Deroselben Dominio verbleiben, und von denen Poldolischen Gräntzen, biß an die äußerste Confinen der Wallachey, mit denen Bergen, welche vor gegenwärtigem Krieg die alte Limites zwischen Siebenbürgen auf einer Seiten, dann von den Wallachischen Gräntzen biß an den Fluß Marosch, ebenfalls mit denen Bergen, welche die alte Gräntz-Scheidung gewesen, umschrieben, auch die Limites beyderseits also observirt werden, daß sie von keinem Reich, weder hinter sich noch vor sich extendirt werden können.

Der Andere Articul. Die, unter der Vestung Temesvar gelegene Provintz, mit all ihren Districten und durchfliessemdem Wassern, solle in der Posseßion und Gewalt deß hohen Türckischen Reiches verbleiben; Von der Siebenbürger Seiten, sollen deren Fines von den letzten Wallchischen Gräntzen biß an den Fluß Marosch, und also die, im vorigen Articul angezogene alte Sienbürgische, diejenige Limites seyn. Dann von Seiten der Marosch biß an die Theiß, ist das jenseit Ufer der Marosch, und von dannen biß an die Donau, das jenseitige Ufer der Theiß, die Gräntz-Limitirung; diejenigen Örter aber, welche unter vorberührten District gelegen, nemlichen ... (es folgt eine Aufzählung der Dörfer), auch unter denen noch vor gegenwärtigem Krieggewesten alten Siebenbürgischen vorhin constituirten Gräntzen, und auch vorher erklärtem Verstand zwischen denen Ufern deren Flüssen, Theiß und Marosch, in denen Temesvarischen Ländern, auch was noch vor ein anderer dergleichen Orth gefunden werden möchte, sollen durch die Käyserl. auf solche Condition destruirt werden, daß sie vermög dieser Pacten, nicht mehr wieder gebauet werden können: Und solle mehrgemeldte Temeßwarer gantz frey gelassen, und inskünfftige, weder in diesen gemeldten Örtern, noch weder an dernen Ufern, deren Flüssen Marosch und Theiß andere grössere oder kleinere Plätze, welche eine Gestalt einiger Fortification zeigen mögen, aufgebauet werden.

Der Gebrauch dieser Flüsse, der Marosch und der Theiß, unter die Temeßwarer Provintz, und denen, der Käyserlichen Posseßion und Gewalt unterworffenen Provintzen, solle denen Unterthanen beyder Reichen, sowohl deren allerhand Sorten Vieh darinnen zu tränken, als auch wegen der Fischerey und anderer, denen Unterthanen sehr nothwendigen Commoditäten gemein seyn.

Wenn aber beladene Schiffe von denen Obern, dem Käyserl. Dominio unterworffenen Theilen, sowohl auf der Marosch in die Theiß, als auf der Theiß in die Donau auf oder abhin oder wieder gehen, sollen selbige auf keinerley Weiß verhindert oder gesäumet, auch die Schiffarth deren Teutschen Schiffen, oder anderer Käyserl. Unterthanen, gleichfalls auf keine Weiß in ihrem hin- wieder lauffen incommodirt, sondern frey und auf das accommodirlichste, in diesen zwey vorbesagten Flüssen die Schiffarth gehalten werden, Und, weilen die Übereinstimmung beyderseitigen Freundschaft und Wolgewogenheit solches auch erfordert, daß die, des Ottomanischen Reichs unterworffene Unterthanen, dem Gebrauch dieser offt-gemeldter Flüssen theilhafftig seyn, als mögen sie sich auch ohne Hinderung der Fischerey- und anderer kleinen Schiffen gebrauchen.

...

Der Siebenzehende Articul. Die Regel und Maaß der Curialium, die Ministern, im Empfangen, und ebenfalls die Empfangene zu ehren, und die Hin- und hergehende oder Verbleibende zu tractiren, solle nach der vorhin schon gebräuchlichen Modalität ins künfftigvon beeden Seiten mit gleicher Ehr, oder nach Unterschied des Characters, und Praerogativs beobachtete werden.

Denen Käyserl. Gesandten, Residenten und allen ihren Leuten solle erlaubt seyn, sich nach Belieben zu kleiden, daran sie niemand solle hindern können. Weiter sollen die Käyserlichen Ministri, sie mögen eines Oratoris, oder Gesandten, oder Residenten, oder Agentens Stelle vertreten, aller Privilegien, Immunitäten und Freyheiten, welcher anderer Fürsten und deren Porten Freunde Abgsandten geniessen, ja zum Unterschied der Käyserl. Dignititäts-Prärogativ auf eine gebräuchliche bessere Weiß sich zu erfreuen, und freyen Gewalt haben, Dolmethscher mit sich zu führen; Item ihre Couriers, und andere von Wien zu der Porten, oder von dannen zurück, oder sonsten hin- und hergehende Leut, mögen sicher und frey durchgehen, und damit sie ihre Reiß sicher verrichten, solle ihnen aller Favor bezeugt werden."

zitiert nach: Helmut Neuhaus, Deutsche Geschichte in Quellen und Darstellung, Bd. 5: Zeitalter des Absolutismus 1648–1789, Stuttgart, 1997, S. 262 ff

M 16 Eine moderne türkische Wertung des Osmanisches Reiches

Der angesehene türkische Historiker und Osmanist Inalcik untersucht die Stellung des Osmanischen Reiches in der europäischen Geschichte:

„Die Osmanen bekannten sich zu der Führung der islamischen Welt, indem sie Militanz gegenüber dem kreuzzüglerischen Christentum zur Schau stellten ... Die osmanischen Sultane haben ihren Herrschaftsbereich auf das Kerngebiet Europas ausgedehnt, als sie Ungarn einnahmen (1526–1699), die Slowakei (1596–1699) annektierten und Südpolen besetzten ... In jener Zeit hätte das osmanische Reich mehr als eine europäische Macht gelten müssen als etwa das russische Imperium ... Trotz der Ideologie der Kreuzzügler ... hätte das islamische Reich der Osmanen als Bestandteil des europäischen Staatensystems bezeichnet werden können. Aber das kreuzzüglerische Europa ... hat niemals die Existenz eines islamischen Staates auf seinem Territorium anerkannt ... Heute haben sogar einige Mitglieder der Europäischen Union versucht, diese Einstellung gegen die Türkei auszunutzen!"

Halil Inalcik, The Meaning of Legacy, in: L. Carl Brown, Imperial Legacy. The Ottoman Imprint on the Balkan and the Middle East, New York 1996, S. 21–23; zitiert nach: Bassam Tibi, Aufbruch am Bosporus, München 1998, S. 187

1.3 Feind- und Fremdbilder in Mittelalter und früher Neuzeit

Die Übertragbarkeit der von Urban II. benutzten Motive und Propagandastrukturen auf andere (wie 1108 auf Slawen) bietet für die politischen Auseinandersetzungen des Mittelalters und der frühen Neuzeit vielfältige Möglichkeiten der Instrumentalisierung, auch den innereuropäischen christlichen Gegner zu verunglimpfen. In der Propaganda der schweizerischen und oberdeutschen Städte wird Karl der Kühne zum „Türck des Occidents", er erhält alle Züge seines Zeitgenossen Mehmeds II., der durch die Eroberung Konstantinopels 1453 nicht nur Exponent osmanischer Bedrohung, sondern auch erfolgreicher Eroberung war. Für Luther, dessen negatives Türkenbild in Deutschland eine besonders starke Wirkungsgeschichte hatte und der deshalb in türkischen Veröffentlichungen besonders gerne und häufig zitiert wird, ist – wie übrigens auch für zeitgenössische evangelische Fürsten – nicht Suleiman der Prächtige, sondern der Papst der Hauptgegner, der folglich zum geheimen Verbündeten der Türken gemacht wird; für die evangelischen (meist norddeutschen) Fürsten bedeutet dies, daß die Hilfegesuche der Habsburger, die in Südosteuropa die Hauptlast der Verteidigung gegen die osmanische Expansion zu tragen hatten, eher dilatorisch behandelt wurden, solange nicht – wie 1529, ähnlich allerdings auch 1683 – die Osmanen in die Nähe ihrer Territorien kamen.

Die Instrumentalisierung antitürkischer Vorurteile bedeutete aber gleichzeitig ihre Relativierung. Im Gegensatz zum süddeutschen Raum kommt – mit der Ausnahme Lübeck – der „Türke" in norddeutschen Stadtchroniken des 15. Jahrhunderts so gut wie nicht vor, weder als Propagandamotiv noch werden Ereignisse wie der Fall von Konstantinopel erwähnt; die bedeutsame Ausnahme Lübeck erklärt sich aus deren überregionalen Interessen. Auch die für das 16. Jahrhundert von Göllner systematisch erfaßten „Turcica“ (Türkenschriften) weisen in ihrer zeitlichen Häufung (wie auch ihrer regionalen Herkunft) eine hohe Abhängigkeit von den politischen Tagesereignissen auf. Bedeutsame Schlachten, nicht nur zwischen Osmanen und Europäern, auch osmanische Niederlagen gegen die Perser finden umfangreiche publizistische Auswertung. Die Abhängigkeit des Grades an Negativität des Feindbildes von dem Grad der jeweiligen politisch-militärischen Bedrohung bedeutete aber, daß bei Abklingen dieser Gefahr andere Aspekte des Feindbildes sich in den Vordergrund schoben: das Fremde, Exotische, Unverständliche (z. B. der Beschneidung türkischer Knaben, der Erdrosselung des nicht erfolgreichen Feldherrn) kaschiert hinter scheinbar objektiver Berichterstattung zwar das alte Feindbild, hat aber eine weitere Intention: das Gegenbild zur eigenen (besseren, moralisch wertvolleren) Welt. Antitürkische Propaganda der frühen Neuzeit ist daher oft mit einem Appell an die christliche Welt verbunden. Das Gegenbild des Türken wird zum Anlaß eigener Gesellschaftskritik. Es ist dann – wenn auch kein kleiner – nur ein Schritt zum Türken als Vorbild.

Die in den Propagandaschriften des Mittelalters wie der frühen Neuzeit berichteten Greuel sind keine spezifischen Eigenschaften der Türken, sondern allgemeine Erscheinungen der Kriegsführung dieser Zeiten. Es mag offen bleiben, wie weit dies die jeweiligen Verfasser begriffen haben, die sich in eine über Jahrhunderte fortgesetzte skrupellose Verleumdungskampagne einreihten, hinter der sich politische Rivalität versteckte, die allerdings für die Habsburger als dem Hauptgegner der Osmanen eine ideell-existenzielle Bedeutung besaß; der Anspruch Suleimans als Rechtsnachfolger römischer Kaiser stellte die Legitimität des westlichen Kaisertums in Frage. Auch wenn man insgesamt für weite Teile der mittel- und westeuropäischen Bevölkerung ein seelisches Trauma der Türkenfurcht, die durch zweckgebundene Propaganda gesteigert wurde, feststellen wird, wird man aber gleichzeitig bei der Interessengebundenheit dieser Schriften und Kommentare ein differenzierteres Bild zeichnen müssen. Dabei spielen politische Zweckbündnisse oder Formen der politischen Zusammenarbeit z. B. Frankreichs oder Englands unter Elisabeth I. mit Suleiman eine Rolle, viel stärker noch wirtschaftliche Motive oder die Faszination eines anderen Gesellschaftsmodells. Die ganz anders gearteten Interessen des Bürgertums als die der katholischen Kirche gegenüber der türkischen Expansion lassen sich gut an der Politik Venedigs ablesen, das die öffentliche Meinung in Italien in der Türkenfrage maßgeblich prägte. Um seinen einträglichen Levantehandel bangend, ist seine Politik durch ein ständiges Lavieren zwischen Bündnisbereitschaft mit dem Papsttum und Zögern geprägt; der Vorwurf der Treulosigkeit wird von der Kurie oft genug erhoben. Auch im deutschen Bürgertum werden mit dem Türkenmotiv oft die Mißstände der eigenen gesellschaftlichen Umgebung bzw. der Hemmnisse für Handel und Wirtschaft reflektiert. Ein Nürnberger Fastnachtspiel von Hans Rosenplüt nimmt hier recht einseitig (wenn auch im Gewand karnevalistischer Verkehrung der Welt) Partei. In den unteren Gesellschaftsschichten scheinen neben der Türkenfurcht auch positive Erwartungen, gewissermaßen „Türkenhoffnungen“ (vgl. Kap. 1.4) bestanden zu haben.

Die Quellen und Materialien setzen mit dem Zeitraum ein, als die Osmanen über Südosteuropa hinausgreifend an den Grenzen Deutschlands erscheinen und Wien belagern. Für einen historischen Längsschnitt, der hinsichtlich des Feindbildes weiter zurückführen möchte, bieten die Quellen der Kapitel 1.1 und 1.2 hinreichende Informationen.

Quellen/Materialien

M 1 Türkenbüchlein 1522

Das Türkenbüchlein von 1522 ist typisch für seine Zeit, verrät schon auf dem Titelblatt seine Absicht: Das Informationsbedürfnis über den Feind wird eingebunden in indirekte Zeitkritik zwecks moralischer Besserung, um sich um so besser des politischen und militärischen Gegners erwehren zu können.

Turcken puechlein.

Ein Nutzlich Gesprech / odder vnderrede etlicher
personen / zu besserung Christlicher or-
denung vnnd lebens / gedichtet.
In die schweren lauff dieser
vnser zeyt dienstlich.

Das Turcken püchlein bin ich frey genant
Vnd beger den Christen werden bekant.
Domit sie sich zu besserung keren
Vnd dester baß des Turcken erweren.

„Turcken puechlein
Ein Nutzlich Gesprech / odder underrede etlicher personen/ zu Besserung christlicher ordenungunnd lebens gedichtet.
In die schweren lauff dieser unser zey dienstlich.
Das Turcken büchlein bin ich frey genant
Und beger den Christen werden bekannt.
Damit sie sich zu besserung keren / Und desto baß des Turcken erweren."

in Göllner, Turcica, Bd. 1, S. 105

M 2 Greuelmotiv im Bild

Der Holzschnitt von Hans Guldenmundt von 1529 zeigt einen türkischen Reiterkrieger (Sipahi) mit gefangenen österreichischen Bauern. Text (Gedicht) und Bild bilden für Autor wie seine Zeitgenossen eine Einheit, verstärken sich in ihrer Aussage gegenseitig.

O Herre Gott laß dich erbarmen
Vnser Ellendt gefangen armen
Erwürgen sech wir vnsere kinder
Genummen sind vns Schaff vnd Rinder
Hawß vnde hoff ist vns verbrent
Vnd wir gefürt in das ellendt
Weh das vns vnser mütter trüg
Erst müß wir ziehen in dem pflüg
Vnd Gersten essen wie die Pferdt
Mit vnserm munde von der erdt
Kum grymer todt vnd vns erlöß
Von dem grausamen Thürcken böß.

Hans Guldenmundt.

Die gefangen klagen.

Die gefangen klagen

O Herre Gott laß dich erbarmen
Unser Ellendt gefangen armen
Erwürgen seen wir unsere kinder
Genummen sind uns Schaff und Rinder
Hauß unde hoff ist uns verbrennt
Und wir gefürt in das elendt
Weh daß uns unser mutter trug
Erst muß wir ziehen in den pflug
Und gersten essen wie das Pferdt
Mit unserem munde von der erdt
Kumm grymmer todt und uns erlöß
Von dem grausamen Türcken böß
Hans Guldenmundt

Bildarchiv Berlin, Preußischer Kulturbesitz
Faksimile in: K. Weiß, Geschichte der Stadt Wien
Bild aus: Herbert Zippe (Hrsg.), Illustrierte Geschichte Österreichs. 7. Aufl., Innsbruck 1967, S. 111

M 3 Luther: „Vom Kriege wider die Türken" (1529)

Luthers antitürkischen Vorurteilen wird in der türkischen Historiographie (zurecht) eine bedeutende Folgewirkung zugeschrieben. Sie sind allerdings eingebettet in den für ihn vorrangigeren Kampf gegen das Papsttum, dem er ein heimliches Bündnis mit dem Sultan unterstellt. Diese Haltung ist für die evangelischen Reichsfürsten Alibi für eine politische Zurückhaltung im Bemühen der Habsburger, eine antiosmanische Front aufzubauen; diese Zurückhaltung wird dann aufgegeben, als die Osmanen 1529 mit ihrem Vormarsch nach Wien auch ihren Ländern gefährlich nahe kommen. Jetzt predigt auch Luther, ohne seine vorherige Position grundsätzlich aufzugeben, gegen die Türken, muß sich aber gleichzeitig (ähnlich wie in einer Schrift des Folgejahres 1530 „Eine Heerpredigt wider den Türken") mit den zeitgenössischen Tendenzen auseinandersetzen, welche die sozialen Zustände im Osmanenreich für vorbildlich ansehen. Die gleichen Schriften sind gleichzeitig indirekt Beleg dafür, daß die Zeitgenossen differenzierte Kenntnisse besaßen. Auf die größere Frömmigkeit der Türken im Vergleich zu den Christen, auf deren besseres Benehmen in ihren „Kirchen" geht Luther ausführlich ein, um es als eine „Frömmigkeit für den Teufel" nachzuweisen.

„Aufs erste: weil das sicher ist, daß der Türke gar kein Recht noch Befehl hat, Streit anzufangen und die Länder anzugreifen, die nicht sein sind, ist sein Kriegführen ohne Zweifel ein reiner Frevel und Räuberei, wodurch Gott die Welt straft ... Er ist Gottes Rute und des Teufels Diener, das hat keinen Zweifel.

...

Es muß wahrlich dieser Streit mit der Buße angefangen werden: wir müssen unser Wesen bessern, oder wir werden umsonst streiten ..."

zitiert nach: Kurt Aland (Hrsg.), Die Werke Martin Luthers in einer Auswahl für die Gegenwart, Bd. 7 (Der Christ in der Welt), 2. Aufl., Stuttgart 1967, S. 95, S.96 f

Über den Papst und die Türken:

„Und Gott drückt auf sie alle beide mit gleicher Plage und schlägt sie mit Blindheit, daß es ihnen geht wie Paulus Röm. 1, 28 von dem schändlichen Laster der stummen Sünden sagt, daß Gott sie in verkehrtem Sinn dahingibt, weil sie Gottes Wort verkehren. Denn so blind und unsinnig sind beide, Papsttum und Türkei, daß sie beide die stummen Sünden als ein ehrlich, löblich Ding unverschämt treiben. Und wie sie den Ehestand nicht achten, geschieht es ihnen recht, daß bei ihnen eitel Hundehochzeit (und wollte Gott, daß es nur Hundehochzeiten wären), ja eitel welsche Hochzeit und florentinische Bräute bei ihnen sind; sie lassen sich dazu dünken, es sei gut getan. Denn ich höre lauter greuliche Dinge, welch ein öffentliches prächtiges Sodom die Türkei sei. Ein jeder, der zu Rom und in welschen Landen sich ein wenig umgesehen hat, weiß ja gut, mit welch Zorn und Plage Gott daselbst die verbotene Ehe rächt und straft, daß man Sodom und Gomorra, die vorzeiten mit Feuer und Schwefel versenkt sind (1. Mose 19, 24) , ein bloßer Scherz und Vorspiel im Vergleich zu diesem Greuel sein lassen muß, daß mir auch dieses Stücks wegen des Türken Regiment in deutschen Landen gar herzlich leid, ja, gar unleidlich sein sollte."

Ibid. S. 112 f

Luther unterscheidet zwischen den machtpolitischen Interessen der Fürsten, in die er sich nicht einmischen will, und der Schutzpflicht des Kaisers (der in dieser Funktion zu unterstützen sei):

„Was der Kaiser für die Seinen gegen die Türken tun kann, das soll er tun, wenn er (auch vielleicht) solchem Greuel nicht ganz steuern kann, er sich doch mit Wehren und Aufhalten, soviel es möglich ist, befleißige, seine Untertanen zu schützen und zu retten. Zu diesem Schutz sollte der Kaiser nicht allein seine schuldige Pflicht, Amt und Gottes Gebot bewegen, nicht allein das unchristliche und wüste Regiment, das der Türke in die Lande bringt, sondern auch der Jammer und das Elend, das den Untertanen geschieht. Welches sie ohne Zweifel wohl besser wissen als ich, wie der Türke grausam an denen handelt, die er gefangen wegführt, gleichwie ein Vieh: er schleift, schleppt, treibt, was fort kann; was aber nicht fort kann, wird flugs erstochen, es sei jung oder alt usw."

Ibid. S. 115

Diese traditionellen Greuelmotive als Argumentationshilfe für die eigenen Absichten finden sich auch in der Schrift „Heerpredigt wider den Türken" (1530):

„Und man siehts auch gut an den Ereignissen, wie greulich er die Menschen, Kinder, Weiber, jung und alt erwürgt, spießt, zerhackt, die ihm doch nichts getan haben, und so handelt, als sei er der zornige Teufel selbst leibhaftig. Denn nie hat ein Königreich so mit Morden und Wüten getobt wie er tut. ...

...

Deswegen halt ich das nicht für ein Meisterstück, daß der Türke, die Christen zu schrecken, ihre Kindlein zerhaut, zersticht und und auf die Zaunstecken spießt, und was sonst nicht fort kann, alles erwürgt und grausam behandelt."

Ib. S. 121f, S. 127

Ein Kirchenlied Martin Luthers von 1542/43:

„Erhalt uns Herr bei deinem wort und steur des papstes und türken mord, die Jesum Christum, deinen Sohn, Stürzen wollen von seinem Thron. Beweis dein macht, Herr Jesu Christ, Der Du Herr aller herren bist: Beschirm dein arme christenheit, Daß sie dich lob in ewigkeit. Gott heilger geist, du tröster werth, Gieb deinem Volk einerleisinn auf erd. Steh uns bei in der letzten noth, Gleit uns ins leben aus dem tod."

zitiert nach dem Mecklenburgischen Kirchengesangbuch, Schwerin 1871, S. 165

M 4 Türkenbüchlein 1558

Schon der zeittypisch umfangreiche, den Inhalt wiedergebende Titel weist auf die doppelte Tendenz des Buches, Türkenpropaganda mit moralischer Aufrüstung der eigenen Seite zu verbinden.

„New Türckenbüchlin, dergleichen vor diser Zeit nie getruckt worden. Rathschlag, vnd Christliches bedencken, wie one sonderliche beschwerde der Obrigkeit, auch der Vnderthanen, der Christenheit Erbfeind der Türck, zu Wasser vnnd Land zu vberziehen, vnd mit Hilff des Allmechtigen zu vberwinden were, Gemeyner Christenheit also zu gutem, auff verstendiger Leute verbessern, zusammen getragen und begriffen, Durch Simon Wolder. Pomerm. ... M.D.L.VIII."

aus: Carl Göllner, Turcica , Bd. 2, S. 68

M 5 Aus einer Druckschrift von 1583

Nach dem Abklingen der Türkengefahr erscheint 1583 die folgende Schrift mit dem zeittypisch umfangreichen Titel, der in seiner eher reißerischen Aufmachung ähnlich moderner Boulevardpresse dem Sensations- und Unterhaltungsinteresse seines Publikums verpflichtet ist:

„Türckische Beschneidung. // Warhaffte kurtze Be- // Schreibung. wie Amurath, der jetzt regierende Tür- // ckische Keyser, seinen Son Mahometen, so er von Circassa, // einer Natolianerin, seinem Kebßweib erzeuget. vnd nu mehr bey funffze- // hen Jahren alt, im vergangenem Monat Junio, dieses lauffenden // Jahres, mit grossem Pomp vnd Herrlichgkeit, zu Constanti-// nopel beschneiden lassen. // Mahomet des Türckischen Keysers Sohn, wie er // vor der Beschneidung gesehen worden. // Dergleichen auch was für Botschafften allda er schienen, // Neben Vermeldung der Ritterspiel, so gantz ernstlich vnd abschewlich, // auch lustig vnd kurtzweilig, in beysein vieler frembder Poten- // taten Gesandten, sein ergangen vnd gehalten worden. // Sampt einer sonderlichen meldung etlicher Wun- // derwerck zu Constantinopel. // M.D.LXXXIIL"

aus: Göllner, Turcica, Bd. 2, S.405

M 6 Bild mit Text 1684: Erdrosselung Kara Mustafas

Wie die Arbeit / so der Lohn.

Abbildung / welcher gestalt der Türckische Groß=Vizir Cara Mustapha Bassa, stranguliret und neben 36. Vornehmen Bassen hingerichtet worden, im Februario 1684.

A. **Der Janitscharen** Aga.

Hör' Alter von mir an / deß Sultans ernsten Willen /
Als dessen Grimm und Zorn nun nicht mehr ist zustillen /
Dann nur durch deinen Todt / nicht länger Groß=Vizir,
Solt werden du genannd / drumb reich alsbalden mir /
Des Käysers=Sigel her / hiemit bist du entsetzet /
All deiner Macht und Ehr; Du warest groß geschätzet /
Allein dein Ubermuth dir Ehr und Leben raubt /
Sih' hier deß Sultans Hand / zulifern Ihm dein Haupt.

B. **Groß=** Vizir.

Ach! was soll dises seyn / was muß ich da anhören /
Ist diß dann der Befehl / deß Sultans meines Herzn /
Womit hab ichs verdient? ich sucht ja immerzu /
Zumehren Machmets Reich / ohn alle Rast und Ruh.
Wer kan vor Ungelück / daß ich hab müssen lauffen /
Von Wien mit Spott und Schad / sambt meinem starcken Hauffen /
Die Sonn nicht allzeit scheint / das Krieges=Glück ist rund /
Es wendt sich alle Tag / ja auch wol alle Stund /
Halt nur ein wenig inn' / erlaube mir zu reden /
Mit meinem Groß=Sultan, villeicht kan ich erretten /
Mein altes graues Haubt / ich bitte / laß mich zieh'n /
Und briggen meinen Kopff / dem Kayser selber hin.

Janitscharen Aga.

Nein / nein es kan nicht seyn / du must dich jetzt bequemen /
Es lautet der Befehl / alsbalden dir zunehmen /
Dein Leben / so genug in Ubermuth geprangt /
Wer es so närzisch wagt / den Strick zu Lohn empfangt.

Groß= Vizir.

Weil die Verhängnuß wil / so bitt ich / mir vergönne /
In meine Kammer hin zugehn / auff daß ich könne /
Mich sauber reinigen / und waschen von mir ab /
Die Mackel meiner Seel / eh' ich komm in das Grab /
Wie würde Machomet / dem ich mit Leib und Leben /
In allen meinem Thun / zu eigen war ergeben /
In seinem Paradiß mich seltzam schauen an /
Wann ich volbrächte nicht / was schafft sein Alcoran.

Janitscharen Aga.

Ey waschen / vil zuspat / das Wasser ist gefroren /
Du findst in jener Welt / nicht / was du hier verlohren /.
Ihr / die ihr seyd bestellt / greifft ihn nur hurtig an /
Es ist deß Sultans Will / so muß es seyn gethan /
Der alte Narr hat sich ja lassen recht bethören /
Weil er ihm nicht den Zug in Oesterreich ließ wehren /
Drumb gebet ihm den Lohn / wer so verschertzt sein Heyl /
Dem wird zu guter letzt / der Strick und Schwerd zutheil.

C. **4. bestellte so ihn erwürgen.**

So / So / mein Alter komm / wir wollen dirs bald machen /
Es wird die gantze Welt zu deinem Unheil lachen /
Ein jeder Muselmann sich drüber höchst erfreut /
Nicht weniger frolockt Wienn / samt der Christenheit /
Fahr hin in Plutons Reich / zu deinen Mitgesellen /
Wir wollen auff dein Grab noch dise Grabschrifft stellen:

Hier liegt der Groß=Vizir, gestürtzet durch das Glück /
Der alles fressen wolt' / ersticket an dem Strick.

Bild gefunden in: Herbert Zippe (Hrsg.), Illustrierte Geschichte Österreichs. 7. Aufl., Pinguin Verlag, Innsbruck 1967, S. 111

Textumschrift:

„Wie die Arbeit / so der Lohn

Abbildung / welcher gestalt der Türkische Groß=Vizir Cara Mustapha Bassa, stranguliert und neben 36 Vornehmen Bassen hingerichtet worden, im Februario 1684

A. Der Janitscharen Aga

Hör Alter von mir an / des Sultans ernsten Willen /
Als dessen Grimm und Zorn nun nicht mehr ist zu stillen /
Dann nur durch deinen Todt nicht länger Groß-Vizir,
solt werden du genannd / drumb reich alshalden mir /
des Kaysers Sigel her / hiermit bist du entsetzet /
All deiner Macht und Ehr; Du warst groß geschätzet /
Allein dein Übermuth dir Ehr und Leben raubt /
Sih hier des Sultans Hand / zulifern ihm dein Haupt.

B. Groß-Vizir

Ach, was soll dises seyn / was muß ich da anhören/
Ist diß denn der Befehl / deß Sultans meines Herrn /
Womit hab ichs verdient? ich sucht ja immerzu /
Zumehren Mahmets Reich / ohn alle Rast und Ruh.
Wer kan vor Unglück / daß ich hab müssen lauffen /
Von Wien mit Spott und Schad / sambt meinem starken Hauffen /
Die Sonn nicht allzu scheint / das Krieges-Glück ist rund /
Es wendt sich alle Tag / ja auch wol alle Stund /
Halt nur ein wenig inn` / vielleicht kann ich erretten /
Mein altes graues Haubt / ich bitte laß mich zieh`n /
Und bringen meinen Kopff / dem Kayser selber hin.

Janitscharen Aga

Nein / nein es kann nicht seyn / du must dich jetzt bequemen /
Es lautet der Befehl / alsbalden dir zunehmen
Dein Leben / so genug in Übermuth geprangt /
Wer es so narrisch wagt / den Strick zu Lohn empfangt.

Groß-Vizir

Weil die Verhängnuß will / so bitt ich / mir vergönne /
In meine Kammer hin zugehn / auff daß ich könne /
Mich sauber reinigen / und waschen von mir ab /
Die Mackel meiner Seel / eh ich komm in das Grab /
Wie würde Machomet / dem ich mit Leib und Leben /
In allen meinem Thun / zu eigen war ergeben /
In seinem Paradiß mich seltzam schauen an /
Wenn ich volbrächte nicht / was schafft sein Alcoran.

Janitscharen Aga

Ey waschen / vil zuspat / das Wasser ist gefroren /
Du findst in jener Welt / nicht / was du hier verlohren /
Ihr / die ihr seyd bestellt / greifft ihn nun hurtig an /
Es ist des Sultans Will / so muß es seyn gethan /
Der alte Narr hat sich ja lassen nicht verhören /
Weil er ihm nicht den Zug in Österreich ließ wehren /
Drumb gebet ihm den Lohn / wer so verschertzt seyn Heyl /
Dem wird zu guter letzt / der Strick und Schwerd zutheil.

C. 4, bestellte so ihn erwürgen

So / So / mein Alter komm / wir wollen dir`s bald machen /
Es wird die gantze Welt zu deinem Unheil lachen /
Ein jeder Muselmann sich drüber höchst erfreut /
Nicht weniger frohlockt Wienn / samt der Christenheit /
Fahr hin in Plutons Reich / zu deinen Mitgesellen /
Wir wollen auf dein Grab noch dise Grabschrifft stellen:
Hier liegt der Groß-Vizir, gestürtzet nach dem Glück /
Der alles fressen wollt`/ ersticket an dem Strick."

M 7 Eine wissenschaftliche Zusammenfassung

„Bei den Türkendrucken des 16. Jahrhunderts könnte man das Bild von Ebbe und Flut heranziehen, eine Vorstellung, die durch den Verlauf der kriegerischen Ereignisse bedingt war. Der Fall von Rhodos (1522) fand seinen Niederschlag in vielen Veröffentlichungen, die vor allem die Tapferkeit der Johanniterritter verherrlichten. Dann ließ die Schlacht von Mohacs (1526) und die erste Belagerung Wiens durch die Türken (1529) das Interesse für den Islam wieder ansteigen, das dann zur Zeit der Schlacht von Lepanto (1571) und der Türkenkämpfe Michaels des Tapferen (1594–1598) seinen Höhepunkt erreichte.

Zwischen diesen Sturmpolen sind Zeiten der Ebbe von Türkendrucken zu verzeichnen. Während in den Jahren 1522–1523 80 „Turcica" fast ausschließlich das Thema „Rhodos" behandeln, erscheinen in den nächsten zwei Jahren bloß 14 Türkenbüchlein; zwischen 1526–1532 (Mohacs, Belagerung Wiens, Feldzug Karls V., 1532) steigt ihre Zahl auf 259. Besonders augenscheinlich wird Flut und Ebbe in den Jahren 1540–1564. Während der Feldzüge Suleimans und der Kämpfe bei Ofen 1540–1542 ist ein beachtliches Hoch von 134 „Turcica" zu verzeichnen, das 1543–1550, in den Jahren eines wenig aufsehenerregenden Grenzkrieges und von Piratenakten im Mittelländischen Meer, auf 113 sinkt. Dem Sultan schilderte der Kaiser diese Gefechte als belanglose Strafaktionen, der Waffenstillstand sei nie verletzt worden. So fließen auch spärliche Nachrichten von diesem „Krieg im Frieden" zu den Verlegern „ Newer Zeitungen". Die Zahl der Türkendrucke schnellt dann 1565–1566 (während der Belagerung Maltas und Szigets) auf 148 empor, sinkt 1567–1569 auf 48, um in den nächsten Jahren 1570–1572 (Lepanto) eine Rekordhöhe von rund 330 zu erreichen (Beilage). Die Auflagen der „ Zeitungen", Lieder und Gebete überschreiten allerdings nicht 1000 Exemplare, was bei den technischen Unzulänglichkeiten des Drucks, der mit hölzernen Handpressen vorgenommen wurde, erklärlich ist.

Die Druckorte veranschaulichen den geographischen Umkreis, innerhalb dessen man den Verlauf der Türkenkriege mit besonderem Interesse verfolgte. Die meisten „Turcica" erschienen in Augsburg, Nürnberg und Venedig, den Brennpunkten des Nachrichtenwesens. In Augsburg veröffentlichten im 16. Jahrhundert 29 Buchdrucker 134, in Nürnberg 35 Buchdrucker 142 „Türkenbüchlein"; in Venedig publizierten 57 Buchdrucker 142 „ Avvisis" über die Türken. Eine große Verbreitung fanden die Türkenbüchlein aus den Offizinen des Heinrich Steiner – Augsburg (21), Leonhard Heußler – Nürnberg (29), Antonio Blado (49), Bernardino Beccari (33), Nicolö Muzi (27) – Rom, Domenico Guerra – Venedig (21), Jean d'Allier – Paris (18) und Benoist Rigaud – Lyon (40)."

Carl Göllner, Turcica, Bd. 3, S. 18

M 8 Grafik: Erscheinungshäufigkeit von Türkenschriften

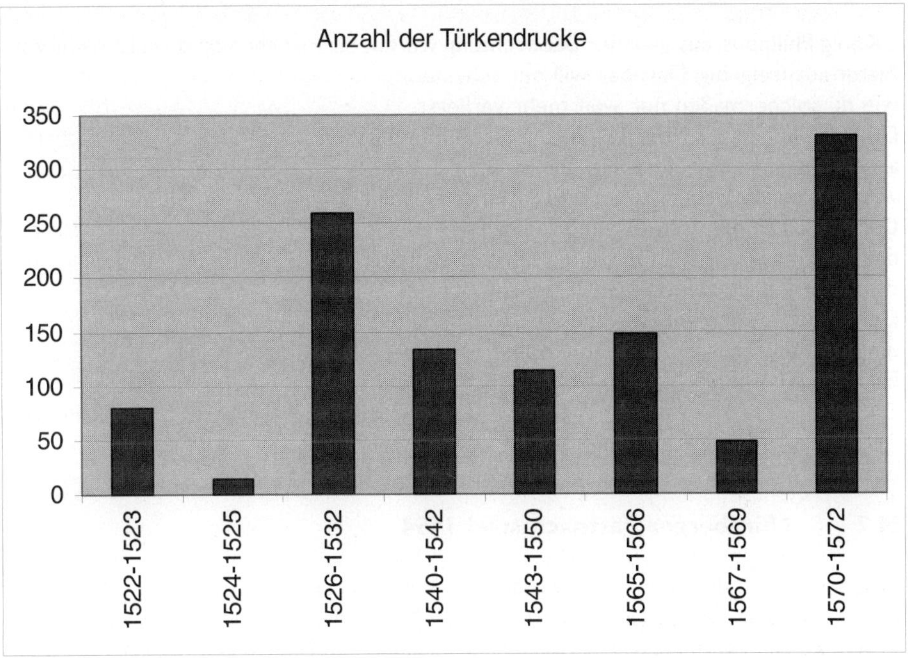

1.4 Türken als Vorbild in Mittelalter und früher Neuzeit

Das nicht nur von der Kirche verbreitete negative Bild vom Türken hat zwar selten offenen Widerspruch hervorgerufen, doch gab es untergründig und vor allem bei den unteren Volksschichten eine andere Form eines kollektiven Gedächtnisses, die vor allem durch einen Vergleich der jeweiligen sozioökonomischen und politischen Verhältnisse gespeist wurde. Schon in der Kreuzzugszeit hatten sich die im Kampf gegenüberstehenden fränkischen und seldschukischen Ritter mit gegenseitigem Respekt behandelt, Voraussetzung für manche konfessionsübergreifenden Bündnisse. Saladin, der immerhin die Christen bei Hattin 1187 entscheidend schlug und ihnen Jerusalem wieder entriß, wurde sogar als Vorbild ritterlicher Tugenden und Vorbild für Könige gepriesen, wenn z. B. Walther von der Vogelweide Saladins „milte“ (Freigebigkeit) dem knauserigen Philipp von Schwaben vorhält.

M 1 Saladin bei Walther von der Vogelweide 1203

Aus dem „Philippston", einem der politischen Lieder Walthers:

„ König Philippus, aus genauer Beobachtung werfen dir manche vor, du seist nicht von Natur aus freigebig. Darüber will mir scheinen,
wie du solchermaßen nur weit mehr verlierst.
Du sollst lieber aus freiem Willen tausend Pfund geben
als dreißigtausend widerwillig. Dir ist nicht bekannt,
wie man durch Geben Ruhm und Ansehen erlangt.
Denk doch an den freigebigen Saladin,
der da sagte, Königshände sollten durchlässig sein,
dann würden sie gefürchtet wie geliebt.
Denk doch an den von England,
um welchen Preis er freigekauft wurde von seiner großzügigen Hand.
Ein Verlust ist nützlich, wenn er zwei Vorteile einbringt."

Walther von der Vogelweide, Gedichte, hrsg. und übersetzt von Peter Wapnewski, Frankfurt/M. 1962, S. 39

M 2 Nürnberger Fastnachtspiel 1454

Ein Jahr nach der Eroberung Konstantinopels entstanden und noch im 16. Jahrhundert aufgeführt, steht „Des Türken vastnachspiel" des Gelbgießers Hans Rosenplüt im schroffen Gegensatz zu dem Türkenbild der Kirche und verbindet das Türkenmotiv mit einer Kritik an den sozialen und politischen Zuständen im Reich. Im Gewand der im Karneval zulässigen Umkehrung der Welt, werden den Christen die neun Hauptlaster (Hoffahrt, Wucher, Ehebruch, Meineid, Abweichung vom rechten Glauben, Bestechlichkeit vor Gericht, Simonie, überzogene Steuern, Verachtung der Niederen durch die Höheren) vorgehalten, denen der zu Besuch kommende Sultan alle Übel nehmen will; er wolle sie nicht töten, sondern ihnen „mit Weisheit und List nachschleichen", bis sie sich unterwerfen. Ein Gesandter des Papstes, der Bote des Kaisers, ein kurfürstlicher Gesandter wenden sich dagegen, verweisen auf die Greueltaten bei der Eroberung Konstantinopels, wissen aber auf die Kritik nur mit derben Drohungen zu reagieren (man wolle dem Sultan den Bart mit Sicheln rasieren, sein Gesicht mit Essig waschen, er müsse ein Jahr in einem Ameisenhaufen schlafen); als ein Ritter auf des Kaisers Rat hin dem Türken zu Leibe rücken will, ergreifen zwei Bürger seine Partei und erinnern daran, daß auch ein Kaiser Nürnberger Geleit nicht antasten darf.

Zu Beginn des Stückes verkündet ein türkischer Herold, daß der Sultan nach Deutschland gekommen sei, um die hier herrschende zerrüttete Ordnung und allgemeine Unsicherheit durch die Wohlfahrt seines eigenen Reiches zu ersetzen:

„Nun schweigt und hoert fremde mer!
Der große Türk ist kumen her ...
Von Orient, da die sun aufget,
Da selbst es wol und fridlich stet,
Sein Land heißt die gros Türkei,
Darain da sitzt man zinsenfrei,
Dem sind vil großer clag für kommen
Von bösen Cristen und den fromen,

Sich claget der Pauer, der Kaufman
Die muget keinen frid nit han
Bei nacht, bei tag, auf wasser, auf land
Das ist dem adel eine große schand
Das si ein solchs nit künnen wenden
Man solt die Straßenräuber pfenden
Und an die paum mit stricken pinden,
So ließens auf der straß ir schinden ..."

Auf die Kritik des kurfürstlichen Gesandten an den Greueltaten bei der Eroberung Konstantinopels faßt ein türkischer Rat nochmals die sozialen Mißstände der christlichen Länder zusammen:

„Sag deinn kurfürsten wider das,
Das in allen heiden sind gehaß,
Ir küchen sten gar vil zu veist,
Dar umb der arbaiter schwitzt und schweißt
...
Sie höchen alle jar den pauren die gült!
Und wenn er si ainmal darumb schilt,
sie schlügen nider als ein rind
Und sollten darum weib und kind
Mangel leiden und hungers sterben,
so künd in niemand gnad erwerben."

zitiert nach: A. v. Keller, Fastnachtspiele aus dem fünfzehnten Jahrhundert, Bd. I (Bibliothek des Litterarischen Vereins in Stuttgart 28), Stuttgart 1853, S. 288 ff

M 3 Gedicht : Der Türcken Sitten

Der deutsche Übersetzer von Spanduginos „Delle historie & origine de principe de Turchi" bietet 1523 eine im Vergleich zur Mehrheit des Schrifttums seiner Zeit vorurteilsfreiere Einleitung:

„Der Türcken Sytten hat zu erlernen
Fürsten Graven und auch ander herren
Die in gemeyner deutscher nation
solches gar keyn wissen nit bey ju hon...
Der Türcken gewalt sich hat gemert
(Wie eych das solches buechlin kürzlich leert)
Durch ordnung und gutte policey
Die groß gehorsam ist auch dabey
Darzu aller Türcken grosser gemeyner nutz
Welcher bey jn wird behalten in schutz
Darumb o ir herren al gemeyn
Laßt solches bey euch ein exempel seyn.

zitiert nach: Göllner, Bd. 3, S. 299f

M 4 Türkenhoffnungen

Eine Zusammenfassung der Stimmung vor allem unterer Schichten bietet der Historiker Göllner, der alle „Turcica" (= Druckschriften zum Türkenthema des 16. Jahrhunderts) katalogisiert hat:

„Vor allem in den unteren Schichten der Gesellschaft tauchten neben der „Türkenfurcht" oft auch positive Erwartungen, „Türkenhoffnungen" auf. Solche „Türkenhoffnungen" scheinen, wie das *Turcken puechlein* (1522) erwähnt, vor allem Kaufleute gehegt zu haben, die in Deutschland schlechte Erfahrungen mit „Monopolia und Gesellschaften" gemacht hatten. Man erzählte von Landsknechten und Bauern, die in die Türkei geflüchtet seien. Sie hofften hier, „das ein yeden on alle straff gezieme, was ihm geliebe, welchen so sy under einem Christen zu erlangen verzagen, das sey darumb dester lieber den Türcken wollten, gleichsam dieser freüntlicher und gnediger sey in vergünstigung dieser freyheit den ein fürst under Christen".

Luther vermerkt: Man finde jetzt Menschen „yn deudschen landen, so des Türcken zukunfft und seines regimentes begeren, als die lieber unter dem Türcken denn unter dem Keiser odder fürsten sein wollen", Johannes Cochleus greift vor allem Prediger an, die öffentlich türkische Verhältnisse preisen, Melchior Kleusel, Generalvikar in Österreich, warnt vor dem „weitverbreiteten hochschädlichen Türkischen Huldigen", welches den „gemeine verirrten Leuth" seines Sprengels „imprimiert und eingedruckt" sei.

Carl Göllner, Turcica, Bd. 3, S. 24f

M 5 Türkenmotiv in der Sozialkritik

Luther hatte durch seine Angriffe auf das Papsttum auch eine Sozialkritik ins Rollen gebracht, die sich im Schrifttum seiner Zeit in vielfältiger Weise bei Autoren wie Johann Semerin, Benedikt Kuripecic oder Joachim Greff, alle auch Verfasser von „Turcica", spiegelt. Adlige werden als unnütze Parasiten angeprangert, Landsknechte kritisiert, die lieber in Italien kämpfen und Rom plündern als gegen die „Heiden" zu ziehen, den Klöstern vorgehalten, es fehle an Geldmitteln für die Türkenkriege, weil sie den größten Teil der Einkünfte in den Händen hielten. Der Türke wird zwar meist als Schrecken und Gefahr dargestellt, doch in der politischen Instrumentalisierung des Türkenmotivs zeigt sich die ambivalente Bewertung der Türken in dieser Zeit.

Dies spiegelt ein Bußlied aus dem Jahre 1571 wider:

„Noch sein wir schier on all sorgen
ich glaub wenn man wüst das morgen
der Türck kem warhafftig rein
noch müßten wir Gutter ding sein
kurtzweilen spilen, saufen und fressen
unsers Nechsten gar vergessen ...
So gar gering setzen wirs hinein
und wollen dennoch gute Christen sein."

zitiert nach: Carl Göllner, Turcica. Die europäischen Türkendrucke des 16. Jahrhunderts, Bd. 3, Baden Baden 1978, S. 185

1.5 Das Türkenbild der Neuzeit

Überblickt man den gesamten Zeitraum vom ersten Aufmarsch der Osmanen vor Wien 1529 bis zum Vorabend der Französischen Revolution und darüber hinaus bis weit ins 19. Jahrhundert, zeigt sich in der Bewertung der Türken eine große Bandbreite, die von dem im Mittelalter gelegten Vorurteil des grausam barbarischen Christenfeindes über den anerkannten tapferen Krieger, den kunstsinnig-kultivierten Exoten bis zum verweichlicht-sinnlichen Orientalen reicht. Mit dem Abklingen der (militärischen) Türkengefahr nach 1683 verschieben sich dabei die Akzente. Bei dem „Reiseschriftsteller" Karl May, der den Orient nur aus Büchern kannte, dessen viel gelesene Werke aber das Orientbild ganzer Generationen prägten, finden sich alle diese Motive gewissermaßen gesammelt wieder, ohne daß sie allerdings auf den jugendlichen Leser als in sich widersprüchlich wirken; denn sie sind jeweils Folie für die Überlegenheit des westlichen, genauer gesagt des deutschen Menschen.

Seit den Anfängen des Verkleidungsturniers im 16. Jahrhundert spielt das Türkenmotiv eine zentrale Rolle; mit ihm konnte man den Sieg anschaulich nachspielen oder den Abwehrkampf in einen Sieg umdeuten. Schon vorher war dieses Motiv in Mummereien oder Verkleidungstänzen beliebt und findet in z.T. grotesken Verkleidungen (Janitscharen in Vogelmasken) seinen Ausdruck. Was hier zur Unterhaltung etwa eines Maximilian I. angelegt ist, findet in der Festkultur des Barock seinen festen Platz, allerdings erweitert durch die Rezeption persischer, indischer und chinesischer Motive. In den „Nationenaufzügen" haben Türken ihren festen Platz, das Sammeln von türkischen Kunstgegenständen und kostbaren Waffen wird an fürstlichen Höfen fast zur Mode, wobei die große Beute nach der türkischen Niederlage vor Wien 1683 sicherlich wie eine Initialzündung wirkte, ähnlich wie beim Kaffeekonsum, der in eigens dafür türkisch eingerichteten Räumen zelebriert wurde. Wenn August der Starke beim Cartel-Rennen 1697 in Dresden als Sultan gekleidet teilnahm, wenn er seiner Geliebten Gräfin Cosel das Haus Taschenberg in türkischem Stil bauen läßt, eine Janitscharentruppe aufstellt, das Zeithainer Lager 1730, mit dem er dem preußischen König seine militärische Stärke demonstrieren wollte, nach dem Vorbild des türkischen Lagers vor Wien organisieren läßt, so sind all diese Maßnahmen Herrschaftsdemonstration durch Prunk. Das Zeithainer Lager ist mit Recht als Festlager in die Geschichte eingegangen. In der nach türkischem Vorbild organisierten sächsischen Janitscharentruppe spiegelt sich der Respekt vor dieser Elitetruppe, aber sie ist aus anderen sächsischen Truppenteilen ausgeliehen, während die Preußen eine Generation später tatsächlich muslimische Truppenteile besitzen. Spiegelt sich hier noch die gemeinsame kriegerische Geschichte wider, tritt dieses Motiv im Laufe der Zeit zunehmend zurück, die Faszination einer anderen, exotisch verstandenen Kultur rückt in den Vordergrund, wobei deren Rezeption (z. B. die Meißner Porzellanfigur eines Türken mit Gitarre) oft genug nicht der historischen Realität entspricht. Haremsdarstellungen, wie sie noch die europäische Kunst bis weit ins 19. Jahrhundert prägen, sagen mehr aus über westliche Männerphantasien, als daß sie der Realität der eher hochgeschlossen gekleideten Haremsdamen wiedergeben. Von der Vorstellung eines sinnlich-lüsternen, verweichlichten Orientalen zum „kranken Mann" am Bosporus ist dann nur ein kurzer Schritt. Dabei blieben dem Sultan (bei Bedarf) alle Attribute eines Despoten erhalten; der Despot (gewissermaßen unter Verdrängung der eigenen Geschichte) wird in der Vorstellungswelt schon des 18., stark ausgeprägt im 19. Jahrhundert als orientalisch verstanden. Eine erneute, jetzt auch wissenschaftlich geprägte

Entdeckung des Orients (insbesondere auch durch die archäologischen Entdeckungen) trägt dazu bei. Die altägyptische Kultur wird zur Vorgeschichte der europäischen, wie sie auch noch die Abfolge moderner Curricula suggeriert. Anders gesagt: Europa adaptiert den Orient und seine Kultur, natürlich nur seine positiven Seiten, während dem Orientalen die negativen verbleiben. Beispielhaft zeigt sich diese Entwicklung bei Karl May: Als Kara Ben Nemsi spricht er besser Arabisch als die Araber, kennt er den Koran besser als die muslimischen Schriftgelehrten, bewegt er sich sicherer im osmanischen Gesellschafts- und Herrschaftssystem als türkische Mandatsträger, ist mithin der eigentliche Träger und Vertreter orientalischer Kultur gegenüber den deutlich unterlegenen Einheimischen.

Quellen/Materialien

M 1 Janitscharen: Realität und Rezeption

Die einzelnen Janitscharenregimenter waren durch Symbole wie Schiff, Windmühle, Schlüssel oder Anker gekennzeichnet.

Ein Janitscharen-Aga, der oberste Befehlshaber des Janitscharenkorps, dargestellt in einem um 1590 entstandenen „Manierenbuch" aus dem Codex Vindobonensis 8626, Österreichische Nationalbibliothek, Wien

M 2 Prunk zur Zeit des Rokoko: Wer ist wem ein Vorbild?

Der englische Historiker Palmer schildert die Eindrücke westlicher Besucher von Istanbul in der ersten Hälfte des 18. Jahrhunderts:

„... Çelebi Mehmets Beschreibungen von Fontainebleau und mehr noch die von König Ludwig XIV. massigen Schloß in Marly faszinierten ihn (Sultan Ahmed). Als Imitation dessen, was er für französischen königlichen Schick hielt, baute Ahmed III., mit aktiver Unterstützung von Damat Ibrahim, Saadabad („Ort der Glückseligkeit"), einen herrlichen Sommerpalast über den „süßen Wassern Europas" hinter Eyüp, gut sechs Kilometer hinter dem Topkapi Serayi entfernt am Goldenen Horn. Der Palast entstand 1722 in erstaunlich kurzer Zeit. Die beiden Bäche Alibey Suyu und Kagethane Suyu, die „süßen Wasser", wurden kanalisiert, um Saadabad mit einem langgezogenen Zierteich zu versehen und Fontänen und Kaskaden auf dem Palastgelände zu speisen. Andere Mitglieder des Diwan versuchten dem Beispiel ihres Herrschers nachzueifern. Damat Ibrahim ließ sich einen neuen, am Ufer gelegenen Palast etwa acht Kilometer den Bosporus hinauf in Kandilli bauen, wo er 1724 und nochmals 1728 unter großem Aufwand den Sultan für jeweils zwei Wochen zu Gast hatte. Ausländische Architekten wurden nach Konstantinopel eingeladen; immer mehr kleine Villen, häufig aus Holz oder Gipssteinen statt aus dem teureren Marmor und Stein, entstanden sowohl an der anatolischen Bosporusküste als auch an der Spitze des Goldenen Horns.

„In der Tat ist das Vergnügen, in einem Boot nach Chelsea zu fahren, nicht mit dem Rudern auf der Enge der hiesigen See zu vergleichen, wo sich zwanzig Meilen bis zum Bosporus hinunter die schönste Mannigfaltigkeit an Aussichten zeigt. Das asiatische Ufer ist mit Fruchtbäumen, Dörfern und den reizendsten Naturlandschaften bedeckt; auf dem europäischen Ufer steht Konstantinopel auf sieben Hügeln, . . . eine schöne Mischung von Gärten, Pinien- und Zypressenhainen, Paläste, Moscheen und öffentliche Gebäude erheben sich reizvoll und scheinbar symmetrisch eins über das andere, so wie Euer Gnaden es in einem Schrank gesehen haben, der von der Hand des größten Künstlers geziert ist."

So beschrieb die neunundzwanzigjährige Lady Mary Wortley Montagu im April 1718 in einem Brief an Lady Bristol die Stadt, in der ihr Mann als Botschafter des englischen Königs Georg I. amtierte. Aber sie schrieb diese Zeilen, bevor die Saadabad-Mode am Hof um sich griff. Wäre sie fünf, sechs Jahre später an den Bosporus zurückgekehrt, hätte sie ihren „Schrank" mit Rokoko-Extravaganzen geschmückt gesehen.

Der französische Gesandte Louis Sauveur de Villeneuve merkte vor allem zwei Eigenheiten des Hoflebens an – die kaiserlichen Prozessionen von Palast zu Palast und die Vorliebe des Sultans und des herrschenden Stands für festliche Illuminationen.

Kurz nach seiner Ankunft in Konstantinopel schrieb Louis de Villeneuve nach Paris:

„Manchmal treibt der Hof in eleganten, mit silbernen Zeltdächern bedeckten Kajiks auf den Wassern des Bosporus oder des Goldenen Horns, manchmal bewegt er sich in einem langen Zug auf einen der Vergnügungspaläste zu ... Diese Prozessionen sind hinreißend durch die Schönheit der Pferde und ihre luxuriös verzierten Schabracken; sie ziehen vorbei mit goldenen oder silbernen Geschirren und mit federgeschmückten Köpfen, und die Pferdedecken funkeln vor kostbaren Steinen."

Und an einem Abend war Villeneuve, der von Pera (heute Beyoglu) über Stambul blickte, fasziniert von „den Kuppeln der Moscheen, die aus Feuerkronen emporragen, während dank einer unsichtbaren, zwischen den Minaretten gespannten Vorrichtung Koranverse mit Buchstaben aus Feuer in den Himmel geschrieben werden".

Der venezianische Gesandte (Bailo), der über Schiffsprozessionen oder Festumzüge mit langsam brennenden Harzfackeln weniger staunte, beschrieb bereits im Februar 1723 den Reichtum an Verzierungen, mit denen die leitenden Beamten des Sultans die Pavillons und Sommerhäuser schmückten, die sie auf dem von Bäumen bestandenen Grasland von Saadabad errichtet hatten. Jeder Besucher scheint von einer anderen Besonderheit in diesen gesellschaftlich turbulenten Jahren beeindruckt gewesen zu sein: etwa von einem Helwa-Fest mit Platten voller Helwa aus Sesamkörnern und Honig für alle Gäste, von den Porträtmalern, die in kühner Mißachtung des islamischen Verbots, Menschen künstlerisch darzustellen, auftraten, von Jongleuren und Ringkämpfern und Liliputanern, von Papageien und exotischen Singvögeln in Käfigen, von Konfekt in Form von Palmen oder von einem siebzehn Quadratmeter großen Garten aus Zuckerwerk anläßlich des Hochzeitsfestes von drei Töchtern des Sultans. Vielen ausländischen Gesandten kam diese Pracht wie eine Spielzeugwelt frivoler Belanglosigkeiten vor, faszinierend in sich, aber in einem erschreckenden Gegensatz zu jener Wirklichkeit stehend, auf die man am Ufer des unteren Goldenen Horns oft stieß, wo Nichtmuslime die Bastonade erlitten, nach einer Pfählung den Tod herbeisehnten oder mit dem Kinn an einem Fleischhaken hängen gelassen wurden.

„Laßt uns lachen, laßt uns spielen, laßt uns die Vergnügungen der Welt voll auskosten", rief der oberste Hofpoet Ahmet Nedim, im Alter ein fröhlicher Zechbruder des Sultans. Es war eine heitere Philosophie für ein angeblich verfallendes Reich ..."

Alan Palmer, Verfall und Untergang des Osmanischen Reiches, München 1992, S. 61 ff

M 3 Bild: August der Starke als Sultan

August der Starke als Sultan beim Cartel-Rennen 1697 in Dresden. Das Bild ist vermutlich im gleichen Jahr in Dresden entstanden.

Staatliche Kunstsammlungen Dresden

M 4 Bild: Türkenmode

Porzellanfigur Türke mit Gitarre und Türkin mit Laute, Meißen um 1745
Staatliche Kunstsammlungen Dresden

Die beiden etwa 17 cm großen Figuren sind um 1745 in Meißen entstanden, vermutlich wie viele Porzellanfiguren als Teil einer Gruppe für eine Tischdekoration. Heute im Besitz der Dresdner Porzellansammlung (Inv.-Nr. P.E. 158, 159).

M 5 Der Harem: Männerphantasie und Wirklichkeit

Bild rechte Seite oben:
Was man sich im 19. Jh. vorstellte: Ein dekadenter Sultan inmitten seiner Gespielinnen.

Bild rechte Seite unten:
Die Realität: Hochgeschlossen mit Kopftuch und langem Kleid stellt eine türkische Miniatur des 15. Jhs. Haremsdamen dar.

M 6 Die Aufnahme türkischer Gesandten in Berlin

Am 9. November 1763 traf mit Resmet Ahmed Effendi der erste Kalifatsgesandte in Berlin ein. Unter dem Eindruck der aufrichtigen Begeisterung der Berliner berichtet er dem Sultan Abdul Hamid I.:

„Die Bevölkerung Berlins erkennt den Propheten Mohammed an und scheut sich nicht zu bekennen, daß sie bereit wäre, den Islam anzunehmen."

Die Berliner Stimmung anläßlich des Einzugs des türkischen Gesandten Asmi Ahmed Effendi am 16.2.1791 gibt ein damals veröffentlichtes Gedicht wieder:

„Er kam, der Mann, den uns der Türke schickte,
der voll Verwund 'rung unser Land erblickte,
er kam, und nun war alles Zwietracht müde,
mit Rußland, Österreich und den Türken Friede.
Das Blutvergießen hörte auf,
und Handel, Wandel, kam in seinen alten Lauf;
so wußte Wilhelm seinen Staaten,
ganz ohne Blut und Tod zu rathen."

zitiert nach: M. Salim Abdullah, „ ... und gab ihnen sein Königswort". Berlin – Preußen – Bundesrepublik. Ein Abriß der islamischen Minderheit in Deutschland, Altenberge 1987, S. 25, S. 26

M 7 Europäische Redensarten des 19. Jahrhunderts

deutsch:	einen Türken bauen, die Sache ist getürkt
Zar Nikolaus I. 1853:	„der kranke Mann am Bosporus" für den Sultan, das Osmanische Reich
spanisch:	cabeza de turco = Opfer, Prügelknabe
französisch:	être la tête de Turc = ständig verspottet werden
	turc/Arabe = harter grausamer Mensch
italienisch:	bestemmiare come un turco = wie ein Landsknecht fluchen
	fumare come un turco = wie ein Schlot rauchen

M 8 Kinderlied:

C-A-F-F-E-E, trink nicht so viel Caffee, nicht für Kinder ist der Türkentrank, schwächt die Nerven, macht dich blaß und krank, Sei doch kein Muselmann, der ihn nicht missen kann.

zitiert nach: Ingeborg Braisch, Geschichte des Islam, RAAbits Geschichte, März 2000, M 23

M 9 Karl May gibt Verhaltensregeln für den Umgang mit Orientalen

Karl May hat das Orientbild ganzer Generationen geprägt. Im Roman „Durch die Wüste" hat er um eine Audienz bei dem Pascha von Mossul nachgesucht:

„Da hörte ich Schritte die Treppe herabkommen. Zwei Männer traten ein. Es waren zwei albanische Agas von den Freischaren des Paschas. Sie blieben am Eingang stehen und einer fragte:

„Bist du der Ungläubige, den wir geleiten sollen?"

Ich war auf keinen Fall gewillt, mich einen Ungläubigen schimpfen zu lassen. Der Fragende erwartete eine Antwort, ich aber gab ihm keine. Ja; ich tat sogar, als ob ich ihn weder gesehen noch gehört hätte.

„Bist du taub und blind, daß du nicht antwortest?", fragte er barsch.

Die Arnauten sind rohe und zügellose, gefährliche Burschen, die bei der geringsten Veranlassung nicht nur zu den Waffen greifen, sondern sie auch gebrauchen. Ich beabsichtigte aber nicht, mir ihre Art und Weise so ohne weiteres gefallen zu lassen. Daher zog ich, wie unwillkürlich, den Revolver aus dem Hawk und wandte mich an meinen Diener:

„Hadschi Halef Omar, sage mir, ob jemand hier ist!"

... (In dem Gespräch, das nun über Halef Omar läuft, kritisiert Kara Ben Nemsi alias Karl May das Verhalten der beiden Offiziere und fordert sie auf, dem Pascha zu melden, „daß er uns höfliche Männer senden soll". Als einer der Boten Karl May erneut einen „Ungläubigen" nennt, reagiert dieser:)

Im Nu war ich auf und stand vor ihnen.

„Hinaus!"

Im nächsten Augenblick war ich mit Halef wieder allein. Die Agas mochten mir doch angesehen haben, daß ich keine Lust hatte, mir von ihnen Vorschriften machen zu lassen. – Man muß den Orientalen eben zu behandeln verstehen. Der Abendländer, der sich vom Morgenländer mißachtet sieht, trägt selbst die Schuld. Ein klein wenig persönlicher Mut und eine möglichst große Menge Unbescheidenheit, unterstützt von der lieben Tugend, die man bei uns Grobheit nennen würde, sind da unter gewissen Voraussetzungen vom allerbesten Erfolg. Allerdings gibt es andererseits auch Umstände, die einen zwingen, sich einiges oder sogar vieles gefallen zu lassen. Dann aber ist es geraten, zu tun, als hätte man nichts gemerkt. Freilich gehört nicht nur Kenntnis der Verhältnisse und Berücksichtigung des einzelnen Falls, sondern auch eine gute Übung dazu, um zu entscheiden, was jeweils besser und klüger ist: Grobheit oder Geduld und Selbstüberwindung, die Hand an der Waffe oder – im Beutel."

... (Natürlich schickt der Pascha einen höflichen Diener und ein Geleit. Der Pascha selbst läßt sich durch Taschenspielertricks von Karl May einnehmen, den er für einen geheimen Offizier im Dienste des Großherrn hält; er bittet Karl May um militärisch wichtige Informationen hinsichtlich seines Reisegebietes.)

„Ja. Dir wird das leichter fallen als einem meiner Leute. Ich weiß, daß die Offiziere der Franken klüger sind, obgleich ich selbst Oberst war und dem Padischah große Dienste geleistet habe ..."

Karl May, Durch die Wüste, Bamberg 1952, S. 462 ff, 488

Anmerkungen

Arnauten	türkischer Name der Albaner, Bezeichnung der osmanischen Kerntruppen
Hawk	Gürtel

Kap. 2 Gäste – Nachbarn – Partner ...?

2.1 Deutsche und Türken im Zeitalter des Imperialismus

Bis zum 18. Jahrhundert hatte das Osmanische Reich zu den Großmächten nicht nur in Europa, sondern auch in Asien gezählt. In dem gut verwalteten Großreich, das von Algerien bis zur Krim und von Ungarn bis zum Persischen Golf reichte, konnten viele Völker unter einer meist toleranten Herrschaft ihre kulturelle und religiöse Identität bewahren, in Handel und Wirtschaft wie die Armenier und Griechen eine führende Rolle einnehmen. Im 19. Jahrhundert mußte sich allerdings das Reich den Herausforderungen der nationalen Freiheitsbewegungen, der modernen Industrialisierung und der imperialistischen Politik der europäischen Großmächte stellen. Der erfolgreiche griechische Unabhängigkeitskampf und die faktische Herauslösung Ägyptens aus dem Reichsverband mußte dessen Einheit gefährden. Die russische Landnahme im Kaukasus und sein Griff nach den Meerengen führte zu Flüchtlingsströmen nicht nur turkstämmiger Bewohner, sondern all der gläubigen Muslime, die nicht unter christlicher Herrschaft, sondern im Reich des Kalifen leben wollten. Die einst schlagkräftige Elitetruppe der Janitscharen kämpfte nur noch für ihre Privilegien, unfähige und korrupte Beamte hemmten den Fortschritt; aus der qualifizierten Handwerkerschaft konnten kaum freie und erfindungsreiche Unternehmer gewonnen werden.

Die osmanische Politik hielt an der Idee eines Zentralstaates fest, vermochte aber damit gegen die den Vielvölkerstaat gefährdenden nationalen Bestrebungen, insbesondere der Balkanvölker, vor allem aber gegenüber dem machtpolitischen Imperialismus der europäischen Großmächte letztlich keinen Erfolg haben. Denn im wirtschaftlichen Bereich erzwangen die europäischen Mächte vertraglich Handelsvorteile, welche die Entwicklung der türkischen Wirtschaft hemmten. In Westeuropa wurde das Bild vom „kranken Mann am Bosporus" gezeichnet, dessen Reich nur deshalb nicht aufgeteilt wurde, weil sich die konkurrierenden europäischen Mächte darüber nicht einigen konnten. Doch entspricht dieses Bild eines dem Untergang geweihten reformunfähigen Reiches nicht historischer Realität. Sowohl einige Sultane wie auch eine jungosmanische Bewegung, dann auch die der Jungtürken, haben die Rückständigkeit des Landes und den Zerfall des Reiches nicht tatenlos hingenommen. Aus einer innertürkischen Perspektive gesehen ist die Geschichte des Osmanischen Reiches im 19. Jahrhundert von mehreren Reformversuchen und Modernisierungsschüben geprägt. Wenn diesen ein durchschlagender Erfolg versagt blieb, sind die Ursachen dafür in Macht- wie Wirtschaftspolitik der europäischen Mächte zu suchen, deren imperialistische Politik einerseits für ständige Gebietsverluste sorgte, sich unter dem Deckmantel von Schutzmächten christlicher Völker im Osmanischen Reich in die innere Politik einmischten und mit ihrer Handels- und Wirtschaftspolitik die Entwicklung einer türkischen Industrialisierung abschnürten. Westeuropäische Fachleute hatten die Osmanen zu allen Zeiten in ihr Reich geholt (ein deutscher Geschützbaumeister hatte die Kanone hergestellt, die 1453 die „Janitscharenlücke" in die Landmauer Konstantinopels schoß), doch während diese in früheren Jahrhunderten zum Islam übertraten und in die osmanische Gesellschaft integriert wurden, agierten sie im 19. Jahrhundert oft genug als Interessenvertreter ihrer Herkunftsländer. Stagnation war die Folge, in Europa wiederum als türkisch-osmanische Reformunfähigkeit verstanden, während andererseits die westliche Einflußnahme als eine christliche verstanden wurde, welche die religiösen Gegensätze verschärfte, weil die muslimische Geistlichkeit sich angesichts der sich verschärfenden sozialen Gegensätze innerhalb der Gesellschaft zum Kern einer Protesthaltung gegen den (christlich verstandenen) westlichen „Fortschritt“ entwickelte. Die Gebietsverluste bedeuteten außenpolitisch Machteinbuße und innenpolitisch die Aufnahme riesiger Flüchtlingsmengen kaukasischer und europäischer (Bulgaren) Völkerschaften, die heute noch die ethnische Landschaft der Türkei prägen. Diese Flüchtlingswellen waren eine wirtschaftliche Herausforderung und ein erhebliches Integrationsproblem, das in Anatolien zu einer Veränderung in den Siedlungsräumen der verschiedenen Ethnien führte. Gemessen am Ausmaß dieser Probleme wird man die Leistung des osmanischen Staates im 19. Jahrhundert eher positiv beurteilen. Diese bis heute dauernde, ebenso erfolgreiche wie konfliktfreie Minoritätenpolitik der Türkei wird allerdings für die europäische Perspektive fast ganz durch zwei Konfliktbereiche verdrängt, am Ende des 20. Jahrhunderts durch die Kurdenfrage, an seinem Beginn durch die armenische.

Armenier-Progrome wie in den Jahren 1895 und 1908 sind auf diesem Hintergrund zu verstehen. Zu den Ereignissen von 1915 kam es erst in der Drucksituation eines Krieges und einer verlorenen Offensive. Dies entschuldigt nicht die Greuel, aber ihr komplexes Ursachen- und Beziehungsgeflecht bezieht auch die Zeitgenossen von 1915 als Zuschauer, Mitwisser und Mittäter ein, in allen diesen Funktionen deutsche, in Teilen auch andere Westeuropäer. Die Betroffenheit der Nachfahren jener imperialistischen Mächte, welche die Situation schufen, die diese Tragödie herbeiführte (nicht mußte), spiegelt sich in der Debatte des Europäischen Parlamentes, das am 18.6.1987 gegen erheblichen türkischen Widerstand die Ereignisse von 1915–17 als „Völkermord“ einstufte, mit einer Mehrheit von 68 zu 60 Stimmen, bei 48 Enthaltungen und 348 abwesenden Abgeordneten.

Deutschland bzw. Preußen hatte – abgesehen von der Entsendung von Militärberatern wie dem jungen Moltke – im 19. Jahrhundert keine imperialistischen Interessen an der Türkei. Auch Bismarck übte äußerste Zurückhaltung; die türkische Frage war ihm – nach einem Wort in einer Reichtstagsdebatte – „kein Knochen eines mecklenburgischen Rekruten wert“. Ein deutsches Engagement hätte das junge Reich in die russisch-englischen Gegensätze in der Meerengen-Frage einbezogen, es hätte auch zu Verstimmungen mit dem österreichischen Bündnispartner führen müssen, der den Balkan als seinen Vorraum betrachtete. Die Außenpolitik des Neuen Kurses brachte hier einen völligen Bruch, auch wenn Bühlow als Außenstaatssekretär und später Kanzler zumindest in verbalen Erklärungen noch an Bismarckschen Prinzipien anknüpfte. Deutschland beteiligte sich mit England, Frankreich und Rußland an der „Aufteilung“ des Osmanischen Reiches in Interessensphären. Mit dem Bau der Bagdadbahn sollte der Vordere Orient deutschem Einfluß geöffnet werden; denn mit dem Bahnbau waren die Konzessionen zur wirtschaftlichen Erschließung des Umlandes und der Ölquellen im heutigen Irak verbunden. Während die deutsche Wirtschaft, insbesondere die Deutsche Bank, ein internationales Konsortium für die Durchführung bevorzugte, hatte die Reichsregierung eine rein „deutsche“ Lösung durchgesetzt, mußte dann aber aufgrund der englischen Verstimmung zugestehen, daß das letzte Teilstück Bagdad – Basra in englischer Regie gebaut wurde.

Auch wenn die Deutschen Schlüsselstellungen im türkischen Militär innehatten, war der Kriegseintritt des Osmanischen Reiches an der Seite Deutschlands nicht unumstritten. Doch der alte Gegensatz zu Rußland war ausschlaggebend, für einen Teil der jungtürkischen Regierung auch die Gelegenheit, die armenische Frage zu „lösen“. Die deutsche Regierung war über die Greuel informiert, tat aber nichts aus Rücksicht gegenüber dem Verbündeten. Deutsche Offiziere in türkischen Diensten trugen sogar zur Vernichtung bei. Die hier gepflegten anti-armenischen Vorurteile weisen Parallelen zum heimischen Antisemitismus auf.

Nach dem Krieg waren beide Länder zu sehr mit der Bewältigung der Kriegsfolgen beschäftigt; die Türkei mußte gegen die Aufteilungspläne des Friedensvertrages von Sèvres ihre nationale Einheit verteidigen. Bis 1924 wieder normale Beziehungen – bei einem eher mäßigen Presseecho – aufgenommen wurden, erinnerte der Talaat-Prozeß an eine gemeinsame und schlimme Vergangenheit. Innenminister Talaat war einer der Hauptverantwortlichen für den Armenier-Genozid. Mit Hilfe des deutschen Militärattachés in der Türkei, dem späteren Chef der Reichswehr von Seeckt, hatte er sich dem Zugriff der türkischen Justiz durch Flucht nach Deutschland entziehen können. Am 15.3.1921 wurde er in Berlin auf offener Straße von einem jungen Armenier erschossen. In einem nur zweitägigen Prozeß befand das Gericht wegen mangelnder Zurechnungsfähigkeit, aber auch erschüttert vom Schicksal seiner Angehörigen auf Freispruch. Die Kürze des Prozesses geht wohl auf die Einflußnahme des Auswärtigen Amtes zurück, dem an einer detaillierten Untersuchung, damit auch der deutschen Rolle nicht gelegen sein konnte.

Quellen/Materialien

M 1 Helmuth von Moltkes Erinnerungen

Titelblatt des Buches: „Unter dem Halbmond. Erlebnisse in der alten Türkei"

Die Reiseerinnerungen des jungen Moltke, der als Militärinstruktor in der Türkei tätig war, bildet eine wichtige Quelle, wie z. B. die westlichen Reformer von der osmanischen Gesellschaft aufgenommen wurden:

(Wegen der Rückständigkeit des Landes) „Es blieb demnach übrig, sich Rat bei den Fremden zu holen; aber in der Türkei wird die beste Gabe verdächtigt, sobald sie aus der Hand eines Christen kommt. Peter der Große hatte 500 Offiziere, Ingenieure, Artilleristen, Wundärzte, Künstler für seinen Dienst persönlich angeworben, sie teilten seine Mühe und ernteten die Früchte derselben. In Rußland konnten die Fremden gehaßt sein, in der Türkei sind sie verachtet. Ein Türke räumt unbedenklich ein, daß die Europäer seiner Nation an Wissenschaft, Kunstfertigkeit, Reichtum, Kühnheit und Kraft überlegen seien, ohne daß ihm im entferntesten in den Sinn käme, daß um deswillen ein Franke sich einem Moslim gleichstellen dürfe."

Sultan Mahmut II. (1808–39), Sohn einer von Korsaren entführten und nach Istanbul verkauften französischen Adligen, erhält bei ihm fast tragische Züge:

„Sultan Mahmut hat ein tiefes Leid durchs Leben getragen: Die Wiedergeburt seines Volks war die große Aufgabe seines Daseins und das Mißlingen dieses Plans sein Tod."

beide Zitate nach Udo Steinbach, Die Türkei im 20. Jahrhundert – schwieriger Partner Europas, Bergisch Gladbach, 1996, S. 40

M 2 Die Beurteilung der osmanischen Reformversuche in der Forschung: eine Kontroverse

Der 1925 in Budapest geborene, später in Freiburg lehrende Josef Matuz hat zahlreiche Werke zur osmanischen Geschichte verfaßt:

„Fatal für die Zukunft des osmanischen Staates war, daß die Jungtürken ihrer nationalistischen Ideologie entsprechend darangingen, den liberalen Osmanismus ... durch ihren an Chauvinismus grenzenden Nationalismus zu verdrängen und eine forcierte Türkifizierung des Reiches in Angriff zu nehmen. Der jungtürkische Nationalismus war gegen alle nichttürkischen Nationalitäten innerhalb des Osmanischen Reiches gerichtet, behandelte die Nichttürken als Staatsbürger zweiter Klasse ... Für einen Vielvölkerstaat wie das Osmanische Reich mußte eine derart rigide Türkifizierungspolitik verheerende Folgen haben."

Josef Matuz, Das Osmanische Reich. Grundlinien seiner Geschichte, Darmstadt 1985, S. 253 f

Vor der jungtürkischen Reformbewegung, welche die Grundlagen für einen türkischen Nationalstaat legte, gab es im 19. Jahrhundert eine weitere Reformbewegung, den Osmanismus, der unter Beibehaltung des Millet-Systems, in dem die verschiedenen nationalen Ethnien ihre kulturelle Identität bewahren konnten, den Vielvölkerstaat in seiner territorialen Integrität erhalten sollte. Die Reformdekrete von 1839 und 1859 sowie die Verfassung von 1876 sind bedeutsame Dokumente dieses Osmanismus. Über seine historische Wirkung urteilt der in Bochum lehrende türkische Historiker Adanir:

„Erleichterten diese Maßnahmen, die die Respektierung des Territorialprinzips voraussetzten, nach außen hin die Souveränitätswahrung, ja die Akzeptanz des Osmanischen Reiches als Subjekt des europäischen Völkerrechts, so war man im Innern entschieden gegen jede Entwicklung, die vom personenbezogenen millet zur territorialbestimmten Verwaltungsautonomie oder gar zur Nationalstaatlichkeit hinzuführen schien. Durch Erfahrungen bestätigt, vermutete man hinter Forderungen nach Regionalautonomie stets separatistische Bestrebungen von Volksgruppen oder Teilungsabsichten der Großmächte.

Im Lichte dieser Erörterung ist der Osmanismus als ein Versuch aufzufassen, einen Kompromiß zwischen zwei gegensätzlichen Prinzipien herzustellen: Auf der einen Seite der staatliche Zentralismus, unterstützt durch die allgemeine Volksvertretung im Parlament, auf der anderen Seite die Kulturautonomie der traditionellen millets. Dieser Kompromiß drückte sich am auffälligsten in der dualistischen Struktur des Erziehungssystems aus. Die öffentlichen Schulen waren gleichsam nur als Ergänzung zu den bereits bestehenden konfessionellen Schulen gedacht. Die Verfassung gewährte daneben jedem Individuum das Recht, Privatschulen zu gründen und Unterricht in beliebiger Sprache zu erteilen.

Dieser liberale Osmanismus der Tanzimat-Periode erfuhr allerdings bis Ende des 19. Jahrhunderts einen signifikanten Wandel. Die Empörung in der muslimischen öffentlichen Meinung über die Einmischung Europas in die internen Angelegenheiten des führenden islamischen Staates schlug nach der Niederlage im russisch-osmanischen Krieg von 1877/78 in eine ohnmächtige Verbitterung um, die von Sultan Adulhamid jahrzehntelang geschickt im Sinne der politischen Legitimation instrumentalisiert werden konnte. Der Osmanismus blieb zwar weiterhin bestimmend, er erhielt jedoch – nicht zuletzt unter dem Eindruck europäischer Expansionserfolge im Orient – zunehmend einen islamistischen Inhalt.

Diesen ideologischen Wandel hat man zu Recht auf dem Hintergrund einer muslimischen Flüchtlingsbewegung ins Osmanische Reich gedeutet. Hunderttausende Tscherkessen, Dagestanis, Georgier und Krimtataren fanden in den Jahrzehnten nach dem Krimkrieg Zuflucht in Anatolien. Nach dem Berliner Kongreß folgte eine zweite Flüchtlingswelle, diesmal aus Bulgarien, Bosnien und der Herzegowina, aus Kreta und aus Zypern. Zum größten Teil waren die Einwanderer keine ethnischen Türken; sie sprachen nur Slawisch, Griechisch oder eine kaukasische Sprache. Die Existenz großer Flüchtlingsgruppen auf anatolischem Boden hat ohne Zweifel dem zahlenmäßigen Übergewicht des muslimischen Elements zusätzliche Pointierung verliehen, und die Tatsache, daß die Vertriebenen überall viel empfänglicher für nationalistische Ideologien sind als die Einheimischen, sollte sich für die Zukunft der nationalen Beziehungen in Anatolien als nachteilig erweisen."

Fikret Adanir, Der jungtürkische Modernismus und die nationale Frage im Osmanischen Reich, in: Zeitschrift für Türkeistudien, 2/89, S. 84 f

Der in Göttingen und Harvard lehrende deutsch-arabische Historiker Bassam Tibi urteilt:

„... Der von Außen, d.h. von Europa erzeugte militärische Druck setzte das Osmanische Reich unter Zugzwang, sich zu reformieren. Dieser von außen einwirkende Druck, sich an die veränderten Umstände der im Rahmen der von Europa ausgehenden Globalisierung eingetretenen Weltzeit anzupassen, war keine Verschwörung, sondern historischer Hintergrund der Reform des Reiches.

Die eingetretene Situation resultierte aus den wiederholt erfahrenen militärischen Niederlagen, die zum Stillstand der Expansion des Reiches geführt hatten. Jene Krise ist mit der heutigen Situation der islamischen Zivilisation am Kreuzweg der Entwicklung vergleichbar. Die osmanischen Reformen ... zeigen, daß die türkischen Sultan-Kalifen eine Modernisierung ohne den Geist der Moderne anstrebten. Dies nenne ich die „halbe Moderne", die von der Moderne nur ihre Instrumente, nicht aber ihre Weltsicht zu übernehmen bereit ist. Das europäische Land, das den größten Anteil an der Reform des Reiches durch Modernisierung seines Heeres trug, war Deutschland; daher die Interpretation der deutsch-türkischen Waffenbrüderschaft als „Freundschaft". Diese deutsch-osmanische Achse führte zum Ersten Weltkrieg, den die islamisch-türkischen Sultane des Osmanischen Reiches als *Dschihad* auf deutscher Seite führten.

...

Mit der auf überlegener Waffentechnologie basierenden europäischen Expansion wurde die von den Osmanen erneut aufgenommene islamische Expansion gestoppt. Aus dieser Situation heraus begannen die Reformen, die – wie gesagt – in dem Versuch der Osmanen bestanden, durch Anleihen im Westen eine Armee europäischen Musters zu importieren. Damit glaubten sie, der europäischen Herausforderung gewachsen zu sein. Die Reformen sollten den Zerfall des Reiches aufhalten, sie wurden jedoch von einer Verwestlichung begleitet, die die Desintegration eher noch beschleunigte. Die türkischen Sultane wollten das Osmanische Reich lediglich dadurch modernisieren, daß sie von der westeuropäischen Moderne nur die Militärtechnologie, also ihre Instrumente, nicht aber ihre Logik und kulturellen Grundlagen, d.h. die rationale Mensch-zentrierte Weltsicht übernahmen. Die seit dem Scheitern der Belagerung von Wien 1683 anhaltenden militärischen Niederlagen machten deutlich, daß das Osmanische Reich im Vergleich zu Europa rückständig war und einer Erneuerung bedurfte. Seine Grundstrukturen waren vormodern, was die militärischen Niederlagen bedingt. In seinem zu einem Klassiker gewordenen Buch über die Säkularisierung der Türkei läßt der türkische Wissenschaftler Niyazi Berkes diesen Prozeß bereits 1826 beginnen. Bis in diese Zeit ist die Verwestlichung zurückzuverfolgen, sie hat nicht mit Atatürk begonnen."

Bassam Tibi, Kreuzzug und Dschihad. Der Islam und die christliche Welt, München 1999, S. 216 f

M 3 Bismarcks Haltung zur Türkei

Diktat des Reichskanzlers über die deutschen Interessen in der orientalischen Frage:

„Varzin, den 14. Oktober 1876

Je schwieriger die Situation sich zuspitzt, umso deutlicher müssen wir meines Erachtens uns gegenwärtig halten und in unserer diplomatischen Tätigkeit zum Ausdruck bringen, daß unser Hauptinteresse nicht in dieser oder jener Gestaltung der Verhältnisse des türkischen Reiches liegt, sondern in der Stellung, in welche die uns befreundeten Mächte zu uns und untereinander gebracht werden. Die Frage, ob wir über die orientalischen Wirren mit England, mehr noch mit Österreich, am meisten aber mit Rußland in dauernde Verstimmung geraten, ist für Deutschlands Zukunft unendlich viel wichtiger, als alle Verhältnisse der Türkei zu ihren Untertanen und zu den europäischen Mächten ... Ich halte es für nützlich, nicht bloß Rußland gegenüber an den Tag zu legen, daß die Erinnerung an mehr als hundertjährige freundschaftliche Beziehungen zu Rußland ein stärkeres Gewicht hat, als die Erwägung dessen, was in der Türkei für den Augenblick sachlich das zweckmäßigste sein könnte. Ich will damit nicht sagen, daß dieses Axiom unsere ganze Zukunft beherrschen müsse, ich halte es aber durch unsere Interessen für geboten, ihm im Augenblick wenigstens dadurch Ausdruck zu geben, daß wir Rußlands Verlegenheiten nicht erschweren ..."

Die Große Politik, Bd. 2, Nr. 246

Diktat des Reichskanzlers vom 20. Okt. 1876

„ ... Die ganze Türkei mit Einrechnung der verschiedenen Stämme ihrer Bewohner ist als politische Institution nicht so viel wert, daß sich die zivilisierten europäischen Völker um ihretwillen in großen Kriegen gegenseitig zugrunde richten sollten. Die Teilnahme am Geschick jener Länder und ihrer Bewohner wiegt tatsächlich bei keiner Regierung so schwer, wie die Besorgnis vor den Entwicklungen, die an die Stelle der jetzigen Zustände treten könnten, und vor ihrer Rückwirkung auf die Sicherheit und das Machtverhältnis der Nächstbeteiligten europäischen Mächte selbst..."

Die Große Politik, Bd. 2, Nr. 250

Diktat des Reichskanzlers in Kissingen am 15. Juni 1877

„Ich wünsche, daß wir, ohne es zu auffällig zu machen, doch die Engländer ermutigen, wenn sie Absichten auf Ägypten haben: ich halte es in unserem Interesse und für unsere Zukunft (für) eine nützliche Gestaltung, einen Ausgleich zwischen England und Rußland zu fördern, der ähnliche gute Beziehungen zwischen beiden, wie im Beginn dieses Jahrhunderts, und demnächst Freundschaft beider mit uns in Aussicht stellt. Ein solches Ziel bleibt vielleicht unerreicht, aber wissen kann man das auch nicht. Wenn England und Rußland auf der Basis, daß ersteres Ägypten, letzteres das Schwarze Meer hat, einig würden, so wären beide in der Lage, auf lange Zeit mit Erhaltung des status quo zufrieden zu sein, und doch wieder in ihren größten Interessen auf eine Rivalität angewiesen, die sie zur Teilnahme an Koalitionen gegen uns, abgesehen von den inneren Schwierigkeiten Englands für dergleiche, kaum fähig macht."

Die Große Politik, Bd. 2, Nr. 294

M 4 Wilhelm II. als „Freund der Muslime"

Tischrede Wilhelms II. anläßlich seiner Orientreise am 8. November 1898 in Damaskus:

„Angesichts der Huldigungen, die Uns hier zuteil geworden sind, ist es Mir ein Bedürfnis, im Namen der Kaiserin und in Meinem Namen für den Empfang zu danken, für alles, was in allen Städten dieses Landes Uns entgegengetreten ist, vor allem zu danken für den herrlichen Empfang in der Stadt Damaskus.

Tief ergriffen von diesem überwältigenden Schauspiele, zu gleicher Zeit bewegt von dem Gedanken, an der Stelle zu stehen, wo einer der ritterlichsten Herrscher aller Zeiten, der große Sultan Saladin, geweilt hat, ein Ritter ohne Furcht und Tadel, der oft seine Gegner die rechte Art des Rittertums lehren mußte, ergreife ich mit Freude die Gelegenheit, vor allen Dingen dem Sultan Abdul Hamid zu danken für seine Gastfreundschaft. Mögen der Sultan und mögen die 300 Millionen Mohammedaner, die, auf der Erde zerstreut lebend, in ihm ihren Kalifen verehren, dessen versichert sein, daß zu allen Zeiten der deutsche Kaiser ihr Freund sein wird ..."

Zitiert nach: Geschichte in Quellen, Bd. 4b, Das bürgerliche Zeitalter 1815–1914, München 1980, S. 587 f

M 5 Bühlow im Reichstag über die „orientalische Frage"

M 5a Außenstaatssekretär Bühlow am 12. Dezember 1898 im Reichstag

„Was unser Verhältnis zum türkischen Reich angeht, so streben wir in Konstantinopel gar keinen besonderen Einfluß an. Mit dem Einfluß auf fremde Staaten ist es so eine Sache; es geht damit, wenn sie mir den Vergleich gestatten wollen, ähnlich wie mit dem Rennen um die goldene Peitsche. Diese einmal zu gewinnen, ist gar nicht so schwer; nachher soll sie aber immer und immer wieder verteidigt und behauptet werden. Durch geschickte Benutzung der Verhältnisse läßt sich unter Umständen Einfluß auf ein anderes Staatswesen unschwer erlangen; diesen Einfluß aber dauernd zu behaupten, kann recht mühsam werden und zu allerlei Unzuträglichkeiten führen. Schon der Einfluß, den wir auf andere Menschen ausüben, schwächt sich durch den Gebrauch ab; der Einfluß eines Staates gegenüber einem anderen Staate läßt sich jedenfalls nur behaupten, wenn derselbe in besonnener und vorsichtiger Weise ausgeübt wird. Darum haben wir in Konstantinopel niemals einen Einfluß angestrebt, wie ihn dort in früheren Zeiten wohl diese oder jene fremde Macht ausgeübt hat. In dieser unserer Enthaltsamkeit liegt die Eigenart, aber auch die Sicherheit unserer Stellung am Goldenen Horn. Die Sympathien, die wir in der Türkei genießen, und für die wir dankbar sind, gründen sich darauf, daß die Türken wissen, wie Deutschland, eben weil es den Frieden will, auch für die Erhaltung des türkischen Reiches eintritt; daß wir meinen, Völkerrecht bleibe Völkerrecht auch gegenüber den Türken; daß wir im Orient keinen Scheinfrieden wollen, sondern wirklichen Frieden, und daß unsere wirtschaftlichen Unternehmungen in der Levante nicht der Ausbeutung, sondern der Wohlfahrt des osmanischen Reiches gelten. Und da alle anderen Mächte, die im Orient gleichfalls und zum Teil politisch direkter interessiert sind als wir, wohl wissen, daß wir nicht daran denken, ihnen Hindernisse in den Weg zu legen oder ihnen Erfolge zu mißgönnen oder in ihre Aktionssphäre einzugreifen oder ihre Aspirationen zu durchkreuzen, so brauchen wir nicht zu befürchten, daß wir irgendwo berechtigte Eifersucht erwecken könnten. Den verschiedenen Balkanvölkern stehen wir freundlich und ohne parti pris gegenüber. Wir verfolgen mit Wohlwollen ihre Entwicklung, wünschen nur, daß sie nicht den Frieden stören mögen, und suchen zum beiderseitigen Besten die zwischen ihnen und uns bestehenden Handelsinteressen weiter auszubauen."

Fürst Bühlows Reden, hrsg. von Johann Penzler, Bd. I: 1897–1905, Berlin 1907, S. 32 f

M 5b Reichskanzler Bühlow am 19. März 1903

„Und endlich, meine Herren, ist der Herr Abgeordnete Freiherr von Hertling auch auf den Orient zu sprechen gekommen, und zwar diesmal nicht auf den äußersten, sondern auf den uns näher liegenden Orient. Ich entsinne mich, meine Herren, daß ich schon vor vier Jahren, so lange ist es wohl her, als ich von der Orientreise kam, von dieser Bank aus ausgeführt habe, daß wir in Konstantinopel keinen besonderen und insbesondere keinen ausschließlichen Einfluß anstrebten, und ich habe damals eingehend die Gründe dargelegt, aus denen es meines Erachtens falsch sein würde, wenn wir in Konstantinopel einen solchen Einfluß anstreben wollten. Es ist und bleibt für mich ein fundamentaler Grundsatz der deutschen Politik, daß wir keine aktive Orientpolitik treiben und in Orient- und Balkanfragen für niemanden die Kastanien aus dem Feuer holen. (Bravo rechts und in der Mitte.) Aber, meine Herren, gerade weil wir in Konstantinopel keine besondere Vormachtstellung anstreben, beruht unser Verhältnis zur Türkei auf einer soliden Basis. Die Grundlage, auf der unser Verhältnis zur Türkei beruht, ist das Vertrauen der Pforte in die Loyalität unserer Politik; das ist ihre Bewunderung für das deutsche Heer; das ist die gute Meinung, welche sie mit Recht von der Reellität der deutschen Industrie wie der deutschen Finanz hat."

Fürst Bühlows Reden, hrsg. von Johann Penzler, Bd. I: 1897–1905, Berlin 1907, S. 441

M 5c Reichskanzler Bühlow am 7. Dezember 1912 im Reichstag

„ ... Die politische Lage in Europa wurde in den letzten Monaten von dem Umschwung in der Türkei beherrscht. Über den Charakter dieses Umschwungs und seine Vorgeschichte sind in der ausländischen Presse und auch in diesem hohen Hause Ansichten geäußert worden, welche der Wirklichkeit nicht entsprechen. Der Herr Abgeordnete Scheidemann ist so weit gegangen, zu behaupten, die Bewegung in der Türkei wäre angeführt worden von Verschwörern und Schnorrern, die früher in Deutschland von meiner Seite eine unfreundliche Behandlung erfahren hätten. Die Führer der Bewegung waren keine Schnorrer, sondern Offiziere, tüchtige Offiziere, die ihre Ausbildung in Deutschland erhielten, in unserem Heere, wo sie eine angesehene Stellung einnahmen, und die an unser Heer und an seinem Land eine aufrichtige Anhänglichkeit bewahrt haben. (Hört! Hört! rechts.) Der Umschwung in der Türkei hat sich ohne Blutvergießen und unter Schonung widerstrebender Elemente vollzogen, die Bewegung hatte Würde und hat der ganzen zivilisierten Welt Achtung und Sympathie eingeflößt. Vom ersten Tag an hat sich die deutsche Politik dieser Anerkennung des Idealismus der Bewegung und der Integrität ihrer Führer angeschlossen. Ich habe selbst einige dieser Herren bei mir gesehen, die mir große Achtung eingeflößt haben. Die sind keine Utopisten, und sie haben Patriotismus. Auch bei dieser Gelegenheit sind im Ausland wieder allerlei Unwahrheiten über unsere Politik verbreitet worden. Man hat gesagt, wir wären Gegner dieser Bewegung, weil wir freundlich und gut mit dem ancien régime in der Türkei gestanden hatten. Darin liegt eine vollkommene Unkenntnis der diplomatischen Gewohnheiten und des ABC aller Politik. Es kann nicht die Aufgabe einer vernünftigen Politik sein, anderen Vorschriften über verfassungsmäßige Zustände zu geben, sich in die inneren Angelegenheiten fremder Länder einzumischen und den Schulmeister zu spielen. Wir mußten uns selbstverständlich an die bestehende Ordnung halten, haben unsere Vertreter in Konstantinopel, Herrn v. Marschall wie Herrn v. Kiderlen, bei jeder Gelegenheit Reformen befürwortet. (Hört! hört!) Wir haben auch jetzt keinen anderen Wunsch, als den Übergang in die neue Ordnung der Dinge erleichtert und die Türkei politisch und wirtschaftlich gekräftigt zu sehen. Wie sollte dem auch anders sein? Wir haben ja niemals ein Stück osmanischen Bodens an uns gerissen oder beansprucht. Gewiß: wir haben dies nicht aus Moral und Genügsamkeit getan, sondern weil schon unsere geographische Lage keinen Anreiz dazu bot. (Heiterkeit.) Um so aufrichtiger ist aber auch unser Wunsch, daß die Türkei innerlich gesund und stark sei.

Wenn auch, wie Graf Kanitz eben zutreffend dargelegt hat, die Türkei durch die Annexion Bosniens und der Herzegowina tatsächlich nichts verloren, durch die Räumung des Sandschak Novibazar sogar etwas gewonnen hat, wenn auch ferner die Unabhängigkeitserklärung Bulgariens wenigstens keinen wirklichen Gebietsverlust für die Türkei bedeutet, so haben diese Ereignisse doch eine lebhafte Unruhe am Balkan hervorgerufen und wegen der damit verbundenen Änderungen des Berliner Vertrages die europäische Diplomatie vor eine schwierige Aufgabe gestellt. (Sehr richtig!) Bei Wahrung der deutschen Interessen war ich mir von vornherein über zwei Punkte klar. Erstens, daß die deutsche Politik bei dem diplomatischen Spiel anderen Mächten die Vorhand lassen mußte. Ich bestreite nicht, daß wir anders als in der Zeit des Fürsten Bismarck heute erhebliche wirtschaftliche Interessen auf der Balkanhalbinsel besitzen. Aber auch heute haben wir ebenso wenig wie bei der letzten akuten orientalischen Krisis vor einem Menschenalter Veranlassung, uns bei der Regelung der politischen Neubildungen vor andere näher interessierte Mächte in eine führende Stellung drängen zu lassen. (Sehr richtig! rechts.)

Der zweite Punkt, über den ich mir nicht einen Augenblick zweifelhaft war, war die Treue zu dem uns verbündeten Österreich-Ungarn. (Lebhafter Beifall.)"

Fürst Bühlows Reden, Bd. 3, hrsg. von Otto Hötzsch, Berlin 1909, S. 155 f

M 6 Die Bagdadbahn

Die Engländer hatten schon 1835-37 eine Bahnverbindung vom Mittelmeer zum Persischen Golf überlegt, 1842 den Plan einer Linie Calais-Istanbul-Basra-Ostindien-Peking vorgelegt. Der Siegeszug des Dampfschiffes hat solche Pläne bis zum Ende des Jahrhunderts dann in den Hintergrund treten lassen. Der Journalist Rohrbach bringt in seinem Buch „Die Bagdad-Bahn" die Absichten des jetzt erstarkenden deutschen Imperialismus zum Ausdruck:

„Unter dem Stichwort „Bagdad-Bahn" gehört für Deutschland ein sehr weittragender, umfassender und nicht einfacher Zusammenhang von Tatsachen und Erwägungen der großen Politik. Als zuerst der Gedanke im Ernst auftauchte, unter Führung deutschen Kapitals und mit maßgebender Beteiligung der deutschen Industrie einen Schienenweg zu erbauen, der am Bosporus beginnen und am Persischen Golf endigen sollte, da dachte man in weiteren Kreisen zunächst nur an die sogenannten rein wirtschaftlichen Vorteile, die sich hieraus für das deutsche Wirtschaftsleben ergeben würden. Wer seine Gedanken weiter schweifen ließ, der stellte sich vor, daß in Zukunft auch die Versorgung des europäischen, zum Teil also auch des deutschen Marktes mit Getreide, Baumwolle und anderen Produkten aus dem zukünftigen Gebiet der Bagdad-Bahn stattfinden könne, sobald dort infolge des Bahnbaus Bodenertrag und Bevölkerung wieder auf einem ähnlichen Stand angelangt sein würden, wie einst im Altertum.

... (auf seinen eigenen Besuch in den Ölgebieten bezugnehmend)

Wenn man gesehen hat, welche Rolle z. B. in Rußland die Naphtarückstände als Heizmaterial für Eisenbahn, Dampfschiffe und viele industrielle Anlagen spielen, wenn man erwägt, welche Bedeutung als Brenn- und Leuchtmaterial dem Petroleum trotz aller anderen in neuester Zeit erschlossenen Lichtquellen doch immer verbleiben wird, so bedarf es keiner langen Darlegungen, um von der eminenten Wichtigkeit dieses Umstandes eine Vorstellung zu geben, daß die Bagdad-Bahn in nächster Nähe des Naphtarayons vorbeiführen wird. Das einzige, was zu befürchten bleibt, ist, daß es fremdem Gelde, fremden Spekulanten gelingt, sich ein Vorzugsrecht auf die Ausbeutung des mesopotamischen Naphta zu sichern, bevor deutsche Initiative hier tatkräftig geworden ist."

zitiert nach: Hakki Keskin, Vom Osmanischen Reich zum Nationalstaat. Werdegang einer Unterentwicklung, Berlin 1981, S. 33

M 7 Außenpolitische Auswirkungen der Bagdad-Bahn für Deutschland

Der englische Historiker Craig urteilt:

„Bühlows Politik der Erhaltung guter Beziehungen sowohl zu Großbritannien als auch zu Rußland war gründlich fehlgeschlagen. Vor allem mit seiner imperialistischen

Flotten- und Außenpolitik hatte er die Engländer den Franzosen in die Arme getrieben. Zugleich hatten sich die deutschen Beziehungen zu Rußland, die bereits durch die Besetzung von Kiautschou belastet waren, als Folge zweier anderer politischer Entwicklungen noch weiter verschlechtert. Zunächst einmal waren es die ostelbischen Agrarier, die dafür, daß sie 1902 für die Flottenvermehrung gestimmt hatten, ein neues Zollgesetz als Gegenleistung erhielten, das russisches Getreide faktisch vom deutschen Markt verbannte. Zum zweiten wurde das Eindringen deutscher Banken, Industriefirmen und Eisenbahngesellschaften in die unterentwickelten Gebiete des Osmanischen Reichs, das in den achtziger Jahren eingesetzt hatte, nach einer Rede des Kaisers, die ihn 1898 nach Damaskus und Jerusalem geführt hatte, weiter beschleunigt und zusätzlich vom Staat gefördert. Wenn der Kaiser in der Folgezeit von der geplanten Bagdadbahn, die ursprünglich von einem internationalen Konsortium finanziert worden war, als von „meiner Bahn" schwärmte und Bühlow großspurig verkündete, Deutschland werde sich Meter für Meter vorwärtsschlängeln bis hinunter zum Persischen Golf, da sahen sowohl Russen als auch Engländer sich in ihren Interessen in Nahost bedroht ..."

Gordon A. Craig, Deutsche Geschichte 1866–1945, München, 3. Aufl. 1980, S. 277

A.L. Macfie, ein Kenner der Geschichte des Nahen und Mittleren Ostens und durch seine Arbeiten über Atatürk (1994) bekannt, schreibt in einer neueren Arbeit über den deutschen Einfluß auf das Osmanische Reich:

„Deutscher Einfluß im Osmanischen Reich am Vorabend des Ersten Weltkrieges war beträchtlich aber keinesfalls dominant. 1888 gab die Deutsche Bank ein Darlehen an den Sultan und 1889 spielte sie eine entscheidende Rolle beim Aufbau der Osmanischen Eisenbahngesellschaft von Anatolien. In den 1890ern richtete die Deutsche Levantelinie eine Schiffsroute zwischen Hamburg und Istanbul ein, während Wankhaus, eine Handelsgesellschaft, eine Reihe von Handelsstationen am persischen Golf aufbaute und Krupp, der Waffenhersteller, beträchtliche Verträge unterzeichnete zur Ausrüstung und Unterhaltung der osmanischen Armee. 1902–03 sicherte sich die Osmanische Eisenbahngesellschaft eine Konzession, um eine Verlängerung anatolischen Eisenbahn von Konya, bis wohin die Ankara-Linie ausgebaut worden war, bis nach Bagdad und an den persischen Golf zu bauen, mit einer Zweiglinie nach Khanikin, einer kleinen Stadt an der persischen Grenze. 1904 war diese Linie bis Bulgurlu am Fuße des Taurusgebirges fertiggestellt und 1914 hatte sie Rasel Ain, 200 Meilen hinter Aleppo, erreicht, wenn auch Tunnel durch das Taurus- und Amanusgebirge unvollendet blieben. Als Ergebnis dieser und anderer Entwicklungen in den gut zehn Jahren vor dem Ersten Weltkrieg entwickelten sich deutsche wirtschaftlichen Unternehmungen im Osmanischen reich rasch, obwohl 1914 der deutsche Import und Export mit dem Osmanischen Reich immer noch von England und Österreich-Ungarn übertroffen wurde.

Deutscher militärischer und politischer Einfluß im Osmanischen Reich ging Hand in Hand mit den wirtschaftlichen Investitionen. Schon in den 1880ern war eine deutsche militärische Delegation unter Führung von General Otto Köhler und Oberstleutnant Baron Colmar von der Goltz abgesandt worden, um die osmanische Armee zu reformieren, und 1890 hatte Kaiser Wilhelm II. das Reich besucht (als Reisender eine Gruppe, die von den Herren Thomas Cook u. Co. organisiert worden war). Bei der zweiten Gelegenheit besuchte er Jerusalem und Damaskus, wo er protzig die Freundschaft des deutschen Volkes zum Islam proklamierte. 1913, nach der Niederlage des osmanischen Armee im Balkankrieg, antworteten die Deutschen wieder auf eine Bitte um Hilfe und schickten eine militärische Delegation unter Führung von General Otto Liman von Sanders – eine Delegation, die nach russischer Auffassung die Meerengen unter deutsche Kontrolle bringen sollte.

Auch mangelte es dem deutschen ökonomischen, politischem und militärischen Einfluß im Osmanischen Reich nicht an ideologischer Unterstützung und Zielsetzung. 1886 veröffentlichte Alois Spenger ein Buch „Babylon, das reichste Land in alten Zeiten", in welchem er vorschlug, daß das deutsche Volk Kleinasien kolonisieren solle. 1892 schrieb Carl Kaeger „Kleinasien, ein Feld für deutsche Kolonisierung", in welchem er die wirtschaftliche Ausbeutung des Gebietes verteidigte, und ungefähr zur gleichen Zeit veröffentlichte der Alldeutsche Verband ein Buch mit dem Titel „Deutschlands Ansprüche an das türkische Erbe"."

A.L. Macfie, The End of the Ottoman Empire 1908–1923, London 1998 (aus dem Englischen übersetzt von Gisbert Gemein)

M 8 Wirtschaftsbeziehungen

Außenhandel des Osmanischen Reiches mit den wichtigsten Ländern 1878–1913 in türkischen Goldpfund

Einfuhr

Land	1878	1881/85	1896/90	1891/95	1896/00	1905/10	1913
Deutschland	48	42	36	257	424	2135	4688
Österreich	2825	3745	4035	4818	4669	5849	6141
Frankreich	3252	2695	2602	2768	2546	3070	3591
England	9710	9015	8900	9153	9069	9114	8128
Italien	429	612	503	621	1153	2693	3639
Rußland	1423	1365	1906	1563	1845	2255	3516

Ausfuhr

Land	1878	1881/85	1896/90	1891/95	1896/00	1905/10	1913
Deutschland	3	1	38	288	410	1211	1234
Österreich	819	1111	1131	1459	1410	2131	2238
Frankreich	2565	4171	4242	3929	4487	3978	4294
England	3524	4224	4712	6393	5611	5526	4661
Italien	142	290	468	566	540	1081	929
Rußland	343	438	301	337	458	654	831

nach: Hakki Keskin, Vom Osmanischen Reich zum Nationalstaat. Werdegang einer Unterentwicklung, Berlin 1981, S. 36

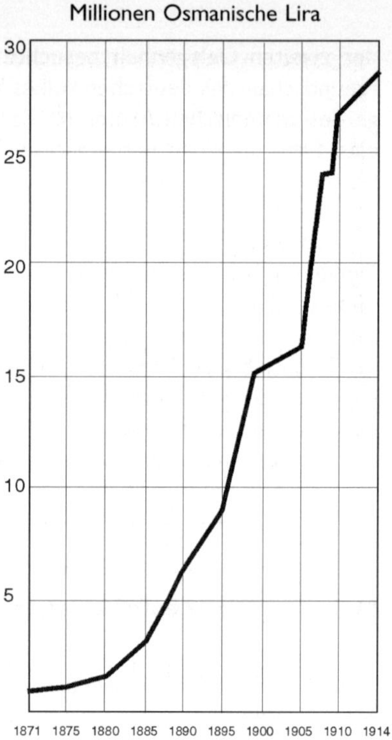

Deutsche Investitionen im Osmanischen Reich nach: Vossische Zeitung Nr. 15 vom 9. Januar 1918

M 9 Wirtschaftsinteressen in der Werbung

Deutsche Orientbank
(aus: Balkanrevue Dez. 1915, Heft 9)

Osmanischer Lloyd
(aus: Balkanrevue Sep. 1915, Heft 6)

M 10 Die Ziele der deutschen Politik

Reichskanzler Bühlows Rückblick auf die Orientpolitik:

„Die Beziehungen zur Türkei und zum Islam haben wir namentlich seit der Orientreise unseres Kaiserpaares sehr sorgsam gepflegt. Diese Beziehungen waren nicht sentimentaler Natur, sondern wir hatten am Fortbestand der Türkei ein erhebliches wirtschaftliches, militärisches und auch politisches Interesse. Die Türkei war für uns in wirtschaftlicher und finanzieller Hinsicht ein ergiebiges und fruchtbares Betätigungsfeld ... Für den unerwünschten, aber nicht unmöglichen Fall eines allgemeinen Krieges hätte sich die militärische Kraft der Türkei zu unserem Nutzen fühlbar machen können. Für unseren österreichischen Bundesgenossen war die Türkei der denkbar bequemste Nachbar. Daß ihr Zusammenbruch einen Verlust für uns bedeutete, zeigt die Einbringung der letzten Militärvorlage, die mit der durch den Balkankrieg geschaffenen Situation begründet wurde ... Die Türkei ist lange Jahre ein nützliches und wichtiges Glied in der Kette unserer politischen Beziehungen geblieben."

Fürst von Bühlow, Deutschland unter Kaiser Wilhelm II., Bd. I, 1915, S. 31

Der deutsche Botschafter in London 1913 über die europäische Türkeipolitik:

„Ziel all dieser Verträge war es, die Einteilung Anatoliens in Einflußsphären zu erreichen. Aus „Respekt" vor dem Sultan wurden diese Absichten nicht geäußert. Mit diesen Verträgen gehörte ganz Mesopotamien bis nach Basra – ohne die Rechte der Engländer auf den Flüssen und die Interessen von Wilcocks Bewässerungsanlagen zu beeinträchtigen – zu unserer Einflußzone. Außerdem zählten Anatolien und die Gebiete um die Bagdad-Bahnstrecke zu unserer Einflußsphäre. Als ökonomische Einflußzonen erhielt England den Persischen Golf und die Gebiete um die Izmir-Aydin-Bahn; die Franzosen dagegen bekamen Syrien und Gebiete, in denen Russen und Armenier wohnten." (gemeint ist der Nordosten der Türkei)

zitiert nach: Hakki Keskin, Vom Osmanischen Reich zum Nationalstaat. Werdegang einer Unterentwicklung, Berlin 1981, S. 39

M 11 Freundschaft oder Interessenpolitik? Verhalten in der Krise

Im 1. Balkankrieg von 1912 verlor das Osmanische Reich den größten Teil seiner ihm bislang verbliebenen europäischen Besitzungen. Bislang nicht nur geographisch, sondern auch in seinem Selbstverständnis ein europäisch-asiatisches Reich (in der Nachfolge des römischen Reiches) drohte es auf Anatolien reduziert zu werden. Als dann die anti-osmanische Allianz auseinanderbrach und sich im 2. Balkankrieg 1913 untereinander bekriegte, sah sich die Türkei von ihren Gegnern als Bündnispartner jeweils gegen den anderen umworben und konnte die Gelegenheit nutzen, Adrianopel (Edirne) wieder den Bulgaren zu entreißen. Während sich diese damit durchaus abzufinden vermochten, fand diese Veränderung der Machtverhältnisse (die gleichzeitig auch aufgrund der Interessengegensätze eine erhebliche Belastung des deutsch-österreichischen Verhältnisses bedeuteten) aus unterschiedlichen Gründen die Mißbilligung der europäischen Großmächte, wobei Deutschland, dem die türkische Regierung noch das größte Vertrauen entgegenbrachte, eine gewisse Schlüsselrolle zufiel. Ohne die diplomatischen Schritte in der Adrianopel-Frage, den strittigen Grenzfragen und den jeweiligen Friedensverträgen nachzeichnen zu wollen, werfen aber die nicht-öffentlichen Dokumente ein bezeichnendes Licht auf die deutsch-türkischen Beziehungen, die nach außen durch Etiketten wie „Freundschaft" (oder später: „Waffenbrüderschaft") gekennzeichnet waren. Die außenpolitische Krise des Osmanischen Reiches fällt gleichzeitig in die Epoche der jungtürkischen Revolution, die über seine innenpolitische Bedeutung hinaus den späteren türkischen (und nicht mehr osmanischen) Nationalstaat einläutet. Die Einschätzung dieses nicht nur politischen, sondern auch mentalitätsgeschichtlich bedeutsamen Wandels durch die deutschen Beobachter wie den deutschen Botschafter in Konstantinopel ist aber nicht nur Beschreibung des Anderen, des Fremden, sondern sagt mindestens genauso viel über ihn selbst aus.

M 11a Türkische Ehre – deutsche Ehre

Der deutsche Botschafter in Konstantinopel, Freiherr von Wangenheim, berichtet am 18. Februar 1913 an den Reichskanzler Bethmann Hollweg; zu diesem Zeitpunkt hatte zwar die Türkei den 1. Balkankrieg strategisch verloren, die Festung Adrianopel war allerdings noch nicht gefallen, auch wenn türkische Entsatzüberlegungen jeglicher Grundlage entbehrten:

„Nachdem die Türkei sich bereit erklärt hat, einige hunderttausend Quadratkilometer ihres Territoriums an die Balkanstaaten abzutreten, wird einer der entsetzlichsten Kriege aller Zeiten in einer den Weltfrieden mehr und mehr bedrohenden Weise fortgesetzt, weil die Bulgaren einige Quadratkilometer einer rein türkischen Stadt, die sie noch gar nicht erobert haben, den Türken nicht belassen wollen. Was heute zwischen Bulgarien und der Türkei ausgefochten wird, ist nicht mehr ein Krieg, sondern ein Ehrenhandel. Den Mächten fällt dabei die Rolle der Unparteiischen zu. In Wirklichkeit verdient aber die Mehrzahl der Mächte diese Bezeichnung nicht. Denn sie steht auf der Seite der Balkanländer und fällt der Türkei in die Arme, welche mit einem

Heroismus und einer Zähigkeit, von denen die Geschichte nur wenige Beispiele kennt, für ihre nationale Ehre und für ein Ideal kämpft.

Die Begriffe von Ideal und Ehre waren dem türkischen Volksbewußtsein noch vor wenigen Jahren fremd. Der Koran schreibt den Muselmanen vor, ihren Beleidigern zu verzeihen. Spricht man heftig zu einem Alttürken, so sieht man seinem Gesichte an, daß er im geheimen Allah bittet, er möge dem Fremden sein unhöfliches Benehmen verzeihen. Beleidigungen gegenüber haben die Türken der alten Zeiten noch heute ein besonderes Verfahren. Sie antworten auf die Insulte: „Ich nehme nicht an", womit die Sache erledigt ist. Der Ehrbegriff ist erst aus Europa in die Türkei importiert worden und speziell aus der deutschen Armee in die Kreise derjenigen türkischen Offiziere, welche ihre Ausbildung in Deutschland oder durch deutsche Offiziere erhalten haben. Diese kleine Gruppe von Offizieren und ihre Auffassung über nationale und militärische Ehre regiert heute die Türkei. Es ist das deutsche Ehrgefühl, welches die tapferen Paschas in Adrianopel, Skutari und Jannina und die Führer der türkischen Tschataldjaarmee beseelt. Es wird kaum moglich sein, dieses Ehrgefühl, das ein schweres Hemmnis aller Friedensverhandlungen darstellt, erfolgreich zu bekämpfen, bevor nicht Adrianopel gefallen ist. Über die Lage, die dann eintritt, hatte ich gestern ein längeres Gespräch mit den jungtürkischen Führern Halil Bey und Talaat Bey. Diese behaupten, daß der Fall der Festung die Situation nicht ändern könne. Mahmud Schewket müsse unter allen Umständen bessere Friedensbedingungen durchsetzen als diejenigen, unter welchen Kiamil hätte Frieden schließen wollen. Ich wendete ein, daß Kiamil eine noch nicht eroberte Stadt hätte aufgeben wollen, während die jetzige Regierung auf eine nach heldenmütigem Widerstand gefallene Festung verzichten würde, ein Opfer, das auch Deutschland in unglücklichen Kriegen wiederholt hatte bringen müssen. Die Beys erwiderten, das intelligente deutsche Volk könne so etwas verstehen, nicht aber das primitive türkische.

Talaat und Halil gehören zu dem radikalen Flügel der Komiteepartei. Der gemäßigte und versöhnliche Mahmud Schewket hat die beiden Fanatiker nicht in sein Kabinett aufgenommen und wird von ihnen schon jetzt wegen seiner Nachgiebigkeit bekämpft. Im Interesse des Frieden ist es aber wünschenswert, daß Mahmud Schewket am Ruder bleibt. Derselbe besitzt Autorität gegenüber den maßgebenden unionistischen Offizieren in der Front, von denen allein die Entscheidungen über die Fortsetzung oder Beendigung des Krieges gefällt werden wird. Auch bei der türkischen Bevölkerung steht der Großwesir gegenwärtig in hohem Ansehen, weil man ihn für einen Freund Deutschlands hält, das der Türkei in ihrer Not größere Sympathien entgegengebracht hat als alle anderen Nationen. Wenn Mahmud Schewket für den Frieden eintritt, so wird man annehmen, daß er dabei deutschen Ratschlägen nachgibt, und daß diese Ratschläge wohlgemeint sind. Aber nicht nur im Hinblick auf den Friedensschluß sollten wir Mahmud Schewket stützen, sondern auch deswegen, weil die Komiteepartei, welcher er angehört, die einzige ist, auf welche wir zählen könnten, wenn wir nach dem Friedensschluß unsere Stellung in Kleinasien wirtschaftlich und politisch verstärken wollen, um uns bodenständige Rechte zu schaffen zur Begründung unserer Ansprüche, wenn einmal über das Schicksal Kleinasiens entschieden wird. Versagen wir jetzt gegenüber den Jungtürken, so verderben wir es mit der einzig möglichen Stütze deutscher Zukunftspläne in Kleinasien.

Damit sich die derzeitige Regierung halten kann, braucht sie vor allen Dingen Geld. Solches ist ihr von der europäischen Finanz bisher versagt worden, weil in Europa die Ansicht besteht, daß die Türkei durch finanziellen Boykott zur Kapitulation gezwungen werden könnte. Diese gänzlich irrtümliche Auffassung wird hauptsächlich von Rußland und Frankreich vertreten, die sehr wohl wissen, daß die Türken, bis zum äußersten getrieben, nicht etwa Frieden schließen, sondern die verpfändeten Einnahmequellen angreifen würden, was ihren Gegnern den Vorwand zu einer gewaltsamen Intervention bieten würde. Als weiteren Grund gegen die Gewährung von Darlehen wird das Interesse an der Aufrechterhaltung der Harmonie unter den Mächten angeführt. Aber dieser Harmonie liegt ja doch auch nur der Gedanke zugrunde, vorläufig wenigstens den slawischen und deshalb türkenfeindlichen Bestrebungen keine wesentlichen Hindernisse entgegenzustellen. Mahmud Schewket hat vor einigen Tagen einem Bekannten gesagt, daß er niemals das Großwesirat übernommen haben würde, wenn ihm vorher bekannt gewesen wäre, daß er auf eine finanzielle Unterstützung Deutschlands nicht rechnen könne. Mir sagte Mahmud Schewket gestern, daß er nicht verstehe, inwiefern Deutschland durch Neutralitätsrücksichten verhindert sei, der Türkei Vorschuß zugeben. Es handle sich doch nicht um Subsidien, sondern um Privatgeschäfte deutscher Banken, die völkerrechtlich erlaubt seien, wofür Deutschland ja auch früher immer eingetreten sei. Ein Staat, der seine Banken hindere, einem kriegführenden Lande Vorschüsse zu gewähren, entferne sich dadurch von den völkerrechtlich feststehenden Prinzipien der absoluten Neutralität.

Meines unmaßgeblichen Erachtens führt der Weg zum Frieden über Mahmud Schewket. Dieser kann sich nur halten, wenn ihm die Mittel zur Verfügung gestellt werden, um die administrative Maschine in Gang zu erhalten, ohne auf die verpfändeten Einnahmen zurückgreifen zu müssen, und wenn es ihm gelingt, bessere Friedensbedingungen zu erhalten als die Kiamilschen. Wenn irgendein Türke nach dem Falle Adrianopels auf diese Festung verzichten kann, so ist dies der jetzige Großwesir. Ich persönlich glaube nicht, daß die Kapitulation Adrianopels die Lage wesentlich verändern wird. Dies ist aber cura posterior. Vorläufig wird sich der Platz noch für längere Zeit halten.

Wangenheim"

Die Große Politik, Bd. 34/1, S. 396 ff

Die erfolgreiche Wiedereroberung Adrianopels durch die Türken fand die Mißbilligung der europäischen Großmächte, die – in Verkennung türkischer Mentalitäten – einen türkischen Rückzug forderten. Österreich, das Bulgarien im 2. Balkankrieg gestützt hatte, wünschte keine weitere Schwächung der bulgarischen Position auf dem Balkan, Rußland dort keine Stärkung der türkischen, England wollte durch den Erhalt des Status quo den Frieden sichern, weil es befürchtete, daß diese Veränderung auf dem Balkan Rußland den Anlaß geben könnte, über die armenische Frage das Osmanische Reich in Kleinasien in eine finale Krise zu stürzen. Daran konnte auch dem Deutschen Reich aufgrund seiner Wirtschaftsinteressen (Bagdadbahn) nicht gelegen sein, weswegen vom Außenamt durchaus Interessengemeinsamkeiten mit der englischen Position gesehen wurden.

Wie die politisch Handelnden die türkische Situation einschätzten, wird – deutlicher als in den amtlichen Verlautbarungen – aus privaten bzw. internen Äußerungen deutlich. Aus dem im folgenden dokumentierten Privatbrief des Außenstaatssekretärs von Jagow und einem Aktenvermerk Kaiser Wilhelms sind weniger die politischen Unterschiede von Bedeutung (beiden ist immerhin eine eher pragmatische, an deutschen Interessen orientierte Einstellung gemeinsam), sie dokumentieren (neben zwei sehr unterschiedlichen Politikstilen) auch ihr Verhältnis zu dem offiziellen „Freund" Türkei.

M I Ib Der deutsche Außenstaatssekretär zur Adrianopel-Frage

Am 28. Juli 1913 hatte Staatssekretär von Jagow einen Privatbrief an den deutschen Botschafter in Konstantinopel, Freiherrn von Wangenheim, gerichtet, in dem er diesen ersuchte, die türkischen Machthaber eindringlichst zur Nachgiebigkeit in der Adrianopel-Frage zu ermahnen. Jagow schreibt u.a.:

„Der Zug nach Adrianopel mag vom rein menschlichen und soldatischen Standpunkt verständlich und sogar ‚schön' sein, für das türkische Reich bedeutet er meo voto ein großes Unglück. Die Verwickelung in europäische und Balkanhändel war für die Türkei stets nur eine Schwäche. Sie wurde dadurch von ihren asiatischen Aufgaben abgelenkt, ohne daß ihr alle oft geschickte Teilnahme am europäischen Intrigenspiel je einen praktischen Nutzen gebracht hätte. Sie verbrauchte damit nur ihre beste Kraft. Jetzt war ihr Besitzstand in Europa glücklich so limitiert, daß man hoffen konnte, sie würde als europäischer Faktor ausscheiden. Nun versucht sie wieder, sich bis Adrianopel auszudehnen und wieder ein Balkanstaat zu werden. Damit setzt sich das alte Elend fort. – Alle Mächte sind der Ansicht, daß die Linie Enos–Midia – vielleicht mit strategischen Verbesserungen – aufrecht erhalten werden muß. Die Mächte werden in diesem Sinne energisch in Cospoli drücken. Und dem moralischen Druck dürfte leicht ein materieller – sei es nur Rußlands oder mehrerer Mächte - folgen. Über Wien höre ich, daß auf russische Andeutungen eines Einmarsches in Armenien die Türken gemeint hätten, das sei nur Bluff, im übrigen wäre es ihnen egal, Adrianopel wäre ihnen mehr wert als Armenien. Das kann nur aus demselben Gedankengang hervorgehen, aus dem der greuliche voyou Osman Nisami Pascha hier einmal seinem Kollegen gesagt hat: ‚Wir gehen nicht aus Europa heraus, ohne daß die Großmächte sich in die Haare kriegen.' Man rechnet In Cospoll wie zu Abdul Hamids Zeiten immer noch mit der Eifersucht der Mächte. Wenn diese auch noch besteht, so ist das Kalkül doch falsch. Zunächst bin ich überzeugt, daß die ‚Mächte sich nicht in die Haare kriegen', wie immer die Dinge auch kommen mögen. Sodann – wenn sie sich wirklich in die Haare kriegten – würde die Türkei jedenfalls der erste Leidtragende sein, denn der Kampf würde immer mit einer Aufteilung der asiatischen Türkei enden ... Wenn wir auch gegen eine Flottendemonstration – weil von mehr wie zweifelhafter Wirksamkeit – sind, so bitte lassen Sie den Machthabern in Konstantinopel doch darüber keinen Zweifel, daß wir im übrigen mit den Großmächten völlig darüber einig sind, daß der Wille Europas zur Geltung gebracht werden muß. Die Mittel werden sich mit der Zeit schon finden. Im eigensten Interesse der Türkei kann man ihr nur raten, qu'elle retire son epingle du jeu européen, und daß sie sich ausschließlich ihren asiatischen Aufgaben zuwendet. Dort werden wir sie zu erhalten suchen, solange es geht, beziehungsweise unsere Interessen es erfordern. Das ist unser einziges Interesse. Turkophilie nach Strempelschen Gesichtspunkten können wir nicht treiben, und deshalb halte ich es auch für richtig, bei den Türken nicht zu sehr den Glauben aufkommen zu lassen, als wären die Mächte quoad Türkei uneins, und könnte letztere auf diese Eifersucht bauen."

zitiert nach: Die Große Politik, Bd. 35, S. 227

Anmerkung

Strempel Preußischer Major, Militärattaché in Konstantinopel

M 11c Kaiser Wilhelm II. zur Adrianopel-Frage

Der deutsche Botschafter in London, Fürst von Lischnowsky, hatte in einem Bericht vom 13. August 1913 an den Reichskanzler Bethmann Hollweg den Vorschlag Sir Edward Greys weitergegeben, daß Deutschland gemeinsam mit Rußland die Türken drängen solle, Adrianopel aufzugeben. Der Kaiser kommentiert – wie bei ihm üblich – den Bericht mit seinen Randbemerkungen und vermerkt in einer umfangreicheren Schlußbemerkung:

„Id est, was Herr Grey nicht selbst fertig bringt und ihm zu dornig ist, soll die Magd Germania erledigen, da Britannia fischen und Grouse schießen gehen will! – Ich habe keine Sorge, daß Rußland etwas allein gegen die Türken unternimmt, aus dem einfachen Grund, daß es militärisch nicht dazu in der Lage ist und zu schwach. Sollte es doch etwas unternehmen, nun um so besser, dann entzweit es sich mit England und event[uel]l Frankreich und die 3pel Entente geht in die Binsen. Das kann uns gerade Recht sein. Ein "V o r s c h l a g" – wie Grey meint – seitens Rußlands und Deutschlands, an die Türkei zur Räumung Adrianopels, ist wirklich naiv! Weil er Angst vor seinen indischen Muhamedanern hat, sollen wir das Geschäft und das Odium für England uns aufladen. Das fällt uns nicht im Traume ein! Es ist an Stambul, sich in Ruhe zu überlegen, ob es ganz und gar in Adrianopel bleiben will oder nicht! Und von uns ungestört seine Entschlüsse f r e i zu fassen. Sollte es dabei zu der Überzeugung gelangen, daß es praktischer sei, dem früher ausgesprochenen Rath der Mächte, die Stadt den Bulgaren zu lassen, zu folgen, dann wird Stambul schon den Weg beschreiten und sich mit Bulgarien d i r e k t darüber einigen. Ist dagegen der Druck der Muhamed[anischen] Welt zu stark und muß Stambul vorläufig Prestiges halber drinnen bleiben, dann ist es nicht Deutschlands Sache, das Gefühl der Moslims durch entgegenlaufende Rathschläge unnötig zu verbittern und gegen sich einzunehmen. Es ist daher Grey's Ansinnen einer Deutsch-Russ[ischen] Aktion gegen Stambul, wegen Adrianopel absolut abzulehnen! Das ist jetzt Sache des Taktgefühls der Regierung in Stambul und ihres Verhältnisses zum Türkischen Heer!

Mit anderen Worten: Grey hat Angst, sein Alliierter Rußland könnte aus der Entente ausscheiden, und wir sollen behülflich sein, die Russen bei England zu behalten! Fällt mir nicht im Traume ein! Wilhelm I. R."

Die Große Politik, Bd. 36/1, S. 25

M 12 Deutsche Wirtschaftsinteressen

In einer Artikelfolge im letzten Kriegsjahr behandelt die Vossische Zeitung die deutschen Interessen in der Türkei; sie ist gleichzeitig Beleg für die deutsche Illusion eines Siegfriedens:

„ Die Türkei in unserer Zukunftsbilanz

Wir beginnen in Nachstehendem mit einer Darstellung der deutsch-türkischen Wirtschaftsbeziehungen und ihrer Zukunftsaussichten aus der Feder eines guten Kenners der Türkei: Vielleicht ist es kühn, aber doch so weit wahr, als eben charakterisierende Verallgemeinerungen überhaupt wahr sind: Der Gegensatz zur Real-Außenpolitik ist deutsche Politik. Man mag das immer mit der idealen Veranlagung unseres Volkes entschuldigen oder gar rühmen, praktisch ist es nicht. Und die endlose Reihe von Enttäuschungen, die uns die Kriegsjahre gebracht haben, angefangen bei

England über Japan, Italien, Rumänien bis zu Mexiko und den südamerikanischen Staaten, sollten uns endlich darüber belehrt haben, daß man politische Beziehungen weder diktieren noch suggerieren kann, sondern daß sie wirtschaftlichen und volkspsychologischen Gesetzen unterliegen, die so arg schwer nicht zu begreifen sind. Der Taumel unserer Mitteleuropa-Begeisterung ist ein wenig verebbt, es scheint doch die Erkenntnis durchgedrungen zu sein, daß eine durch Rußland von Königsberg bis Konstantinopel bedrohte Wirtschaftsfront nicht den allernotwendigsten Forderungen einer gesunden Wirklichkeitspolitik entspricht. Die Idee des Kontinentaleuropa beginnt zu dämmern, wenn auch da zuletzt, wo es am dringendsten wäre. Die Türkei ist ein nicht unwichtiger Faktor. In der alten Rechnung: Mitteleuropa, wie in der neuen: Kontinentaleuropa. Wir haben alle Ursache, uns eine möglichst genaue Kenntnis vom Wert dieses Faktors zu verschaffen. Unterschätzungen werden der Bilanz gefährlich sein wie schimmernde Wahnvorstellungen.

Man wird mit solchen Erörterungen der Türkei nicht zu nahe treten, denn gesunde Bündnisse entstehen nur auf der Grundlage möglichst genauen gegenseitigen Kennens. Auch ist die Türkei vielmehr Realpolitiker als wir, man scheut sich in der Türkei durchaus nicht, klar und deutlich zu sagen, was man von Deutschland erwartet, und was es nicht geben kann, und nicht minder deutlich, was man ihm gewähren will, und woran es kein Rühren gibt. Man wird es in der Türkei sehr gut verstehen, wenn wir in Deutschland eine offene und ehrliche Sprache reden. Von diesem Gesichtspunkte aus soll versucht werden, die deutsch-türkischen Wirtschaftsbeziehungen und ihre Entwicklungsmöglichkeit einmal ohne hoffende oder zweifelnde Vorurteile zu betrachten. Für diese Entwicklungsmöglichkeit ist bestimmend außer den bestehenden Beziehungen erstens der Bedarf und das Angebot des deutschen Marktes, zweitens die Entwicklungstendenz der Wirtschaft der Türkei und drittens die volkspsychologischen Momente.

Die bestehenden Wirtschaftsbeziehungen zwischen Deutschland und der Türkei basieren nicht auf irgendwie wesentlichen deutschen Kolonien in der Türkei. Das deutsche Element ist nirgends so stark vertreten, daß es irgendwie geprägegebend auf den türkischen Volkscharakter einwirken könnte. Ganz abgesehen von den als Volksstämmen vertretenen Griechen, Armeniern, Persern und Arabern erreichen die deutschen Kolonien nur selten die Stärke der englischen, französischen und anderer. Die deutsch-türkische Seeschiffahrt ist verglichen mit der englischen sehr jung und war vor dem Kriege noch sehr bedeutungslos für beide Kontrahenten. Die Zahl der unter deutscher Flagge in türkischen Häfen eingelaufenen Registertonnen steht, soweit die sehr schlechte türkische Einfuhrstatistik das anzugeben vermag, an letzter Stelle hinter England mit einem etwa 5 bis 6fachen Vorsprung, hinter Österreich/Ungarn, Frankreich, Rußland, Italien und vielleicht auch Griechenland. Bei der großen Unrentabilität der übermäßig langen und daher wenig benutzten Landwege, muß das Bild der deutsch-türkischen Seeschiffahrt ein ungefähres Abbild des deutsch-türkischen Warenaustauschs sein, da die Selbständigkeit und Leistungsfähigkeit der deutschen Seeschiffahrt den Umweg über ein fremdes Land unnötig macht. Der deutsch-türkische Warenaustausch entbehrt wieder des geprägegebenden Einflusses auf die türkische Volkswirtschaft, da es der deutschen Ausfuhr nach der Türkei an einem Artikel fehlt, für den sie allein oder doch wenigstens wesentlich in Frage kommt, wie das bei Rußland mit dem Zucker, bei England mit der Kohle der Fall ist. Unsere Hauptausfuhr nach der Türkei sind alle Arten von Textilwaren, bei denen wir überall die scharfe Konkurrenz Englands gegen uns haben. Unsere Lieferung von Eisenindustrieprodukten hat sich in den letzten Jahren vor dem Kriege recht erfreulich gesteigert, wie überhaupt die Ziffern unserer Ausfuhr nach der Türkei eine Steigerungstendenz aufweisen. Die sehr leistungsfähige belgische Konkurrenz scheint langsam verdrängt zu werden. Zu bedenken dabei ist allerdings, daß die steigenden Lieferungen von Eisenbahnmaterial weniger ein Verdienst unserer industriellen Tüchtigkeit, als die Folge unserer dauernd steigenden Kapitalinvestierungen sind.

Andererseits enthält auch die Einfuhr aus der Türkei keinen Artikel, der für unsere Landwirtschaft, unsere Ernährung und unsere Industrie unentbehrlich wäre. Rosinen, Feigen, Tabak und Teppiche sind Dinge, die in unserer Volkswirtschaft kaum jemals eine bedeutungsvolle Rolle spielen werden. Deshalb stellen die türkischen Ziffern in unserer Ein- und Ausfuhrstatistik mit kaum 1 Prozent keinen wesentlichen Faktor dar. Für die Türkei ist bei der völlig unzuverlässigen Statistik ein so klares Urteil nicht möglich. Sicher ist jedenfalls, daß mit weitem Vorsprung England an der Spitze sowohl der Einfuhr wie der Ausfuhr steht, daß auch dann noch erst Österreich, Frankreich und wahrscheinlich auch Italien folgen, so daß wir an die vierte oder gar fünfte Stelle rücken. Bedenklich eigenartig ist nun die allen volkswirtschaftlichen Gesetzen widersprechende deutsche Kapitalanlage in der Türkei, die in ihrem Umfange in gar keinem Verhältnisse zu unseren wirtschaftlichen Beziehungen steht.

Es liegt daher die Vermutung nahe, daß die Recht behalten, die da sagen, daß unser Interesse an der Türkei vielmehr politischer als wirtschaftlicher Natur sei, daß man infolge dessen durch starke Kapitalinvestierungen ein künstlich wirtschaftliches Interesse geschaffen habe. Eine derartige Politik, die in der Tat manchen Kreisen als ideal und klug vorzuschweben scheint, ist aber bedenklich und schon deshalb gefährlich, weil sie die Grundsätze alles Weltwirtschaftlichen außer acht läßt und künstliche Verpflichtungen schafft, die, da sie rein spekulativen Charakter tragen, eine ständige Krisengefahr versteckt, durch die auch die übrigen wirtschaftlichen Beziehungen bedroht werden. Noch im Gründungsjahre der „Dette Publique Ottomane“ 1881 stand Deutschland mit seiner Kapitalsanlage in dieser türkischen Staatsschuldenverwaltung hinter Frankreich, England, der Türkei, Holland, Belgien an 6. Stelle mit kaum 80 Millionen Mark. Schon 1898 hatte sich die Summe verdoppelt und 1912 betrug sie bereits etwa 600 Millionen. Es wäre eine interessante und dankbare Aufgabe, nachzuweisen, daß eine derartige Steigerung jeder wirtschaftlichen Grundlage entbehrte, daß sie nur zu erklären war aus der Tendenz der Orientpolitik der Regierung – daraus muß dann die Frage entstehen: sind unsere Hoffnungen, daß die wirtschaftlichen Beziehungen in ihrer ferneren Entwicklung diesen starken Kapitalsinvestierungen jemals gerecht werden können, berechtigt? Sicher ist heute nur, daß auf diese Frage niemand mit einem bestimmten begründeten „ Ja“ antworten kann.

Wir brauchen einmal in der Türkei einen Käufer für unsere Industrieprodukte. Es kann unmöglich als günstig bezeichnet werden, daß bei der ständig passiven Handelsbilanz der Türkei, die zu immer neuen Anleiheausnahmen zwingt, wir für unsere Warenlieferungen nichts anderes als neue türkische Staatsschuldpapiere eintauschen. Wenn die Türkei ein bedeutender Rohstofflieferant werden könnte, sei allerdings die Basis für eine gesunde Entwicklung unserer wirtschaftlichen Beziehungen gegeben. Da ferner unsere Landwirtschaft nach dem Kriege trotz ihres Aufschwunges nicht in der Lage sein wird, unseren ganzen Bedarf zu decken, so wäre damit die Möglichkeit gegeben, durch die Lieferung landwirtschaftlicher Erzeugnisse die Handelsbilanz in ein erträgliches Gleichgewicht zu bringen. Kurz, wir können die Türkei als Käufer für unsere Industrieprodukte nur gebrauchen, wenn ihre Kaufkraft durch die Gegenlieferung von Rohprodukten und landwirtschaftlichen Erzeugnissen gestärkt ist, mit anderen

Worten, die Entwicklungstendenz der türkischen Volkswirtschaft den rein landwirtschaftlichen Charakter gewährleistet."

Vossische Zeitung Nr. 15 – vom 9. Januar 1918

Der Artikel wird in der Vossischen Zeitung mit Nr. 19 vom 11. Januar 1918 fortgesetzt:

„Die Türkei in unserer Zukunftsbilanz

Nachstehend setzen wir die in der Morgenausgabe vom 9. ds. begonnenen Darlegung über die deutsch-türkischen Wirtschaftsbeziehungen fort. Heute ist die Türkei ein reiner Ackerbaustaat. Trotzdem muß es einmal in aller Klarheit gesagt werden, ist die Türkei nicht imstande, ihren eigenen Bedarf an Getreide zu decken. Dieser Zustand, dem wir in der Geschichte der Völker nicht mehr oft begegnen, läßt sich nur dadurch erklären, daß bloß etwa ein Viertel alles anbaufähigen Bodens bestellt ist, und daß auch die Bestellung dieses Viertels derart primitiv und mangelhaft ist, daß der Ertrag in keinem Verhältnis zu der Produktion dieser früher eine blühende Kultur tragenden Gebiete steht. Wäre dieser Verfall lediglich auf klimatische Veränderungen zurückzuführen, so wäre eine neue Entwicklung der landwirtschaftlichen Kultur ausgeschlossen. Obwohl aber ein geringer Rückstand der Niederschlagsmengen in einzelnen Gebieten, vornehmlich in Anatolien, nicht zu leugnen ist, so liegt die Hauptursache der Umwandlung blühender Kulturen in Ödland doch in der Vernachlässigung der Bodenbearbeitung durch die Bevölkerung. Der geschichtliche Vorgang dieses Verfalls kann hier nicht einmal angedeutet werden, da er eine eigene Abhandlung beanspruchen würde. Dagegen ergibt sich aus dieser Feststellung das Resultat, daß durch erneute menschliche Arbeit eine Regeneration der landwirtschaftlichen Kultur im Bereiche der Möglichkeiten liegt.

Die Dinge liegen in den drei wichtigsten Gebieten Anatolien, Syrien und Mesopotamien nicht gleich. In Anatolien sind die Terrassenanlagen, die die Humusschicht vor der Abschwemmungsgefahr schützten, mit den natürlichen Wasserreservoiren, den Wäldern, durch die eindringenden Nomadenvölker vernichtet worden. Hirtenvölker lieben die weite Fläche und sind Verächter und Feinde des Waldes, den sie fahrlässig oder absichtlich zerstören. Die Anlage neuer Terrassen und die Aufforstung sind Aufgaben, die für ihre Lösung vieler Jahrzehnte bedürfen. Erschwert wird diese Aufgabe noch durch den Widerstand der Bevölkerung, die sich in ihrem bequemen Nomadendasein bedroht fühlt. Die Viehzucht ist hier keine hochkultivierte Rinderzucht, sondern allerprimitivste Schaf-Ziegenzucht. Je weniger Pflege diesen Herden zuteil wird, desto besser ist die Ausbeute. Je schutzloser Schaf und Ziege bei Winterkälte ausgesetzt sind, desto dichter ist ihr Fell, je mehr sie unter der brennenden Sonne schwitzen, desto geschmeidiger das Wollhaar. Dieser Vorzug wiegt den Verlust am Herdenbestände, der durch das Eingehen vieler Tiere im Winter entsteht, mühelos auf. Nirgends findet der primitive Nomade einen Anreiz zum Bau von Ställen oder zur Bearbeitung des Bodens. Im Gegenteil, der bebaute Boden behindert seine Herden, die die weite Fläche fordern. So hemmt die primitive Nomadenwirtschaft jeden kulturellen Fortschritt, und schärfster Widerstand der Nomadenbevölkerung muß überwunden werden, wenn hier energische Bodenkultur geleistet werden soll. Es gilt hier eben Wagners alter Satz, daß Schaf und Ziege die Feinde des Menschen und seiner Entwicklung sind.

Am schwierigsten ist aber in Kleinasien vor allem in Anatolien die Lösung der Bevölkerungsfrage. Gerade Anatolien hat für die dauernden Kriege das Menschenmaterial liefern müssen, der Volksbestand ist dezimiert. Und unter den Übriggebliebenen wütet die Seuche der Geschlechtskrankheiten, die im Orient in weit verheerender Weise auftreten als bei uns. Die türkische Regierung hat bereits mit der Bekämpfung der Syphilis begonnen, doch ist diese Aufgabe so lange unlösbar, als das Einbringen moderner sanitärer Einrichtungen nicht durch geordnete Verwaltungsverhältnisse, straffste polizeiliche Organisationen gesichert ist. Nicht geringer, wenn auch anderer Art, sind die Schwierigkeiten in Mesopotamien, dem alten Paradies, mit der einstmals sagenhaften Fruchtbarkeit, das uns nicht nur als eine Weltkornkammer gepriesen wird, sondern von dem wir auch für uns einmal eine reiche Baumwollproduktion erwarten. Es ist die Schuld unverantwortlicher Politiker, wenn unsere so arg hoch geschraubten Hoffnungen schwer enttäuscht werden. Hat doch Paul Rohrbach ohne jede ernsthafte Kenntnis des Landes die dort in Betracht kommende Anbaufläche auf nicht weniger als 22 Millionen Hektar angegeben. Das Bewässerungsproblem bedeutet hier alles. Aber ernstliche Forschungen über die technische Durchführbarkeit und wirtschaftliche Rentabilität sind bisher nur von dem englischen Wasserbautechniker Willcocks im Auftrage der türkischen und zumindesten im Einverständnis mit der englischen Regierung in mehr als dreijähriger Arbeit vorgenommen worden mit dem Resultat, daß er die Fläche, die für eine erfolgreiche Bewässerung in Betracht kommt, auf 1,4 Millionen Hektar angibt, d. h. auf noch nicht 5 Prozent des von Rohrbach berechneten Gebiets. Große und zahlreiche Kanäle und Stauwerke werden nötig sein, eine Riesenarbeit von vielen Jahrzehnten, zu der die Türkei nie die genügende Kapitalkraft besitzen wird, deren finanzielles Risiko das deutsche Kapital aber keinesfalls tragen kann, ohne Sicherheit gebende Vorrechte dafür zu erwerben.

Am günstigsten liegen die Dinge noch in Syrien, wo es eigentlich nur die für alle Gebiete gemeinsamen Aufgaben zu lösen gilt. Die Unsicherheit durch räuberische Kurden muß aufhören. Welch gewaltige Aufgabe dies für das türkische Verwaltungssystem ist, daß vermag nur der zu ermessen, der dieses Verwaltungssystem aus eigener Anschauung kennt."

Vossische Zeitung Nr. 19 vom 11. Jan. 1918

M 13 Was türkische Schüler heute über den Einfluß der Europäer lernen

Aus einem türkischen Schulgeschichtsbuch, das auch an nordrheinwestfälischen Schulen im Türkischunterricht benutzt wird:

„Die türkische Nation, die sich diesen (imperialistischen) Kriegen nicht entziehen konnte, hatte deswegen keine Gelegenheit, die wirtschaftlichen Entwicklungen in Europa nachzuvollziehen. Durch die falschen ökonomischen Entscheidungen der Regierung waren nach 1841 die Handelsverträge endgültig außerhalb der Kontrolle des Osmanischen Reiches. Somit wurde die Türkei ein offener Markt für die europäischen Länder. Infolgedessen mußten die auf körperlicher Arbeit beruhenden kleinen Werkstätten stillgelegt werden. Die Erzgewinnung gelangte in die Hände der europäischen Firmen. Der Eisenbahnbau stand unter europäischem Monopol. England, Frankreich und Deutschland kontrollierten alle Häfen und Bahnlinien, ebenso die Bergwerke in der Türkei. Die eingetriebenen Steuern reichten nicht aus, die Zinsen der Auslandsschulden zu bezahlen, die für die Finanzierung des Hofes und der Kriege gemacht worden waren. Europäische Bankiers übernahmen die Staatskasse und die Finanzbehörden in eigene Regie."

Imet Parmaksizoglu, Türkiye Cumhuriyeti Inkilap Tarihi (Die Geschichte der Reformen in der türkischen Republik), Verlag: Das Nationale Erziehungsministerium, Istanbul 1992, S. 14 (aus dem Türkischen übersetzt von Metin Özsinmaz und Gisbert Gemein)

M 14 Deutsch-türkische „Waffenbrüderschaft"?

Während im 19. Jahrhundert England beim Aufbau der osmanischen Flotte „half", Frankreich das Finanzwesen beeinflußte, hatte Preußen/Deutschland die Militärberater gestellt, die wie General von der Goltz (bis 1895 II. Stabschef und während des Krieges zurückgekehrt Chef der 1. und 6. Armee) oder Liman Sanders (Oberbefehlshaber an den strategisch wichtigen Meerengen) das osmanische Militär so umstrukturieren konnten, daß der türkische Historiker Cem feststellen konnte: „ ... sie hatten die Armee ganz in der Hand, als ob sie ein Vorposten des deutschen Militärs im Osten wäre".

Aus einem Brief von der Goltz' an Bismarck:

„Ich hoffe, daß wir von den Paschas (R), (M) und (H), die uns bereits große Dienste geleistet haben, Unterstützung bekommen werden. Falls wir die Schenkungen wiederholen, bin ich davon überzeugt, daß die oben genannten Paschas uns große und wertvolle Hilfe leisten werden. Eine ganze Reihe von Generälen sind unsere guten Freunde. In regelmäßigen Abständen erhalten sie die für sie bestimmten Geldsummen."

zitiert nach: Hakki Keskin, Vom Osmanischen Reich zum Nationalstaat. Werdegang einer Unterentwicklung, Berlin 1981, S. 48

Vor dem Kriegseintritt an der Seite Deutschlands warnte Mustafa Kemal:

„ Es ist eine Dummheit, den Deutschen die Kontrolle über unsere Armee einzuräumen, denn die Armee ist gerade die Basis unserer nationalen Existenz und im Unglücksfall der einzige Garant für unser Überleben! Sind die Türken etwa nicht selber imstande, ihre Armee zu reorganisieren? Sich auf diese Preußen zu stützen, das ist eine Beleidigung für jeden von uns!"

zitiert nach: Steinbach, a.a.O., S. 101

Kemal und Liman Sanders

„Am 2. Februar 1915 erhielt dieser den Befehl, bei Tekirdag eine Division neu aufzustellen, die 19. Division unter dem Oberbefehl Liman von Sanders, der die Verteidigung der Meerengen gegen den zu erwartenden englisch-französischen Angriff leitete. Der stolze Preuße und der harte Türke konnten nicht anders, als voreinander Respekt zu empfinden: «Ein harter und hochfahrender und kämpferischer Mann. Ich betrachte ihn als einen glänzenden Offizier, einen Menschenführer in aller Bedeutung dieses Wortes.» So Liman von Sanders in seinen Memoiren. *„Liman von Sanders hat alle Eigenschaften, die ein hervorragender General haben muß. Wir sind oft uneinig, aber sobald er mir seine Befehle gegeben hat, läßt er mir alle Freiheit, um sie nach meinem*

Gutdünken auszuführen." So Mustafa Kemal in Würdigung eines alterprobten preußischen Führungsgrundsatzes."

zitiert nach: Bernd Rill, Kemal Atatürk, S. 37

Eine negative Bilanz zieht der in Damaskus geborene deutsch-arabische Wissenschaftler Bassam Tibi:

„Das Osmanische Reich hat neben seinen deutschen Verbündeten den als *Dschihad* gekämpften Ersten Weltkrieg verloren und anschließend seine Existenz. Die islamisch-osmanisch-deutsche „Waffenbrüderschaft" bietet Lehrstoff für den inter-kulturellen Kontakt. Deutsche Offiziere – von von Moltke bis zu von der Golz – haben für meinen Geschmack als Muslim in einer impertinenten Weise ihre Verachtung der Türken und des Sultans sowie die Geringschätzung ihrer Inkompetenz nach ihrer Rückkehr nach Deutschland öffentlich geäußert. In meinem Europa-Buch bezeichne ich diese Einstellung als Euro-Arroganz. Es mag zwar sachliche Gründe für das fehlende gegenseitige Verständnis gegeben haben, sie rechtfertigen diese Einstellung aber nicht.

Sachlich war es richtig, daß osmanische Offiziere in bezug auf die Erfordernisse einer modernen Armee inkompetent waren und die hohen Standards der deutschen Militärs nicht erfüllen konnten. Aber ebenso richtig war die Unfähigkeit der deutschen Barone in Militäruniform, den Stolz der muslimischen Türken zu berücksichtigen, ebenso wie letztere mit der Sturheit und Inflexibilität der deutschen Junker-Offiziere nicht umgehen konnten. Beide Seiten haben sich gegenseitig instrumentalisiert. Sultan Abdülhamid II. hatte die Deutschen für seinen Panislamismus eingespannt und Kaiser Wilhelm II. sowie seine Generalität die osmanischen Muslime für die deutsche Großmachtpolitik benutzt. Von „deutsch-islamischer Freundschaft" in diesem Zusammenhang zu sprechen, wäre nichts anderes als Hof-Geschichtsschreibung zu betreiben. Dieses Buch bietet sich nicht als ein Forum hierfür an, weshalb ich den Mythos von der deutsch-islamischen Waffenbrüderschaft als Annäherung von *Dschihad* und Kreuzzug als Geschichtsfälschung zurückweise."

Bassam Tibi, Kreuzzug und Dschihad. Der Islam und die christliche Welt, München 1999, S. 226

Auch eine heutige türkische Darstellung läßt wenig Raum für den Mythos der deutsch-türkischen Waffenbrüderschaft, betont vielmehr Interessengegensätze und unterstellt sogar den Deutschen verräterische Handlungen:

„Unsere Verbündeten, die Deutschen und Bulgaren, bereiteten der Gesellschaft „Ittihat und Terrakki" sowie Enver Pascha auf politischem und auf militärischem Gebiet Kopfschmerzen. Wie man sagt „Füttere die Raben und sie werden dir die Augen aushöhlen". Deutschland will Aserbeidschan nicht als türkisches Gebiet, sondern es als unabhängig betrachten. Die Deutschen verlangten mit schärferer Zunge, daß die islamische Truppenbewegung sofort gestoppt und die osmanische Armee aus Südkaukasien zurückgezogen werden sollte. Wie Halil Pascha erzählte, war Herr von Kress dort sehr aktiv. In Tiflis wurde eine deutsche militärische Vertretung gegründet. Dieses Zentrum arbeitete gegen die Osmanen mit Georgiern und Armeniern zusammen. Als die Deutschen uns in den Krieg hineinzogen, interessierte sie eigentlich nur unsere Verbundenheit mit dem Iran, Turan und der islamischen Welt. Als die Festung Kars gerettet und erobert wurde, versuchten sie aber die Kanonen und Anlagen dort zu besetzen, mindestens unter Kontrolle zu halten. Yakup Sevki Pascha konnte diese Freunde mit ihren tausenderlei Schwierigkeiten loswerden.

Sevket Süreyya Aydemir war Zeuge, daß diese Freunde den Armeniern, gegen die wir einen Krieg in Erivan führten, per Bahn sorgenvoll Flugzeugteile lieferten."

Burhan Oguz, Yürzyillar Boyunca Alman Gercegi ve Türkler („Die deutsche Wahrheit und die Türken seit Jahrhunderten"), Istanbul 1983, S. 325 (aus dem Türkischen übersetzt von Metin Oezsinmaz und Gisbert Gemein)

M 15 Der türkische Kriegseintritt: Stimmung in Berlin

Ein Stimmungsbild in Berlin anläßlich des türkischen Kriegseintritts an der Seite Deutschlands gibt eine Berliner Tageszeitung wieder:

„Türkenfreundliche Kundgebungen in Berlin.
Manifestation vor der türkischen Botschaft, Ansprache des Botschafters.

Die Meldung des Botschafters, daß die Türkei in den Krieg eingreift, und die Nachricht von der ersten siegreichen Waffentat der türkischen Marine, hat in Berlin großen Enthusiasmus hervorgerufen, der sich gestern abend in einer Kundgebung auf dem Potsdamer Platz und vor dem Palais des türkischen Botschafters in der Rauchstraße äußerte. Um 1.20 Uhr abends fuhren mehrere Wagen, deren erster mit einer türkischen und einer deutschen Flagge geziert war, auf den Potsdamer Platz. Schnell hatte sich eine große Menschenmenge um die Wagen angesammelt. Einer der Führer der türkischen Kolonie, Herr Yusuf Bey, hielt eine Ansprache. Er führte aus, es sei ein weihevoller Moment, da die Türkei zum Schwerte greift, um Schulter an Schulter mit Deutschland um ihre Menschenrechte zu kämpfen. Seit 200 Jahren sei sie von Rußland „geknechtet und von England verhöhnt worden". Jetzt sei der Moment gekommen, mit diesen Unterdrückern des Islams abzurechnen. Die Türken seien ein dankbares Volk; sie wüßten, was sie Deutschland auf militärischem, zivilem und wissenschaftlichem Gebiet zu verdanken haben. Das Gebot des Kaisers, zu den Waffen zu greifen, werde nach allen Gebieten, soweit der Islam herrscht, getragen werden, nach den Wüsten und Städten, bis in die fernsten Gegenden. Die Türken wüßten, daß das Wohl der gesamten Menschheit von dem Siege der deutschen Waffen abhänge. Der Redner erinnerte dann an die Worte, die Kaiser Wilhelm II. auf dem Grabe Saladins sprach: Daß er der Beschützer der 300 Millionen Mohammedaner sein und bleiben werde, und er schloß mit einem Hoch auf Kaiser Wilhelm, Kaiser Franz-Josef und den Sultan. In langsamem Zuge setzte sich dann die Menge über die Potsdamer Straße durch die Königin-Augusta-Straße nach der türkischen Botschaft in der Rauchstraße in Bewegung. Auf dem Wege wurde der Zug von den Passanten mit Hochrufen auf den Sultan und auf Enver Pascha begrüßt. Vor dem Gebäude des Reichsmarineamts wurden Hochrufe auf die deutsche Marine ausgebracht. Mehrere Offiziere und Marinesoldaten traten vor das Portal und grüßten die türkische Flagge. Vor dem Botschaftspalais, auf dem die türkische Flagge wehte, angelangt, brachte die Menge Hochrufe auf den Sultan aus. Der Botschafter Exzellenz Mahmud Muhtar Pascha erschien mit den Herren der Botschaft auf dem Balkon. Direktor Walter Tschepei hielt eine kurze Ansprache, in der er ausführte, es gelte wiederum einen Kampf, in dem die wichtigsten Kulturrechte der Menschheit verteidigt werden müßten. Deutschland sei der treue Freund des Islam und man wisse heute schon, daß der Brand, der im Orient entfacht wurde, weit hinüber greifen werde auf Persien, Indien, auf den Balkan, soweit Mohammedaner wohnen, und unter der Knechtschaft der Russen und Engländer seufzen. Er schloß mit einem Hoch auf den türkischen Botschafter. Nachdem die Hochrufe verklungen waren, ergriff der Botschafter selbst das Wort. Er sagte:

„Ich danke Ihnen allen, meine Herren, für diese Kundgebung, die mir eine besondere Freude bereitet. Sie ist ein Beweis der gegenseitigen Sympathie und Hochachtung, welche beide Nationen vereint, und gewinnt durch die gegenwärtigen Ereignisse ganz besondere Wichtigkeit. Sie wird in meiner Heimat den herzlichsten Widerhall finden. Ihre Kundgebung ist der beste Beweis dafür, welche innigen Beziehungen uns mit ihrer schönen Heimat verbinden. Ich danke Ihnen vielmals für diese Kundgebung."

Der Botschafter schloß mit den Worten: *„Heil Dir im Siegerkranz!"* Die Menge sang das Lied, das durch die nächtliche Stille der einsamen Straße klang. Dann trat der Zug den Rückweg an und fuhr zum Cafe Vaterland, wo es zu neuen großen Kundgebungen kam."

Berliner Tageblatt Nr. 554 vom 31. Okt. 1914

M 16 Die Tragödie der Armenier: Die Rolle der Deutschen

Die Deportation der Armenier, von der osmanischen Führung als 5. Kolonne der Russen verdächtigt, entwickelte sich zu einer Tragödie dieses Volkes. Weil Hunderttausende umgebracht wurden oder in der syrischen Wüste verdursteten, wird nicht nur von armenischer Seite von einem Genozid (Völkermord) gesprochen, eine Kennzeichnung, gegen die sich die türkischen Regierungen, aber auch die seriöse türkische Historiographie bis heute vehement verwahren und allenfalls Bezeichnungen wie Massaker als berechtigt ansehen. Die Haltung der Deutschen, Kriegsverbündete der Türken, war und blieb ambivalent. Amtlicherseits war Berlin über die Vorgänge informiert (z. B. durch die empörten Berichte deutscher Missionsleiter wie Lepsius, aber auch des deutschen Botschafters von Wangenheim), wollte sich aber nicht in die inneren Angelegenheiten des Verbündeten einmischen. Diese offizielle „neutrale" Position deckt sich allerdings nicht mit dem Verhalten deutscher Militärs, die bei den Vorgängen nicht nur Beobachter waren, sondern z.T. aktiv die türkische Seite unterstützten (vgl. die Arbeit von Dinkel). Typisch ist auch, daß einer der Hauptverantwortlichen, Innenminister Talaat Pascha, sich der türkischen Justiz mit Hilfe des späteren Reichswehrchefs von Seeckt durch Flucht nach Deutschland entziehen konnte, wo er in Berlin am 15.3.1921 von dem jungen Armenier Tehlerjan erschossen wurde. Nach zwei Verhandlungstagen befand das Reichsgericht wegen mangelnder Zurechnungsfähigkeit, aber auch erschüttert vom Schicksal der Angehörigen Telehrjans auf Freispruch. Die Hintergründe dieses Prozesses sind typisch für die Situation der Weimarer Zeit wie eine bis heute andauernde Betroffenheit. Während in konservativen und rechten Kreisen Entlastungszeugen und -material für Talaat gesammelt wurde und man sich auf einen großen und lang dauernden Prozeß vorbereitete, bei dem die Armenier als Kriegsverräter vorgeführt werden sollten, drängten die Reichsregierung und vor allem das Auswärtige Amt erfolgreich auf einen kurzen Prozeß, bei dem irgendeine Form deutscher Beteiligung erst gar nicht zur Sprache kommen konnte, damit aber die von konservativrechter Seite geplante „Show" obsolet machte. Diese hätte die internationale Situation Deutschlands erheblich verschlechtert, zumal die Armenier-Tragödie auch für die osmanischen Kriegsgegner England und Frankreich die Tabu-Frage beinhaltete, ob sie ihrerseits alles zur Verhinderung Mögliche getan hätten. Die ambivalente Haltung der Europäer in dieser Frage spiegelt sich auch noch ein Dreivierteljahrhundert später wider, als das Europaparlament in einer

Entschließung die Vorgänge von 1915 als Völkermord einstufte.

Von armenischen Wissenschaftlern wird eine Äußerung Hitlers vom 22.8.1939 vor den obersten Wehrmachtschefs zitiert, die allerdings nur in einer (zudem in der Überlieferungsgeschichte fragwürdigen) der fünf Aufzeichnungen überliefert ist: „Dschingis-Khan hat Millionen Frauen und Kinder in den Tod gejagt. Wer redet heute noch von der Vernichtung der Armenier?“ Auch wenn der Armenier-Genozid nicht Vorbild eines späteren an den Juden war, bleibt die Frage nach der deutschen Rolle und Verantwortlichkeit. Auf dem Hintergrund der breiten und differenzierten wissenschaftlichen Aufarbeitung des Holokaust scheint sich (sieht man von einigen eher pro-armenischen Veröffentlichungen ab) allerdings die deutsche Zunft der Historiographie um diese Frage zu drücken. Zwar werden die Ereignisse nicht verschwiegen, doch nur allgemein oder gewissermaßen am Rande vermerkt, Spezialveröffentlichungen wie über die Rolle der deutschen Offiziere in Englisch publiziert; die Monographie von Saupp umfaßt bezeichnenderweise nur den Zeitraum bis 1914. Diese Nichtbehandlung ist noch deutlicher in den verschiedenen deutschen Schulbuchgenerationen ausgeprägt, während in französischen Schulbüchern in der Regel der Armenier-Genozid mit einer Quelle dokumentiert ist. Lediglich das von Pandel herausgegebene Realschulbuch „Geschichte konkret“ Bd. 3 (Schroedel) bildet eine Ausnahme mit einer relativ breiten Darstellung, auch wenn diese beim ersten Nachdruck rein quantitativ reduziert wurde.

M 16a Anti-armenische Vorurteile beim deutschen Militär

Wilhelm Souchon, deutscher Admiral der türkischen Flotte, notiert in seinem Tagebuch:

„15.8.1915: Gegen die Armenier geht die Türkei möglichst verschwiegen und radikal vor. Dreiviertel der in der Türkei lebenden Armenier sollen bereits beiseite geschafft worden sein. Hoffentlich kommt das Drama bald zu Ende.

19.8.1915: Für die Türkei wird es eine Erlösung sein, wenn sie die letzten Armenier umgebracht hat; sie wird dann von subversiven Blutsaugern frei sein. Dass die Schuld allein bei den Armeniern liegt, ist offensichtlich.“

zitiert nach: Wolfgang Gust, Der Völkermord an den Armeniern, München, 1993, S. 277

Generalleutnant Bronsart von Schellendorf schrieb nach dem Krieg (10.2.1919) über die Deportation der Armenier aus ihrer Heimat in die syrische Wüste:

„Ein großer Teil der Armenier mußte durch das Gebiet der Kurden marschieren, rauher islamitischer Bergstämme, die seit Jahrhunderten die erbittertsten Feinde der Armenier sind. Religiöser Fanatismus spielt dabei wohl keine Rolle, denn die Kurden sind überwiegend ebenso schlechte Muhamedaner, wie die Armenier Christen sind. Der Armenier ist nämlich, wie der Jude, außerhalb seiner engeren Heimat ein Parasit, der sich von dem Marke des Fremdvolkes mästet, unter dem er seinen Wohnsitz aufschlägt. Alljährlich wandern zahlreiche Armenier aus ihrem Stammlande nach Kurdistan (ähnlich wie die polnischen Juden nach Deutschland), um nach kurzer Zeit ganze kurdische Dörfer zu bewuchern und sich dienstbar zu machen. Daher der Haß, der sich oft in ganz mittelalterlicher Weise durch den Mord mißliebig gewordener Armenier zu entladen pflegt. Es ist nicht zu verwundern, daß diese halbwilden Kurden, die in fast völliger Unabhängigkeit von der türkischen Regierung ihr Wesen treiben, die Gelegenheit ergriffen, um sich für vermeintliches und wirkliches Unrecht an den Armeniern zu rächen und sich zu gleicher Zeit zu bereichern.“

Politisches Archiv des Auswärtigen Amtes, Nachlaß Göppert, IV/5

M 16b Der Armenier-Genozid im Reichstag

„Der einzige deutsche Abgeordnete, der öffentlich den Mord an den Armeniern anzuprangern versuchte, war ... Karl Liebknecht. „Ist dem Herrn Reichskanzler bekannt“, fragte er am 11. Januar 1916, „daß im verbündeten türkischen Reiche die Armenier zu Hunderttausenden niedergemacht werden?“ „Dem Kanzler ist (es) bekannt“, antwortete daraufhin der Dirigent der politischen Abteilung im Auswärtigen Amt, der kaiserliche Gesandte Karl Ferdinand von Stumm, „und wegen gewisser Rückwirkung dieser Maßnahme findet zwischen der deutschen und türkischen Regierung ein Gedankenaustausch statt.“

Wolfgang Gust, Der Völkermord an den Armeniern, München 1993, S. 263

M 16c Talaat-Attentat und Prozeß in der deutschen Presse

Die Ermordung des ehemaligen türkischen Innenministers und Großvesirs Talaat Pascha fand in der an politischem Mord nicht armen Weimarer Zeit auch in den Provinzblättern Resonanz. Aufschlußreich hinsichtlich der deutschen Sympathien ist die Ausführlichkeit, in der über das Attentat und den anschließenden Prozeß berichtet wird, aber ebenso welche „Fakten“ mitgeteilt werden.

Der Kölner Stadt-Anzeiger berichtet jeweils auf der ersten Seite:

„Es bestätigt sich, daß der heute Mittag in der Hardenbergstraße ermordete Ausländer der frühere türkische Großvesir Talaat Pascha ist. Der Täter selbst soll ein armenischer Student sein. Er wurde von den Augenzeugen des Verbrechens ergriffen und übel zugerichtet.

...[Es folgen biographische Angaben über Talaats Karriere bis zur Ernennung als Großvesir 1916.] Indem er damals dieses höchste türkische Amt übernahm, wurde Talaat neben dem in Deutschland noch populäreren Enver Pascha die Seele des türkischen Widerstandes gegen die Westmächte. Als Großvesir weilte er 1917 wie 1918 in Deutschland, um Besprechungen mit den Berliner Regierungschefs und im Großen Hauptquartier das deutsch-türkische Bündnis immer aufs neue zu befestigen. Mitte November 1918 verließ Talaat Pascha Konstantinopel an Bord eines deutschen Kriegsschiffes. Im Frühjahr 1919 weilte er wenige Tage im Haag, worauf ihm bedeutet wurde, es sei der holländischen Regierung nicht erwünscht, daß er in Holland bleibe. Seitdem hatte er in Berlin seine Zuflucht gefunden.

Der Mörder Talaat Paschas, der 24jährige Student Salomon Teilirian, erklärte bei seiner Vernehmung, daß er *Anhänger der Blutrache* sei. Talaat habe seine Eltern töten lassen, und deshalb habe er Rache an dem Großvesir genommen. Das Verbrechen steht also in dem ursächlichen Zusammenhang mit den Armeniervertreibungen während des Krieges unter der Staatsleitung Talaat Paschas.“

Kölner Stadt-Anzeiger vom 16. März 1921, Abendausgabe

Über den Prozeß berichtet die gleiche Zeitung unter der Rubrik „Neues vom Tage“ lediglich:

„Im Prozeß wegen Ermordung Talaat Paschas gaben die Geschworenen ihren Wahrspruch auf „Unschuldig“ ab, worauf die Freisprechung des Angeklagten Teilirian erfolgte und der Haftbefehl gegen ihn aufgehoben wurde. Nach der Verhandlung wurde der Freigesprochene von seinen zahlreich anwesenden armenischen Landsleuten mit Glückwunschbezeigungen überhäuft."

Kölner Stadt-Anzeiger vom 4. Juni 1921, Morgenausgabe

M 16d Armenier-Genozid im Europaparlament

In der Debatte des Europäischen Parlaments über den Entschließungsantrag zur armenischen Frage sprachen sich vorrangig linke und griechische Abgeordnete für eine Verurteilung der Türkei aus. Von den deutschen Abgeordneten ergriff lediglich der Abgeordnete Lemmer (CDU bzw. Europäische Volkspartei) das Wort:

„Lemmer (PPE). – Herr Präsident, meine Damen und Herren! Das Ereignis, das hier zur Diskussion steht, fand, wie schon erwähnt, 1915, also vor nunmehr 72 Jahren statt. Das Parlament hat damit ein Thema auf die Tagesordnung gesetzt, das Gegenstand der Geschichtsforschung sein kann, nicht aber der aktuellen politischen Diskussion. Mit der parlamentarischen Diskussion der Ereignisse, deren tragische Bedeutung für beide Seiten, sowohl für das armenische als auch für das türkische Volk, ich keineswegs verkennen will, die aber zu Beginn dieses Jahrhunderts stattgefunden haben und die nun im ausgehenden Jahrhundert politisch behandelt werden sollen, wird ein Präzedenzfall geschaffen, der uns in Zukunft noch voll beschäftigen könnte. Allein nach den hier angesprochenen Ereignissen, also nach 1915, weist dieses Jahrhundert so viele scheußliche Verbrechen auf, daß wir uns damit lange Zeit fast ausschließlich beschäftigen könnten. Die historische Aufarbeitung der Vergangenheit – auch unter Einbeziehung unserer eigenen jüngeren Vergangenheit – kann und darf aber nicht Aufgabe eines Parlaments sein, das Motor der europäischen Einigung und damit Gestalter der europäischen Zukunft sein soll.

Die Erforschung, Klarstellung und auch Wertung lang zurückliegender Ereignisse ist Aufgabe der Historiker, die ohne politische Leidenschaft und ohne eigenes politisches Interesse historische Tatbestände zu erforschen und zu klären haben. Historische Wahrheit kann nicht durch parlamentarische Mehrheitsentscheidung gefunden werden – schon gar nicht, wenn die Beteiligten nicht einmal diesem Haus angehören.

Aus diesem Grunde ist die große Mehrheit meiner Fraktion der Auffassung, daß das anstehende Thema nicht auf die Tagesordnung dieses Hauses gehört. Sie wird deshalb weder an der Aussprache noch an der Abstimmung teilnehmen."

Verhandlungen des Europäischen Parlaments vom 18.6.1987, Nr. 2-353/267

M16e Ein Forschungsergebnis

Eine abschließende wissenschaftliche Aufarbeitung der Ereignisse von 1915 steht noch aus. Während die deutsche Historiographie eher zögerlich an das Problem herantritt, die französische, wenn sie sich mit ihm befaßt, eher eine pro-armenische Tendenz aufweist, versucht der englische Historiker Macfie ein abwägendes Urteil, auch hinsichtlich der deutschen Rolle:

„Es besteht kein Zweifel an der osmanischen Verantwortung an den Deportationen und Massakern an den Armeniern in den östlichen Provinzen. Die osmanische Regierung befahl die Deportationen, die unter solchen Umständen zwangsläufig zu weitreichenden Plünderungen, zu Vergewaltigungen und Massakern führen mußten; und sie unternahm wenig, die Deportierten zu schützen. Aber das genaue Ausmaß der osmanischen Schuld bleibt zweifelhaft. Armenische Historiker und Propagandisten bleiben überzeugt, daß die Deportationen, weit davon entfernt nur eine zufällige Auswirkung der bestehenden Situation zu sein, eine genau geplante Aktion der CUP-Führung in Istanbul waren, um die günstige Gelegenheit zu nutzen, die durch den Krieg geboten wurde, ein für allemal ein Problem zu lösen, welches sich dem Osmanischen Reich durch die armenische Minderheit stellte, eine mächtige Quelle für Konflikte und Interventionen durch die großen Mächte im vergangenen Vierteljahrhundert. Türkische Historiker und Propagandisten hingegen argumentieren, daß die 1915 durchgeführten Deportationen, auf dem Höhepunkt der Gallipoli-Offensive, welche das Fortbestehen des Reiches aufs Äußerste bedrohte, die unausweichliche Konsequenz von armenischen Verrat und Rebellion waren. Es könne nicht erwartet werden, daß irgendeine vernünftige Regierung anders reagieren würde. Bezüglich der unglücklichen Auswirkungen der Politik der Deportation seien diese ungeplant und ungewollt und eher das Ergebnis von Krankheit und Erschöpfung der Deportierten auf ihren langen Märschen, von Angriffen durch marodierende Banden von Kurden und anderer unberechenbarer Elemente außerhalb der Kontrolle der Regierung wie auch der Armut aller Einwohner der Region, in dieser Zeit sowohl Türken als auch Armenier. Dokumentarische Beweise, so wie sie vorliegen – viele Dokumente, die die armenischen Massaker betreffen, wurden von der Osmanischen Regierung am Ende des Ersten Weltkrieges vernichtet – scheinen die türkische Sicht zu bestätigen. Es ist schwer, wenn nicht unmöglich, nicht zu dem Schluß zu kommen, daß, sobald die Deportationen einmal durchgeführt wurden, die osmanische Führung oder zumindest einige unter ihnen nicht abgeneigt waren, die Gelegenheit, die sich bot, auszunutzen, um ein Problem zu lösen, das dem Reich über Jahrzehnte so viele Schwierigkeiten bereitet hatte. So wie Tallat Pascha bei einer Gelegenheit zu Henry Morgenthau, dem amerikanischen Botschafter gesagt haben soll: „Es hat keinen Sinn zu streiten, wir sind wohl Dreiviertel der Armenier losgeworden; es gibt keinen einzigen mehr in Bitlis, Van und Erzerum. Der Haß zwischen Türken und Armeniern ist nun so intensiv, daß wir mit ihnen Schluß machen müssen. Wenn wir dies nicht tun, werden sie ihre Rache planen."

Zeitgenössische Beobachter in den Entente-Staaten, hauptsächlich in England und Frankreich, zogen schnell den Schluß, daß die Massaker an den Armeniern in die Verantwortung, wenn nicht sogar in der tatsächlichen Umsetzung, der deutschen und österreichischen Botschaften in Istanbul und der deutschen Militärs dort fielen. Solche eine Schlußfolgerung scheint unbegründet. Während der ganzen Phase der Massaker hatte Personal der Botschaft und der militärischen Delegation Anstrengungen unternommen, die osmanische Regierung zu überzeugen, die mörderische Politik einzustellen. Als im März 1915 erstmals Berichte in der osmanischen Hauptstadt eintrafen, protestierten viele deutsche und österreichische Konsulatsoffizielle. Im April richtete Wangenheim, der deutsche Botschafter, mehrere Eingaben an die Pforte, um Aufruhr zu verhindern, und am 28. April autorisierte er den deutschen Vizekonsul in Erzerum zu intervenieren, um weitere Massaker zu verhindern, obwohl er unter keinen Umständen den Eindruck erwecken wollte, daß sein Land die Absicht habe, den armenischen *millet* zu schützen. Im Mai warnte Pallavicini, der österreichische Botschafter, viel passiver als sein deutscher Kollege, Talaat, daß die Verfolgung der Christen den Entente-Mächten einen Stock in die Hand geben würde, um ihre Feinde zu schlagen. Aber Talaat blieb, wie Pallavicini vorausgesagt hatte, uneinsichtig. Die Pforte, erklärte er, würde nur gegen Schuldige vorgehen: Er habe keinen Grund anzunehmen, daß Frauen und Kinder getötet würden. Viele Muslime ebenso wie Armenier hätten in den letzten Unruhen ihr Leben verloren. Kurz danach, um die harsche Politik der osmanischen Regierung im Mai zu rechtfertigen, ließ Talaat die Pforte eine Reihe offizieller Berichte veröffentlichen, die scheinbar die Existenz einer Anzahl armenischer Pläne zur Unterminierung des Reiches bewiesen, und im Juni, in Zusammenarbeit mit Enver, ließ er das sogenannte „Anti-Aufstandsprogramm" verschärfen: er befahl die Schließung armenischer Schulen, die Unterdrückung der armenischen Presse und die Umsiedlung aller „verdächtigen Familien" aus den „gegenwärtigen Zentren des Aufstandes" zu vom Schlachtfeld abgelegenen Exilorten. Als Konsequenz wurden in den nächsten Wochen weitere Berichte über Deportationen und Massaker in der deutschen Botschaft empfangen, und am 17. Juni informierte Wangenheim Bethmann Hollweg, den deutschen Außenminister (sic!), daß seiner Meinung nach die Pforte nun eine Politik mit dem Ziel der Vernichtung des armenischen Volkes verfolge. Noch einmal instruierte Wangenheim die deutschen Konsuln in den östlichen Provinzen, bei den zuständigen Autoritäten zu protestieren ..."

A.L. Macfie, The End of the Ottoman Empire 1908 – 1923, Longman 1999, S. 132 ff
(aus dem Englischen übersetzt von Gisbert Gemein)

M 17 Die Wiederaufnahme der Beziehungen 1924

Die Frankfurter Zeitung Nr. 753 vom 8. Oktober 1924 berichtet:

„Die deutsch-türkischen Beziehungen

Berlin, den 7. Oktober (Wolff). Der Reichspräsident empfing heute den neuernannten türkischen außerordentlichen Gesandten, bevollmächtigten Minister und Botschafter Kemalettin Sami Pascha zur Entgegennahme seines Beglaubigungsschreibens. Bei dem Empfang war Dr. Stresemann zugegen. Der Botschafter hielt folgende Ansprache:

„Herr Präsident! Ich habe die Ehre, Eurer Exzellenz hiermit ein Beglaubigungsschreiben zu überreichen, durch das Gaz Mustapha Kemal Pascha, der Präsident der türkischen Republik, mich bei Ihnen mit dem Titel des Botschafters und in der Eigenschaft eines außerordentlichen Gesandten und bevollmächtigten Ministers der türkischen Republik beglaubigt. Ich bitte Eure Exzellenz, versichert zu sein, daß alle meine Bestrebungen dahin zielen werden, die Beziehungen der Freundschaft, die zu allen Zeiten zwischen der Türkei und Deutschland bestanden haben, zu entwickeln und sie unter den durch die großen Umwälzungen, die in beiden Ländern stattgefunden haben, neu geschaffenen Verhältnissen auf noch festerer und verläßlicher Grundlage zu befestigen. Ich schätze mich persönlich sehr glücklich, von Seiten meiner Regierung beauftragt zu sein, die diplomatischen Beziehungen zwischen den beiden Ländern wieder herzustellen. Ich bin überzeugt, daß mit dem Vertrauen, das auch Eure Exzellenz mir gegenüber bezeugen wollen, und mit der wertvollen Unterstützung, die ich von Seiten der Regierung der deutschen Republik haben werde, es mir gelingen wird, mit Erfolg die mir anvertraute Mission zu erfüllen."

Der Reichspräsident erwiderte mit folgenden Worten:

„Herr Botschafter! Ich freue mich, aus Ihren Händen das Handschreiben entgegenzunehmen, durch das der Präsident der türkischen Republik Sie mit dem Titel eines Botschafters und in der Eigenschaft eines außerordentlichen Gesandten und bevollmächtigten Ministers beim Deutschen Reiche beglaubigt. Mit besonderer Genugtuung habe ich aus Ihren Worten entnommen, daß Sie gewillt sind, alle Ihre Kräfte der Erhaltung und Festigung der freundschaftlichen Bande zu widmen, die von jeher Deutschland und die Türkei verknüpft haben. Seien Sie überzeugt, daß die deutsche Regierung von den gleichen Bestrebungen geleitet und es als ihre hohe Aufgabe ansieht, die Beziehungen der Länder im Geiste aufrichtiger Freundschaft zu pflegen und weiter zu entwickeln. Daß die Wahl der türkischen Regierung auf Sie, Herr Botschafter, gefallen ist, wurde in Deutschland besonders begrüßt, da Sie in unserem Lande kein Unbekannter sind. Bei der Erfüllung Ihrer Aufgabe dürfen Sie auf meine und der deutschen Regierung vollste Unterstützung rechnen. Namens des deutschen Reiches heiße ich Sie, Herr Botschafter, herzlich willkommen."

Hieran schloß sich eine Unterhaltung, in deren Verlauf der Botschafter dem Reichspräsidenten auch die Mitglieder der Mission vorstellte."

Frankfurter Zeitung Nr. 753 vom 6. Oktober 1924

M 18 Adolf Hitler über Kemal Atatürk

Adolf Hitler äußerte sich in einem Tischgespräch 1942 über Kemal Atatürk:

„Wir haben Germanen verloren, die als Berber in Nordafrika und als Kurden in Kleinasien sitzen, einer von ihnen war Kemal Atatürk, ein blauäugiger Mensch, der mit den Türken doch gar nichts zu tun hatte."

im Tischgespräch, 1942
zitiert nach: Bernd Rill, Kemal Atatürk, S. 147

2.2 Deutsche in der Türkei – Deutsche im Exil

Eine in Deutschland weitgehend unbekannte, dafür im türkischen Geschichtsbewußtsein tief verankerte Tatsache ist die Leistung deutscher Exilanten bei dem Aufbau der modernen Türkei. Im Rahmen der kemalistischen Reformen wurde die türkische Universitätsreform relativ spät erst zu einem Zeitpunkt vorgenommen, als in Deutschland durch das „Gesetz zur Wiederherstellung des Berufsbeamtentums" im April 1933 eine erste Emigrationswelle Deutschland verließ. Quantitativ mit fast 1000 Personen gehört die Türkei zwar im Vergleich zu den USA, England, selbst der Tschechoslowakei zu den kleineren Immigrationsländern, qualitativ sind allerdings die Folgen enorm: Ohne eine eigene moderne Wissenschaftstradition leisten die etwa 300 Akademiker, darunter 200 Wissenschaftler (30 Professoren bis zum Sommer 1933, insgesamt etwa 80 mit über 100 Assistenten und wissenschaftlichen Mitarbeitern) den überwiegenden Aufbau des universitären Bereichs; mit dem Schwerpunkt bei den Naturwissenschaften und der Medizin war unter den deutschsprachigen vertriebenen Wissenschaftlern fast der gesamte Kanon der Wissenschaften (Ausnahme Geschichtswissenschaften und Psychiatrie) vertreten. Künstlerischen Einfluß hatten vor allem Musiker und Architekten.

Exilierte Wissenschaftler hatten als Selbsthilfeorganisation die „Notgemeinschaft Deutscher Wissenschaftler" in Zürich gegründet (ab 1934 Sitz in London). In deren Auftrag führte der Frankfurter Pathologe Philipp Schwartz zusammen mit dem Beauftragten für die türkische Universitätsreform, dem Genfer Professor Albert Malche, die Verhandlungen mit dem Unterrichtsminister Resit Galip, der bei diesem Wissenschaftsimport den pathetischen Vergleich zur Renaissance und dem vorhergehenden Exil byzantinischer Wissenschaftler nach dem Fall von Konstantinopel 1453 zog. Zwar verpflichtet, in drei Jahren die Landessprache zu erlernen und Lehrbücher auf Türkisch zu verfassen, waren diese Immigranten hoch angesehen und besser bezahlt als ihre türkischen Kollegen.

Mit dem Tod Atatürks 1938 und dem Beginn des Zweiten Weltkriegs änderten sich die Verhältnisse. Waren die vorhergehenden Jahre durch ein Geben und Nehmen bestimmt, gab es jetzt starke, wenn auch letztlich erfolglose Versuche der NS-Regierung, die Türkei auf die Seite der Achsenmächte zu ziehen. Gleichzeitig wurde der Druck größer, nur noch „reichstreue" Hochschullehrer zu beschäftigen und den Einfluß der Emigranten zu brechen. Auch wenn der einflußreichen deutschen Botschaft in Ankara und dem Istanbuler Generalkonsulat sowie der Agitation der NSDAP-Auslandsorganisation letztlich ein durchschlagender Erfolg versagt blieb, sahen sich doch die Emigranten Einschränkungen ihrer Betätigung ausgesetzt; wurden sie ausgebürgert, wie z. B. die jüdischen Glaubens, verloren sie als Staatenlose ihre Aufenthaltserlaubnis.

Nach Kriegsende 1945 folgte als eine dritte Phase die Remigration; viele Wissenschaftler wurden bis Anfang der fünfziger Jahre in hohe Positionen nach Deutschland zurückgerufen, einige blieben bis zu ihrem Lebensende in der Türkei, andere emigrierten in die USA.

Quellen/Materialien

M 1 Bundespräsident v. Weizsäcker in der Rückschau

Aus der Ansprache des Bundespräsidenten Richard von Weizsäcker am 30. Mai 1986 vor dem Eingang der Universität Istanbul nach der Enthüllung einer Gedenktafel für die deutschen Emigranten:

„1933 zog in Deutschland eine unheilvolle Zeit herauf. Sie zwang eine große Zahl akademischer Lehrer, ihre Heimat zu verlassen und sich – zumeist mittellos – ein neues Leben im Ausland aufzubauen. Diese Zeit fand erst 1945 in furchtbaren Zerstörungen und unsagbarem schwerem menschlichen Leid ein Ende.

Als Wissenschaft nicht mehr dem Gewissen folgen durfte, sondern unter das Diktat einer rassistischen und verbrecherischen Ideologie gezwungen werden sollte, verließen viele der besten und aufrichtigsten Gelehrten unser Land, um andernorts die Freiheit des wissenschaftlichen Arbeitens zu finden, die ihnen daheim verwehrt wurde. Ihr Land befand sich zur gleichen Zeit unter der weitsichtigen und klugen Führung Atatürks in einem entscheidenden Auf- und Umbruch. Atatürk hatte die Bedeutung von Wissenschaft von der freien akademischen Forschung und Lehre für ein modernes Staatswesen erkannt, er wußte um den Wert, der in dem selbstlosen wissenschaftlichen Streben nach Wahrheit und vorurteilsfreier Erkenntnis liegt, nicht nur für die Wissenschaft selbst, sondern für die ganze Gesellschaft.

Unter denen, die damals in die Ferne gehen mußten, um ihr Leben, ihre Existenzgrundlage zu retten und ihrem Gewissen zu folgen, war Professor Dr. Fritz Neumark. Mit besonderer Freude begrüße ich ihn heute unter uns.

... Es mag für manchen deutschen Emigranten eine große Umstellung mit sich gebracht haben, in die Türkei zu gehen. Ihre Sprache ist für uns schwer, und die Unterschiede der Überlieferungen und Lebensgewohnheiten sind groß.

Alle aber, die damals in der Türkei Zuflucht fanden, haben die überwältigende Gastfreundschaft, die Offenheit und Hilfsbereitschaft des türkischen Volkes als großes Geschenk dankbar empfunden.

In allen Fakultäten und auch auf verschiedenen Gebieten der Kunst fand ab 1933 hier in Ihrem Land ein intensiver fruchtbarer Austausch zwischen Türken und Deutschen statt. Wir wurden dadurch gegenseitig bereichert. Es gab Volkswirtschaftslehrer wie Professor Neumark oder seine Kollegen Rüstow und Röpke, Geisteswissenschaftler wie Auerbach oder Rohde, der Orientalist Hellmut Ritter, Mathematiker wie Mises, Naturwissenschaftler wie Kosswig, Heilbronn oder Reichenbach, Mediziner wie Nissen, Dessauer oder Philipp Schwartz, der als Begründer der »Notgemeinschaft deutscher Wissenschaftler im Ausland« besonderen Anteil an der Vermittlung deutscher Wissenschaftler in die Türkei hatte.

Lassen Sie mich von den zahlreichen anderen Namen noch einen Mann nennen, dem ich mich besonders verbunden weiß: Er war damals in Ankara und hat dort Großes geleistet als Experte für Verwaltung, Verkehr und Städteplanung. Ich spreche von Ernst Reuter.

Aus der gleichen unbedingten Leidenschaft für Freiheit und Demokratie heraus, die ihn 1935 ins Ausland getrieben hatte, wurde er nach dem Krieg als Regierender Bürgermeister von Berlin in schweren Zeiten ein großartiger, unbeirrbarer Anwalt der Gerechtigkeit, der Freiheit und der menschlichen Würde. Sein Geist ist in Berlin lebendig.

Seit der Zeit, in der ich das Amt des Regierenden Bürgermeisters von Berlin ausübte, empfinde ich Ernst Reuters Werk als verpflichtendes Vermächtnis und eine tiefe Dankbarkeit gegenüber der Türkei, daß sie ihm und den vielen anderen eine zweite Heimat bot.

Die Zeit der Exils ging 1945 zu Ende. Viele Deutsche sind damals in der Türkei geblieben, weil sie hier nun zu Hause waren. Geblieben sind überall die Bande der Freundschaft, des Respekts, der Zuneigung, des Vertrauens.

Hierin liegt ein großer Schatz, den zu wahren und zu mehren die Bundesrepublik Deutschland ihre Kräfte aufbietet."

Bulletin der Bundesregierung. Nr. 62 vom 4.6.1986, S. 524.

M 2 Verhandlungen der Exilanten in der Türkei

Über die Verhandlungen mit dem türkischen Unterrichtsminister R. Galip am 6.7.1933 berichtet Philipp Schwartz als Vertreter der „Notgemeinschaft deutscher Wissenschaftler im Ausland":

„Wir kamen pünktlich an. Der Minister und etwa 20 seiner Mitarbeiter waren anwesend ... Dr. Reshid Galip empfing mich mit freundlicher Sachlichkeit und eröffnete die denkwürdige Sitzung. Neben ihm, der präsidierte, zur Linken saß Prof. Malche, dann folgte ich; auf der anderen Seite saßen Salih Zeki bey und Rushtu bey. Der lange Tisch war umringt von Mitgliedern der Reformkommission und Beamten des Unterrichtsministeriums, die eifrig jedes Wort mitschrieben. Die Verhandlungen wurden französisch geführt. »Können Sie uns einen Professor für ... empfehlen?« Ich hatte die Kartothek der »Notgemeinschaft« in Kürschners Gelehrtenkalender eingetragen; so konnte ich ohne Zögern drei Professoren zur Auswahl stellen. Ich las ihren Lebenslauf vor, erwähnte ihre bisherige Tätigkeit und konnte über zwei Kandidaten meinen persönlichen Eindruck berichten: sie hatten mich in Zürich aufgesucht. Ich empfahl, daß wir alle drei auf die Liste setzen und die endgültige Wahl später vornehmen.

„Können Sie uns einen Professor für...vorschlagen?" Diese Frage wurde im Lauf des Nachmittags 30mal gestellt und unter zunehmender Spannung beantwortet. Ich und wohl alle Anwesenden vergaßen Zeit, Komplikationen und Widerstände. Ich wußte, daß die schmachvolle Vertreibung aus Deutschland in diesen Stunden einen schöpferischen Sinn erhielt. Ich entdeckte ein wunderbares, von der westlichen Pest unberührtes Land!

Gründung und Aufbau der „Notgemeinschaft" waren nunmehr gerechtfertigt: ja, sie haben sich als eine geschichtliche Notwendigkeit erwiesen.

Unsere Verhandlungen gestalteten sich zu einem Geben und Nehmen zweier solidarischer Organismen ..."

Widmann, H.: Exil und Bildungshilfe. Die deutschsprachige akademische Emigration in die Türkei nach 1933. Bern, Frankfurt a.M. 1973, S. 56.

M 3 Die offizielle türkische Einschätzung

Der türkische Unterrichtsminister R. Galip kommentiert diese Verhandlungen abschließend:

„Es ist dies ein außergewöhnlicher Tag, an welchem wir eine beispiellose Tat vollbringen durften. Als vor fast 500 Jahren Konstantinopel fiel, beschlossen die byzantinischen Gelehrten das Land zu verlassen. Man konnte sie nicht zurückhalten. Viele von ihnen gingen nach Italien. Die Renaissance war das Ergebnis. Heute haben wir uns vorbereitet, von Europa eine Gegengabe zu empfangen. Wir erhoffen eine Bereicherung, ja eine Erneuerung unserer Nation. Bringen Sie uns Ihr Wissen und Ihre Methoden, zeigen Sie unserer Jugend den Weg zum Fortschritt. Wir bieten unsere Dankbarkeit und unsere Verehrung an."

Widmann, H.: Exil und Bildungshilfe. Die deutschsprachige akademische Emigration in die Türkei nach 1933. Bern, Frankfurt a.M. 1973, S. 56.

M 4 Erinnerungen eines Exilanten

Gustav Oelsner über seine Jahre in der Türkei:

„Die beinahe 10 Jahre Türkei sind für mich von unschätzbarem Wert. Umgeben von türkischen Freunden, feinen, ritterlichen Menschen, lernte ich eine große einheitliche Kultur rund sehen und damit die deutsche Heimat in den vielen guten, auch in den zweifelhaften Eigenschaften besser kennen, lernte in hunderten von Fällen, was es bedeutet, für das Leben zu planen, ‚lebendig zu bauen'."

Gustav Oelsner. Portrait eines Baumeisters. Im Auftrage der Freien Akademie der Künste hrsg. v. E. Lüth, Hamburg 1960, S. 17.

M 5 Einflußnahmen des NS-Regimes

Über die Einflußnahme der NS-Regierung auf die Besetzung türkischer Lehrstühle gibt der „Scurla-Bericht" Auskunft. Oberregierungsrat Dr. Scurla hatte über seine Dienstreise vom 11.–25. Mai 1939 nach Istanbul und Ankara einen ausführlichen Bericht über das türkische Hochschulwesen und den Einfluß deutscher Professoren verfaßt. Das folgende Telegramm vom 18.5.1939 an das Auswärtige Amt beleuchtet die Methoden, wie man die Berufung mißliebiger Professoren zu verhindern suchte:

„Erfahre, daß Istanbuler Emigrantenkreise Universität wegen Besetzung gynäkologischen Lehrstuhls mit Wiener Nichtarier Professor Kraul in Verbindung. Im Einvernehmen mit Scurla bitte Ausreise Kraul durch unmittelbare Fühlungnahme mit Dr. Turowski S.D. Hauptamt verhindern. Kroll"

Der Scurla-Bericht, hrsg. und eingeleitet von Klaus-Detlev Grothusen, Schriftenreihe des Zentrums für Türkeistudien Bd.3, Frankfurt 1987, S. 120

Die türkische Reaktion auf diese deutsche Einflußnahme:

„Pg Dr. Friede betonte, daß Horn, der Amtsträger der NSDAP ist, stark katholisch gebunden sei und offenbar unter dem Einfluß seiner Schwiegermutter seine Kinder nicht in die Botschaftsschule sende. Er selbst habe sich jedoch in jeder Hinsicht bewährt. Professor Horn hat sich für den Fall der Nichtverlängerung seines Vertrages erkundigt, ob er gegebenenfalls für den Lehrstuhl in Breslau (Ehrenberg) in Frage käme. Es ist möglich, daß sein Vertrag von der türkischen Seite nicht verlängert wird, da es bekannt geworden ist, daß er politischer Leiter in der Ortsgruppe ist, sodaß mit einer dem Fall Spehn ähnlichen Haltung der türkischen Behörden gerechnet werden muß. Bemerkt sei, daß mit dem Ortsgruppenleiter vereinbart worden ist, – wenn irgend möglich –, die Betrauung von Hochschullehrern, die in türkischen Diensten stehen, mit Ämtern der Partei zu vermeiden."

Der Scurla-Bericht, hrsg. und eingeleitet von Klaus-Detlev Grothusen, Schriftenreihe des Zentrums für Türkeistudien, Bd. 3, Frankfurt 1987, S. 84

M 6 Architektur und Gebäude

Exilierte Architekten wie Taut, Holzmeister, Egli und Reuter haben die Moderne im Bauwesen in der Türkei eingeführt. Ihr neuer Stil deckte sich mit den Intentionen der kemalistischen Reformen.

Landwirtschaftlicher Verwaltungsflügel (Foto 1995)

Holzmeister, Torbau (Ankara), nicht ausgeführt

aus: Bernd Nicolai, Moderne und Exil. Deutschsprachige Architekten in der Türkei 1925–1955, Berlin 1998, z. B. S. 29, 59,

M 7 Ernst Reuter

Zu den deutschen Exilanten in der Türkei gehörte auch Ernst Reuter, nach dem Krieg als Regierender Bürgermeister von Berlin bekannt geworden. 1935 erst als Fachberater im Wirtschaftsministerium, ab 1938 als Professor der Fakultät der Politischen Wissenschaften für die Fächer Städtebauwesen, Lokal- und Gemeindefinanzverwaltung tätig, hat er bleibende Wirkungen erzielt, da seine Schüler zwischen 1950 und 1975 als Landräte und Gouverneure, Generaldirektoren und Minister einen entscheidenden Einfluß auf die Nachkriegstürkei ausübten. Reuter hatte schnell die Landessprache erlernt und lehrte und veröffentlichte in Türkisch; hier sind bedeutende Veröffentlichungen zu der international noch jungen Disziplin des Siedlungs- und Städtebauwesens erschienen. Sie zeigen Reuter als weit vorausschauenden Politiker in einer Zeit, in der ökologische Probleme nur geringe Bedeutung besaßen.

„In dieser Phase revolutionären Wachstums der Städte halten die Menschen Maschinen und Fabriken für einen großen Fortschritt. Schornsteinreihen, eine hinter der anderen, breiten sich über die Stadt aus, eine große schmale Mietskaserne erhebt sich neben der anderen ... In Berlin im Meiers Hof in der Ackerstraße, in der diese Entwicklung ein höchstes Ausmaß erreicht hat, leben in 7 Gebäuden auf einem einzigen Grundstück über 1000 Menschen.

In diesen Höfen und Hinterhöfen gibt es keinen einzigen Baum, keinen einzigen Strauch ... Die Kinder kennen als Spielplatz nichts als Hinterhöfe und Mülltonnen. Diese Häuser erreicht keine Sonne mehr."

„Hätte diese alles umwälzende frühe Entwicklung des Kapitalismus, die weder Maß noch Form kannte und soziale Bedingungen völlig mißachtet, in den New Yorker und Chikagoer Elendsvierteln, den Mietskasernen Deutschlands, den Slums der Engländer nicht diese katastrophalen Formen angenommen, wäre die einseitige Weitsicht von Karl Marx nicht möglich gewesen."

zitiert nach: Prof. R. Keles, Über Ernst Reuter, in: Der Scurla-Bericht, a.a.O., S. 64 f

Die Arbeit von Reuter würdigt der Direktor des Zentrums für Stadtforschung und Mitglied der Politikwissenschaftlichen Fakultät der Ankara-Universität, Prof. Keles:

„ Ernst Reuter befürwortete ein Eingreifen in die städtischen Entwicklungen im Sinne sozialer Gerechtigkeit. Er glaubte, daß die meisten Probleme der Verstädterung Folge einer frühzeitigen und unkontrollierten Entwicklung des Kapitalismus seien. Dazu führte er an, daß eigensüchtige Grundeigentümer, die nur auf die Erzielung des größtmöglichen Gewinnes aus städtischem Baugrund bedacht waren, sowohl die Lösung des Wohnungsproblems als auch die Pläne zum Städtebau auf verschiedenem Wege veränderten, wie sie auch der Umgebung eingepaßte Wohnqualität zerstörten. Heute müssen diese Ansichten als realistisch akzeptiert werden.

...

In der Türkei, in der sich in der Gründungsphase die Universitäten akademische Werte erst langsam zu eigen machten, schuf Reuter an der Fakultät für Politische Wissenschaften – obwohl diese einem Ministerium unterstellt war – das Bild eines modernen, freiheitlich denkenden Wissenschaftlers."

Ibid., S.64, 65

L. Kudret-Erkönen über Ernst Reuter:

„Trotz all dieser Liebe zu seinem Land, trotz all des körperlichen und seelischen Leides hat Reuter nie geklagt, nie über all das Schlimme, das er im Hitlerreich erfahren mußte, gesprochen. Nur an zwei Andeutungen kann ich mich erinnern: im Sommer gingen wir oft mit Reuters ins „Ormanciftlik", eine Anlage mit zwei Schwimmbassins außerhalb Ankaras. Herr Reuter hatte seine Badehose an, und ich konnte seinen mit tiefen Narben bedeckten Rücken sehen. Ziemlich gedankenlos fragte ich ihn: „Herr Reuter, sind das Narben, die Sie sich im Ersten Weltkrieg geholt haben?" Er blickte mich nur erstaunt an und sagte: „Konzentrationslager"."

Kudret-Erkönen, L.: Familie Reuter in Ankara, in: Erinnerungen an Ernst Reuter. Berlin 1978, S. 25/6.

M 8 Musik

Über die Bedeutung deutscher Emigranten für die Entwicklung der sinfonischen Musik in der Türkei des 20. Jahrhunderts schreibt Marfa Heimbach:

„ Als während des Dritten Reiches zahlreiche Wissenschaftler und Künstler aus Deutschland in die Türkei emigrierten, traf 1935 auch Paul Hindemith in der Türkei ein. Alle türkischen Musikeinrichtungen und Institute wurden nun nach seinen Vorschlägen strukturiert. Er setzte sich zwar für eine Sammlung türkischer Volks- und Kunstmusik ein, räumte deren aktivem Weiterbestand aber nur wenig Raum ein. Ab 1936 wurde der ebenfalls emigrierte Ernst Praetorius Leiter des neuen klassisch-europäischen Sinfonieorchesters in Ankara. Noch im selben Jahr traf auch Eduard Zuckmayer, der Bruder des Dramatikers Carl Zuckmayer, in Ankara ein. Er wurde künstlerischer Berater und Klavierlehrer und später Leiter der Musiklehrerschule. In dieser Zeit hielt sich auch Bela Bartok in der Türkei auf, doch anders als Hindemith und Zuckmayer widmete er sich der Erforschung der heimischen tradierten Musik und gab wertvolle Anregungen zu deren ethnologischer Erfassung und Sammlung."

Manuskript für eine Lehrerfortbildung der Bez.-Reg. Münster am 15.6.92 in Bottrop über türkische Musik

M 9 Eine wissenschaftliche Darstellung

Bernd Nicolai hat in einer umfassenden Monographie das Wirken der exilierten deutschsprachigen Architekten in der Türkei untersucht und dabei deren berufliches und privates Leben in das Schicksal der anderen Exilanten eingebettet. Zusammenfassend führt er aus:

„Die erste Phase der Jahre 1933 bis 1939 stand unter dem erklärten Ziel des Wissenschaftsimports und -aufbaus, wobei der Schwerpunkt auf den naturwissenschaftlichen und medizinischen Studiengängen lag. Eine landeseigene Wissenschaftstradition, auf die die Emigranten aufbauen konnten, gab es im Gegensatz zu andern Ländern nur in begrenztem Maße. Mit diesen Maßnahmen, für die das Unterrichtsministerium verantwortlich war, sollte die kemalistische Modernisierung beschleunigt und in kürzester Zeit eine funktionsfähige wissenschaftliche Infrastruktur geschaffen werden. Alle Professoren waren verpflichtet, innerhalb von drei Jahren die Landessprache zu lernen und grundlegende Lehrbücher auf Türkisch zu schreiben. Die Immigranten waren hoch angesehen, besser bezahlt als ihre türkischen Kollegen und in dieser Hinsicht nicht schlechter gestellt als in Deutschland. Dennoch haben viele der Exilanten sehr unterschiedlich auf die Bedingungen in einem ihnen fremden, einem anderen Kulturkreis zugehörigen Land reagiert. Das „ goldene Zeitalter des Universitätswesens" in der Türkei droht vom heutigen Standpunkt aus zum Mythos stilisiert zu werden, der sowohl für die gegenwärtigen deutsch-türkischen Beziehungen als auch für das Niveau der Ausbildung innenpolitisch instrumentalisiert wird.

Die zweite Phase des türkischen Exils begann nach Atatürks Tod Ende 1938 und dem Beginn des Zweiten Weltkriegs im Sptember 1939. Es gab seitens NS-Deutschlands starke, letztlich erfolglose Versuche, die Türkei auf die Seite der Achsenmächte zu ziehen. Allerdings wurde der Druck der deutschen Stellen nach 1938 zunehmend größer, worüber der 1939 angefertigte Scurla-Bericht *„Über die Tätigkeit deutscher Hochschullehrer an türkisch wissenschaftlichen Hochschulen"* beredtes Zeugnis ablegt. Es gelang jedoch nicht, die türkische Regierung zu überzeugen, in Zukunft nur noch „reichstreue" Hochschullehrer einzustellen und den Einfluß der Emigranten zu brechen. Nicht nur eine einflußreiche deutsche Botschaft und das Generalkonsulat in Istanbul agierten hinter den Kulissen, sondern auch eine NSDAP-Auslandsorganisation innerhalb der deutschen Kolonie. Die Konfrontation, wie in lateinamerikanischen Staaten, mit den Exilanten blieb jedoch aus. Dennoch verschärfte sich die Situation. Ausgebürgerte Emigranten, meist jüdischen Glaubens , wurden staatenlos und verloren damit ihre Aufenthaltserlaubnis. Politisch engagierte Leute, wie Ernst Reuter, mußten tatenlos zusehen:

„Hier (in Ankara) sind uns leider alle Hände gebunden. Die Regierung laesst nicht nur keine deutsche Juden hinein, sondern weist auch noch ganz planmaessig aus, was sich eben ausweisen laesst. Oft werden Leute ausgewiesen, die schon über 10 Jahre als Vertreter hier sind und nie zu irgendwelchen Klagen Anlass gegeben haben. Man meinte, dass sich das jetzt bessern würde, aber das scheint nicht der Fall zu sein."

Die Stimmung im Lande gegenüber den Ausländern wurde zunehmend schlechter: 1939 wurden sogar kurzfristig alle technischen Berater bei den Ministerien entlassen. Für viele Exilanten, ca. 200 bis 300, war das ein Signal zur Weitermigration, meist nach Übersee, hauptsächlich in die USA und Lateinamerika, aber auch nach Australien und Palästina. Ab 1940 herrschten in der Türkei der Ausnahmezustand und Kriegsrecht. Politisch tätige Emigranten – eine offizielle Betätigung war ohnehin verboten – verloren ihre Aufenthaltsberechtigung und konnten in keiner Hinsicht auf die Unterstützung der Regierung hoffen, wie an dem Beispiel der KPÖ Untergrundgruppe um den Architekten Herbert Eichholzer deutlich wird.

Eine ambivalente Rolle spielte der deutsche Botschafter Franz von Papen, einer der Drahtzieher der Installierung des Reichskanzlers Adolf Hitler 1933. Seit 1939 in Ankara, versuchte er, soweit möglich, die Exilanten vor der Ausbürgerung zu bewahren. Bruno Taut, Ernst Reuter oder auch Clemens Holzmeister erhielten von der Botschaft bzw. den Generalkonsuln in Istanbul von Menzingen und Toepke direkte oder indirekte Unterstützung in ihrer Auseinandersetzung mit Reichsbehörden.

Trotz des im August 1941, kurz vor dem deutschen Überfall auf die Sowjetunion, abgeschlossenen deutsch-türkischen Freundschafts- und Nichtangriffspakts blieb die Türkei bis August 1944 neutral und trat erst im Februar 1945 in den Krieg ein. Die verbliebenen Exilanten saßen in einer Art ehrenvoller Gefangenschaft am Rande Europas ohne die Möglichkeit, das Land verlassen zu können. Mit Aufhebung der Neutralität wurden 1944 die meisten Emigranten in anatolischen Städten, so Yosgat, Takat und Corum, interniert. Ernst Reuter sowie die Mediziner Alfred Marchioni und Albert Eckstein gründeten als Nichtverbannte ein Hilfskomitee anläßlich des harten Winters 1944/45.

Die dritte Phase folgte nach Kriegsende 1945. Sie stand unter dem Zeichen der Remigration. Viele Wissenschaftler wurden bis Anfang der fünfziger Jahre nach Deutschland in hohe Positionen zurückgerufen, wie Fritz Neumark, Ernst Reuter, Rohde, Marchioni u.a., einige blieben bis zum Lebensende in der Türkei, andere emigrierten in die Vereinigten Staaten. Mit den ersten freien Wahlen 1946 und dem Wechsel der Präsidentschaft von Ismet Inönü zu Celal Bayar im Jahre 1950 begann ein neues Kapitel der Türkei, das mit dem neuen Mehrparteienstaat, der Aufnahme in den Europarat und die NATO sowie der Tendenz einer noch stärkeren Verwestlichung charakterisiert ist."

Bernd Nicolai, Moderne und Exil. Deutschsprachige Architekten in der Türkei 1925–1955, Berlin 1998, S. 100 f

2.3 Türken in Deutschland

Mit dieser Thematik verbindet das heutige deutsche Bewußtsein die Welle der Arbeitsmigranten seit 1961, während in der Türkei zumindest die Erinnerung an eine ähnliche frühere Entwicklung nachklingt. Im Rahmen der verstärkten deutsch-türkischen Wirtschaftsbeziehungen des Kaiserreichs (Bagdad-Bahn) kamen türkische Arbeiter nach Deutschland, z. B. in der Zigarettenindustrie, die ihre Tabake überwiegend aus dem Osmanischen Reich bezog. Während des Krieges verstärkten sich diese Beziehungen, in einem effizienten Programm wurden türkische Jugendliche (insgesamt etwa 1500), untergebracht in deutschen Familien, ausgebildet; die große Zahl ließ damals erstmals den Ruf nach einer türkischen Schule laut werden. Überwiegend kehrte diese Gruppe nach dem Krieg in die Türkei zurück; der Lebensweg eines in Fürstenwalde verbliebenen Schuhmachermeisters von 1917 bis 1983, vom Kaiserreich bis zu seinem Tod in der DDR ist vom Zentrum für Türkeistudien nachgezeichnet und dokumentiert worden[1].

Zur Zeit dieser ersten türkischen Arbeitsmigranten war eine andere Gruppe längst in die deutsche Gesellschaft integriert worden, deren Nachkommen seit über 250 Jahren die älteste islamische Gemeinde in Deutschland bilden. Die 20 „türkischen" „langen Kerls", die der Herzog von Kurland 1731 dem preußischen König für seine Garde schenkte, waren nur der Auftakt, daß Friedrich der Große versprengte Tatareneinheiten (erstmals 1741 73 Reiter) als Ulanen und Husaren in sein Heer integrierte. Diese von den Zeitgenossen „türkischen" oder (häufiger) „mohammedanischen" genannten Regimenter spielten in den preußisch-österreichischen und später napoleonischen Kriegen eine bedeutende Rolle.

Im Vergleich zu der zahlenmäßig allerdings erheblich bedeutenderen Arbeitsmigration ab 1961 war die Akzeptanz der deutschen Gesellschaft für diese andersgläubige Minderheit in den beiden anderen Fällen deutlich unproblematischer. Die aufgeklärt-tolerante Haltung Friedrichs II. sowie die militärischen Leistungen im ersten Fall, eine auch amtlich geschürte „Türkenbegeisterung" aufgrund der „deutsch-türkischen Waffenbrüderschaft", bildeten günstige Voraussetzungen, ebenso wie die

1 Zentrum für Türkeistudien (Hrsg.), Achmed Talib. Stationen des Lebens eines türkischen Schuhmachermeisters in Deutschland von 1917 bis 1983. Kaiserreich – Weimarer Republik – Drittes Reich – DDR, Önel-Verlag, Köln 1997

Unterbringung der türkischen Lehrlinge in deutschen Familien und eine gezielte Auslese (etwa ein Viertel wurde nach wenigen Monaten wieder nach Hause geschickt). Gemessen daran wirken die deutschen Planungen der 60er Jahre eher konzeptionslos. Die Vorstellung, daß türkische Arbeitnehmer nach einer begrenzten Aufenthaltsdauer von etwa 4–6 Jahren mit ihren Ersparnissen und neu erworbenen Kenntnissen in ihrer Heimat eine selbständige Existenz aufbauen, erwies sich als unrealistisch. Viele blieben länger mit dann folgendem Familiennachzug, manche wurden – besonders bei der ersten Rezession 1966/67 – zu früh zurückgeschickt; die Rückkehrer der beiden ersten Jahrzehnte vermochten oft ihre primären Investitionsziele (als kleine selbständige Unternehmen wie Lebensmittelgeschäfte, Taxiunternehmen, Kaffeehäuser) nicht zu realisieren; in der Folgezeit kamen die Integrationsprobleme der jetzt schon oft in Deutschland geborenen Kinder hinzu. Die deutsche Politik ließ durch ihre Unentschiedenheit die Probleme eher anwachsen: die Bundesrepublik war zwar faktisch ein Einwanderungsland auch für Türken, ging aber in ihrem rechtlichen Rahmen weiter davon aus, daß diese Türken nach wenigen Jahren in ihre Heimat zurückkehrten. Für die Kinder dieser Arbeitsmigranten, selbst noch der zweiten und dritten Generation, bedeutete dies etwa in ihrer schulischen Ausbildung, daß weder eine Integration in die deutsche Gesellschaft noch etwa eine Rückkehrfähigkeit durch Stärkung der kulturellen Identität betrieben wurde. Kehrten diese Kinder mit ihren Eltern in die Türkei zurück und wurden dort in z.T. eigenen Schulen weiter beschult, erlebten sie die gleichen Probleme mit anderen Vorzeichen.

Quellen/Materialien

I. Eine unbekannte Vorgeschichte: Türken in Preußen und im Kaiserreich

M 1 Marginalie Friedrichs des Großen für den Islam, Juni 1740

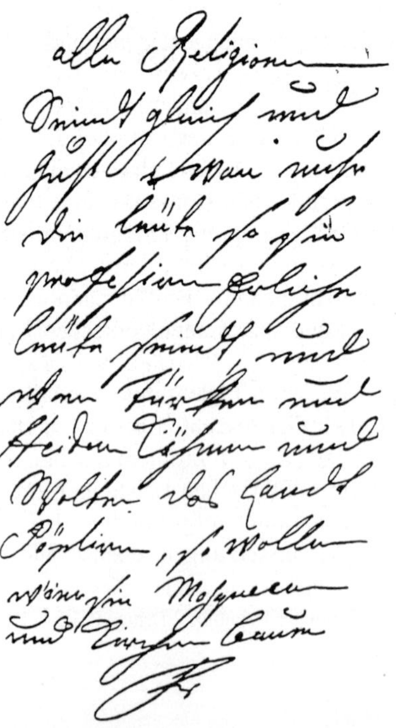
alle Religionen
Seindt gleich und
guht wan nuhr
die leüte so sie
profesiren Erliche
leüte seindt, und
wen Türken und
Heiden Kähmen und
wolten das Land
Pöpliren, so wollen
wier sie Mosqueen
und Kirchen bauen
Fr

in: M. Salim Abdullah, ... und gab ihnen sein Königswort. Berlin – Preußen – Bundesrepublik. Ein Abriß der Geschichte der islamischen Minderheit in Deutschland, Altenberge 1987, S. 16

Übertragung in modernes Deutsch: „Alle Religionen sind gleich und gut, wenn nur die Leute, die sich zu ihnen bekennen, ehrliche Leute sind, und wenn Türken und Heiden kämen und wollten hier im Land leben (das Land pöplieren), so wollten wir ihnen Moscheen und Kirchen bauen.“

M 2 Eine Anekdote aus Goldap

„Die preußischen ‚Mohammedaner' haben bis in das 20. Jahrhundert in Ostpreußen eine ganze Anzahl amüsanter Geschichten und folkloristischer Spuren hinterlassen. Eine davon – sie handelt in Goldap – sei hier kurz wiedergegeben:

Ein türkischer Offizier hatte mit einem jungen Mädchen Zwillinge gezeugt. Darauf befand das Konsistorium Lyck, das Mädchen habe sich des gemeinen fleischlichen Umgangs mit einem Heiden schuldig gemacht und sei deshalb zu verbrennen. Der Leutnant schrieb darauf hin an den König, und die geistlichen Herren wurden von diesem sehr drastisch zurecht gewiesen. Dagegen wurde dem türkischen Leutnant die allerhöchste Erlaubnis erteilt, "kleine Heiden zu machen, soviele er wolle". Mit orientalischer Höflichkeit lud der nun das Konsistorium ein, an der islamischen Beschneidungszeremonie teilzunehmen und seine und seiner jungen Frau Gäste zu sein."

in: M. Salim Abdullah, ... und gab ihnen sein Königswort. Berlin – Preußen – Bundesrepublik. Ein Abriß der Geschichte der islamischen Minderheit in Deutschland, Altenberge 1987, S. 23

M 3 Türkische Schüler und Lehrlinge in Deutschland

aus: Gültekin Emre, 300 Jahre Türken an der Spree, Önel-Verlag, Köln 1997, S. 41

M 4 Türkische Zigarettenarbeiter

aus: Gültekin Emre, 300 Jahren Türken an der Spree, Önel-Verlag, Köln 1997, S. 37 oben

M 5 Statistik: Zahl der Türken in Berlin 1846 bis 1973

1846–50	1	1912	1258	1930	856	1955	112
1851–55	–	1913	1301	1931	737	1956	130
1856–60	2	1914	1070	1932	608	1957	214
1861–65	3	1915	711	1933	585	1958	209
1866–70	1	1916	1775	1934	929	1959	217
1871–75	11	1917	2046	1935	1234	1960	225
1876–80	41	1919	797	1936	2644	1961	284
1881–85	45	1920	1269	1937	2848	1962	511
1886–90	23	1921	1393	1938	3310	1963	773
1891–95	198	1922	1904			1964	1135
1896–1900	286	1923	1451	1946	79	1968	1019
1901	24	1924	909	1947	83	1969	24554
1905	306	1925	1164	1950	92	1970	39134
1906	662	1926	1200	1951	87	1972	54421
1907	890	1927	1162	1952	89	1973	66521
1910	1162	1928	1172	1953	95		
1911	1350	1929	1047	1954	103		

(Diese Zahlen stammen aus den offiziellen Berliner Bevölkerungsstatistiken in der Senatsbibliothek, Straße des 17. Juni, Nr. 112)

aus: Gültekin Emre, 300 Jahre Türken an der Spree, Önel-Verlag, Köln 1997, S. 94

M 6 Preußen und der Islam

Diese erste Migration türkischer Arbeiter, aber auch die Ausbildung türkischer Offiziere im deutschen Generalstab sowie die intensivierten Wirtschaftsbeziehungen veranlassen die „Kölnerin", eine der bedeutenden Tageszeitungen Deutschlands, zu einem historischen Rückblick, der inhaltliche Ergänzungen zum Kap. 1.5, vor allem aber Einblicke in das damalige Geschichtsbild bietet.

„Preußen und der Islam

Wer an die vielfachen Beziehungen denkt, die gerade das neue Deutschland mit der Vormacht der mohammedanischen Welt, mit der Türkei, verbinden, und erwägt, wie viele unserer Offiziere, Lehrer und Ingenieure sich schon in der Welt des Islams nützlich gemacht haben, ohne daß unser Staat je einen unmittelbaren Vorteil davon gehabt hat, der wird in diesen Beziehungen zwischen Preußen-Deutschland und der Türkei etwas wie ein notwendiges Kulturgesetz erblicken – das heißt, die Anlehnung eines kulturell Schwächeren an einen mächtigen und doch nicht selbstsüchtigen Lehrer. Heute sind türkische Offiziere auf den Straßen und im Gesellschaftsleben Berlins keine ungewohnte Erscheinung mehr; in der Rauchstraße, im besten Tiergartenviertel, erhebt sich das stattliche Haus der türkischen Botschaft, und in der Hasenheide gibt es sogar, wie wir einmal früher gelegentlich schon erwähnten, einen türkischen Begräbnisplatz. Vielleicht ist es nicht uninteressant, sich zu erinnern, wie sich diese ersten freundlichen Beziehungen zwischen Preußen und der Welt des Islams anbahnten. Die ersten Berührungen waren natürlich feindliche, und noch die brandenburgischen Soldaten, die 1683 in dem Entsatzheer bei der Belagerung Wiens mitfochten, erblickten in dem großen Sultan ihren verderblichen und gefährlichen Feind. Das änderte sich unter Friedrich dem Großen, gemäß seiner gegen Rußland gerichteten Politik, und in der Not des siebenjährigen Krieges betrachtete er einen Bundesgenossen gegen die Zarin Elisabeth als höchst wünschenswert, und wo konnte er ihn besser finden als bei den Ungläubigen im Süden des russischen Reiches, mit denen sich dieses schon lange herumschlug? Der tatarische Khan, der in der Krim regierte, Kerim General, und der damals so etwas einen politischen Faktor vorstellte, trat mit dem preußischen König in Unterhandlungen und schickte ihm zweimal eine Gesandtschaft, 1758 und 1761. Es handelte sich darum, daß Kerim General mit einem Heer in Südrußland einfallen sollte, um die Russen von Deutschland wegzuziehen. Dafür beanspruchte er Kriegsgelder von Friedrich und – wie heute die Türken – Lehrer und Instrukteure für sein Heer.

Der Unterhändler war in beiden Fällen ein gewisser Mustafa Aga, einer der Minister des Khans, von dem aber die Geschichtsschreiber jener Gesandtschaft vermuten lassen, daß er in Wahrheit dessen Barbier gewesen sei. Indes ist es nicht so unorientalisch, daß er vielleicht beide Würden vereinte. Mustafa Aga brachte außer seinem Anerbieten, ein Hilfskorps zu stellen, auch Pferde und kostbare Teppiche als Geschenke für Friedrich mit; das zweite Mal traf er den König im Lager von Bunzelwitz in Schlesien an, und die preußischen Angelegenheiten standen damals so schlecht, daß ein Ablenken des Eingreifens der Tataren tatsächlich sehr erwünscht gewesen wäre. Es ist gar kein Zweifel, daß die Unterhandlungen auf beiden Seiten ernsthaft gemeint waren, und daß insbesondere der König sehr auf die Hilfe Kerim Gerais rechnete. Das erhellt aus seinem Briefwechsel mit dem Prinzen Heinrich, der während der unglücklichen Jahre 1760 und 1761 Sachsen behaupten mußte, und den er fortwährend auf die nahende Hilfe der Türken und Tataren hinweist, die die Russen zum Abzug zwingen werde. Prinz Heinrich teilte die Hoffnungen seines Bruders nicht und hatte über die Waffentüchtigkeit der Tataren skeptische Ansichten, die die Zukunft bestätigte. Denn, sei es nun, daß die Rüstungen des Khans bereits von Rußland, das sich vorsah, verhindert wurden, oder daß innere Unruhen in seinem Reiche ausbrachen, aus dem beabsichtigten Hilfszug wurde nichts. Dagegen wurde Kerim General, als Friedrich sich mit der Zarin Katharina vertrug, aufgefordert, seine Waffen nunmehr gegen den türkischen Sultan im Süden zu kehren. Da starb er aber plötzlich an Gift, und aus dem neuen Feldzug wurde ebenso wenig etwas wie aus dem früheren. Im November 1763, kurz nach Beendigung des Siebenjährigen Krieges, kam abermals eine mohammedanische Gesandtschaft, und zwar vom türkischen Sultan selbst, nach Berlin. Sie erregte beträchtliches Aufsehen und war für die Berliner ein ungewohntes Spektakelstück, als sie, etwa 80 Personen stark, mit Mohrenknaben, beturbanten Dienern und berittenen Tscherkessen ihren Einzug hielt. Der Gesandte hieß Resmi Ahmed Efendi, er blieb in Berlin bis zum Mai 1764 und verhandelte besonders wegen allerhand Handelsabmachungen. Eine dritte mohammedanische Gesandtschaft, die in den siebziger Jahren nach Berlin an den Hof Friederichs des Großen kam, ist weniger bekannt geworden. Sie kam noch viel weiter her, von Indien nämlich, vom Hof des Bekannten Haydar Ali, des Sultans von Mysore und großen Feindes des Engländers. Auch Haydar Ali wollte für seine kriegerischen Unternehmungen von dem großen preußischen König militärische Instrukteure und besonders Artilleristen. Eine ähnliche Unterhandlung knüpfte dann sein Sohn Tippo Sahib mit der späteren französischen Republika an, aber vergeblich; schließlich unterlag er im Kampfe gegen England. Friederich, dem der Sultan einen Hafen bei Goa und große Handelsprivilegien anbot, war, wie man weiß, allen Kolonialunternehmungen abhold; er beschied den indischen Fürsten abschlägig. Die Gesandtschaft beweist aber doch, welche Aufmerksamkeit das aufsteigende Preußen früh in der Welt des Islams erregt hatte, und wie man es immer als eine Stütze gegen die seefahrenden westlichen Völker betrachtete, bis zur Gegenwart."

Kölnische Zeitung Nr. 201 vom 20. Feb. 1914

Anmerkung

Einige auch für die damaligen Orthographie unübliche Schreibweisen im obigen Text entsprechen dem Original.

M 7 Eine Schule für Türken

Im Kaiserreich wurden die türkischen Gastarbeiter viel eher als Gäste angesehen als später in der Bundesrepublik. Von verschiedenen offiziellen wie privaten Stellen aus versuchte man, den Kulturunterschied zu verstehen und abzubauen. Die Idee einer türkischen Schule stammt aus dem Jahre 1917; die Ausführungen des türkischen Autors muten ausgesprochen modern und fortschrittlich an:

„Orientalen in Deutschland.

(über die Einrichtung einer türkischen Schule in Deutschland)

Von Dr. M. Saadi Bey

Seit Kriegsbeginn vergeht nicht ein Tag, ohne daß zahlreiche junge Türken nach Deutschland kommen. Und zwar entlassen nicht nur die höheren Stände ihre Söhne zu Studienzwecken nach Deutschland; auch der Arbeiter und Handwerker glaubt hier Arbeits- und Verdienstmöglichkeiten zu finden. Dem Türken, der heute belebte Straßen wie die Tauentzien- oder die Friedrichstraße durchquert, werden merkwürdig oft die Laute seiner Heimat ins Ohr klingen.

Bereits vor dem großen Kriege waren türkische Studenten gern gesehene Gäste an europäischen Universitäten, allein damals kamen sie als Abgesandte der türkischen Regierung, um ihre in der Heimat begonnenen Studien hier fortzusetzen, ihre schon gewonnenen Kenntnisse zu vervollkommnen.

Heute aber erleben wir nur zu oft, daß die türkische Jugend ohne gewerbliche und sprachliche Vorkenntnisse, ohne genaue Vorstellungen von den Sitten und Gebräuchen des Auslandes ihre Heimat verläßt, um der Kultur des „Deutschen Reiches" teilhaftig zu werden, seine Fortschritte, seine Zivilisation kennen zu lernen. Die an sich recht erfreuliche Tatsache bringt uns heute dazu, die Frage aufzuwerfen: Wie gestaltet sich im allgemeinen die Lebensführung und Akklimatisierung der hiesigen Orientalen? Sind Einrichtungen möglich, die ihnen die Anpassung an das europäische Leben erleichtern, den Übergang weniger fühlbar machen?

Betrachten wir zunächst die Notwendigkeit solcher Einrichtungen.

Die Türkei ist durch das Klima, ihre anders geartete Flora, ihre Jahrtausende alten autochtonen Überlieferungen gleichsam eine andere Welt als das alte Europa, und es ist klar, daß sie als solche Menschen hervorbringt, die in ihren Sitten, Gewohnheiten, ja in ihrem Denken und Fühlen die Eindrücke ihres so anders gearteten Milieus deutlich zur Schau tragen. Hunderte von Beweisen, den Gebräuchen und der Denkungsart der Orientalen entnommen, könnten dies zur Genüge bestätigen.

Wenn nun schon das äußere Getriebe des europäischen Lebens den jungen Türken nicht immer angenehm berührt, so droht ihm andererseits die Gefahr, ohne Aufsicht, ohne Leitung sein seelisches und moralisches Gleichgewicht zu verlieren. Entweder also wird er erschreckt und eingeschüchtert durch die bis in subtile Einzelheiten ihn fremd anmutende Kultur und Zivilisation Europas, die ihn dazu bringt sich in sich selbst zurückzuziehen und so den Mut und die Freiheit zur Durchbildung der Persönlichkeit zu verlieren, oder aber er wird sich tollkühn in den Strudel europäischen Lebens stürzen und seine Unwissenheit eines Tages mit völliger Entwurzelung bezahlen.

Dergleichen tiefgreifende Schäden zu verhüten gibt es ein Mittel: Die Gründung einer türkischen Schule im Deutschen Reiche. Geeignete Orte für ihre Einrichtung sind München, Heidelberg und Berlin."

Die neue Türkei vom 26.2.1917 (gekürzt), zitiert nach: G. Emre, S.38

M 8 Aufruf der Arbeiter- und Bauernpartei der Türkei

Neben den Lehrlingen gab es in den Berliner Fabriken auch zahlreiche türkische Arbeiter, die gute Beziehungen zur deutschen Arbeiterbewegung unterhielten und eine zweisprachige Zeitschrift Kurtulusch (Befreiung) herausgaben.

„Proletarier aller Länder!

Noch sind die Leichen nicht verwest – noch hallt das Echo des furchtbarsten aller Kriege in unseren Ohren nach. Aber die wilden Klänge des Kriegsgetöses übertönt heute die brausende, tiefe Stimme des großen ewigen Propheten:

Proletarier aller Länder vereinigt Euch!

Proletarier aller Länder! Das Proletariat der Türkei, das infolge jahrhundertelanger Kriege durch Seuchen, Elend und Entbehrungen Millionen seiner Brüder eingebüsst, hat sich geschworen, seine Ketten zu sprengen und sich endlich zu befreien!

Wie überall, so auch in der Türkei, hat die herrschende Klasse – die Bourgeoisie – den Zusammenschluss des arbeitenden Volkes zu einer Organisation erschwert. Die Arbeiter und Bauern der Türkei, die wegen der Schwäche und Beschränktheit ihrer Organisation noch mehr gelitten haben und noch mehr ausgebeutet und unterdrückt wurden, erheben trotz der großen Schwierigkeiten und Gefahren, die ihrer harren, ihr Haupt zu einer Zeit, da viele Völker sich im Namen der Menschlichkeit und Gerechtigkeit aufgerafft haben. Sie stützen sich hierbei lediglich auf die Kraft ihrer geraubten Rechte, die sie wiederherzustellen gewillt sind. Allen düsteren Mächten, allen ehrgeizigen Absichten, allen selbstsüchtigen Interessen, die sich in den Weg stellen werden, wird das Proletariat der Türkei mit der lodernden Flamme des Ideals, die jener Befreiungstag in seinem Herzen entzündet, Trotz bieten.

Proletarier aller Länder!

Eure Brüder in der Türkei sind Eurer Hilfe im Kampf um die Gerechtigkeit und die Menschlichkeit sicher. Es ist diese unerschütterliche Ueberzeugung, die den Stimmen, welche man ersticken will, die Kraft verleihen wird, ihre Empörung noch bitterer herauszuschreien. Und dieselbe Ueberzeugung ist es, die aus den Gluten, die man löschen will, Brände erwachsen lassen wird! Diese Ueberzeugung ist unser Trost und die Quelle der Macht, auf die sich die Menschheit stützt.

Proletarier aller Länder!

Imperialistische, kapitalistische, darwinistisch-nationalistische Habgier will Länder aneignen und aufteilen, deren Bewohner vorwiegend Türken sind. Dies wiederum bedeutet nichts anderes als das Säen der Samen zukünftiger Kriege.

Wir aber haben genug der Kriege!!

Darum, Brüder, vereinigt Eure klingende machtvolle Stimme mit der unsrigen, die unterdrückt wird, gegen diese ungerechten Angriffe kapitalistischer Interessen, rachsüchtiger darwinistischer Prediger und schreiet mit uns:

Die Menschen sind Brüder!
Nieder mit denen, die daran Interesse haben, sie als Feinde gegenüberzustellen!
Hoch die proletarische Einigkeit!
Hoch der Weltsozialismus!

Arbeiter- und Bauernpartei der Türkei"

aus: Gültekin Emre, 300 Jahren Türken an der Spree, Önel-Verlag, Köln 1997, S. 23

II. Türkische Arbeitsmigranten in der Bundesrepublik

Der Beginn der türkischen Arbeitsmigration wird mit dem Jahr 1961 bzw. dem im Oktober dieses Jahres verabschiedeten Anwerbeabkommen der Bundesrepublik mit der Türkei verbunden, als mit dem Mauerbau ein steter Zufluß qualifizierter Arbeitskräfte aus der DDR versiegte und die deutsche Industrie sich nach neuen Nachschubreservoirs umsehen mußte, gleichzeitig die neue türkische Verfassung in Paragraph 18 die Freiheit einräumte, ins Ausland zu reisen. Doch die ersten türkischen Arbeitsmigranten, 12 Praktikanten, waren auf Einladung des Weltwirtschaftlichen Instituts in Kiel schon 1957 dort eingetroffen. Dies erinnert in Struktur und Zielsetzung an die Zeit der deutsch-türkischen Beziehungen vor dem Ersten Weltkrieg. Für den türkischen Staat, der ausgebildete Vorarbeiter erhalten wollte, erwies sich die Angelegenheit allerdings ein Flop, weil die Praktikanten mit ihren Familienangehörigen in Deutschland blieben, nachdem sie mühelos bei Schiffbauunternehmen in Bremen und Lübeck Arbeit gefunden hatten, und im Grunde damit eine spätere Entwicklung vorausnahmen (bemerkenswert ist, daß das vorhergehende Abkommen der Kieler Landesregierung heute nach Anfrage nicht mehr auffindbar ist). Diese Arbeitsmigranten, die in den Folgejahren in immer größeren Wellen kamen, wurden zwar in den industrialisierten Großstädten der Türkei wie Istanbul und Izmir angeworben, hatten aber oft schon im Rahmen einer innertürkischen Arbeitsmigration einen langen Weg hinter sich, der den Deutschen meist nicht bewußt war. Es kamen nicht europäische Großstädter aus Istanbul, sondern Menschen mit Wurzeln in Anatolien, die im Rahmen der Familienzusammenführung bald die größte Gruppe innerhalb der deutschen Ausländergemeinde bildeten und einerseits einen bedeutenden Anteil am deutschen Bruttosozialprodukt ausmachten, andererseits aber mit eigenen Zeitungen und einiger Zeitverzögerung auch Fernsehprogrammen ihr Recht auf Bewahrung einer eigenen kulturellen Identität realisierten. Den deutschen Erwartungen auf eine baldige Rückkehr der „Gäste" nach wenigen Jahren entsprachen umgekehrt türkische Heimkehrwünsche, sobald man sich da s Geld für eine Existenzgründung in der Türkei angespart hatte. Beide Erwartungen erwiesen sich auf Dauer für die meisten als unrealistisch; inzwischen leben Angehörige der 2. und 3. Generation in Deutschland, die ihre „Heimat" Türkei nur aus den Erzählungen der Eltern bzw. aus dem Urlaub kennen. Abgesehen von den allgemeinen Integrationsproblemen stellte sich für die Schule (falls sie sich überhaupt dieser Problematik bewußt stellen wollte) die Problematik, auf welches Ziel sie hin erziehen sollte: Auf eine Integration in die deutsche Gesellschaft, auf Rückkehrfähigkeit (ein in Deutschland wenig beachtetes Problem, allerdings im Hinblick auf die Schullaufbahn derer umso wichtiger, die zurückkehrten und dann als „Deutschländler" in das türkische System integriert werden mußten) oder auf beides (wie das Hansa-Gymnasium in Köln, an dem die beiden Autoren tätig waren). Amtliche Vorgaben für jedes der Anliegen sind wenig hilfreich, wie auch die deutsche Politik über Jahrzehnte die Tatsache leugnete, daß Deutschland de facto ein Einwanderungsland ist. Das neue Staatsbürgerschaftsrecht mit der Möglichkeit der doppelten Staatsbürgerschaft löst dabei nur die Probleme auf einer juristischen Ebene. Die alten Fragen hinsichtlich Integration und Beibehaltung der eigenen kulturellen Identität stellen sich für beide Seiten nur neu: Was sind die Türken: Deutsch-Türken, türkisch-stämmige Deutsche, eine ethnische Minderheit in Deutschland? Die Frage nach der Identität des anderen ist immer auch eine Frage nach sich selbst.

Zu den hier angerissenen Problemen ist eine Unmenge an Literatur erschienen; eine inzwischen umfangreiche türkisch wie deutsch geschriebene literarische Produktion versucht die Mentalitäten der Menschen auszudrücken, die in und/oder zwischen zwei Kulturen leben. Solche Stimmen kommen in den folgenden Materialien zu Wort, weil beide Autoren der Auffassung sind, daß das Mit- und Nebeneinander unterschiedlicher Kulturen nicht nur „Zusammenprall" im Sinne Huntingtons, sondern auch positive Beeinflussung und für den Einzelnen Identitätserweiterung bedeuten kann, wofür die deutsche und europäische Geschichte zahlreiche Beispiele bereit hält.

M 9 Anatolien – Istanbul – Deutschland: Der Weg der Arbeitsmigranten

Die Türkei ist schon aufgrund ihrer Geschichte und geographischen Gegebenheiten ein ausgesprochen vielfältiges Land, in dem neben den Türken eine Vielzahl von auch regierungsseits anerkannten ethnischen Minderheiten leben; entsprechend vielfältig sind auch die sozialen Bedingungsfelder, aus denen die Migranten kommen. In Deutschland herrschen darüber entweder keine oder nur Klischeevorstellungen. Befragungen der ersten Arbeitsmigrantenwellen der Jahre 1961–63 über ihre Herkunft, wie sie in den folgenden Text des Publizisten Eberhard Seidel-Pielen (auf dem Hintergrund einer eher klischeehaften eigenen Vorstellung) referiert werden, müssen auf dem Hintergrund einer vorhergehenden innertürkischen Binnenmigration gesehen werden, wie sie von Faruk Sen und Andreas Goldberg, Direktor und Ge-

schäftsführer des Zentrum für Türkeistudien an der Gesamthochschule Essen, dargelegt werden:

„In breiten Teilen der Bevölkerung herrscht in den frühen sechziger Jahren der ganz alltägliche Irrsinn. Eine traumatisierte, paranoide Generation, mental noch längst nicht aus den Schützengräben vor Metz und Verdun, aus Stalingrad, den Gefangenenlagern Sibiriens, von den jugoslawischen Bergen und aus den Wachmannschaften der Konzentrations- und Vernichtungslager zurückgekehrt, prägt das politische und gesellschaftliche Leben.

Zum Zeitpunkt des Inkrafttretens des deutsch-türkischen Anwerbeabkommens am 30. Oktober 1961 hätten die Unterschiede zwischen beiden Gesellschaften nicht größer sein können: Dort die Türkei, die ihren Bürgern seit der siegreichen, kemalistischen »Revolution« und der anschließenden Ausrufung der türkischen Republik im Jahr 1923 in einem rasanten und tiefgreifenden gesellschaftlichen Umgestaltungsprozeß über Jahrzehnte hinweg höchste Flexibilität abforderte; hier die verknöcherte und erstarrte Adenauerrepublik, die sich nach dem großen Feldzug und der daran anschließenden großen Flucht in den Nischen privater Gemütlichkeit verbarrikadierte und die aus- und aufbrechende Jugend (noch) in altdeutsche Schranken verwies. Die aus urbanen Zentren stammenden »Gäste« – in den ersten Jahren waren es vor allem Industriearbeiter, Kleingewerbetreibende und Beamte aus Istanbul, Izmir und Ankara – schwiegen. Zu höflich waren sie, ihre Beobachtungen offen mitzuteilen, zumal sich die Bundesbürger sichtlich bemühten, als moderne, westorientierte Europäer zu erscheinen. Mit der Anschaffung von Fernsehgeräten, VW-Käfern und den ersten Reisen an den späteren „Teutonengrill" in Rimini erwarben sich die Westdeutschen scheinbare Weltläufigkeit. Erfolgreich täuschten sie darüber hinweg, wie sehr in ihren Köpfen obrigkeitsstaatliche Orientierungen und die Erinnerung an die wenige Jahre zuvor hemmungslos ausgelebten archaischen Gewalttätigkeiten nachwirkten."

Eberhard Seidel-Pielen, Unsere Türken. Annäherung an ein gespaltenes Verhältnis, Berlin 1995, S. 9

„Anatolien – Istanbul - Deutschland

Was waren das für Menschen, die ihre Arbeitskraft den Deutschen und anderen Europäern verkauften? Was trieb sie dazu, fernab der Heimat, in einer für sie völlig fremden Welt, zunächst ohne Familie und Freunde, unter zahlreichen Entbehrungen und mit großem Heimweh zu arbeiten? Woher kamen sie?

Hierauf mit „aus der Türkei" zu antworten, wäre so richtig wie ungenau. Die meisten der türkischen Arbeitskräfte in der Bundesrepublik Deutschland stammten ursprünglich aus dem Süden und Osten der Türkei. Diese Region gilt heute wie damals als extrem unterentwickelt. Die tausend Kilometer entfernte türkische Zentralregierung in Ankara zeigte kaum Interesse an einem wirtschaftlichen Engagement für diese Region des Landes. Darüber hinaus beherrschten Großgrundbesitzer weite Teile des Südosten der Türkei. Deren Macht erstreckte sich bei weitem nicht auf rein wirtschaftliche Angelegenheiten, sondern ähnelte in elementaren Strukturen dem mittelalterlichen Feudalsystem in Europa. Die Bewohner im Machtbereich der Großgrundbesitzer wurden z.T. wie Leibeigene behandelt und hatten in der Regel keine Perspektiven, sich wirtschaftlich oder sozial zu emanzipieren. Dieses Thema ist in der Literatur am anschaulichsten in den Werken Yasar Kemals verarbeitet worden, so auch in dem Buch „Ince Mehmed" (Mehmed, mein Falke).

Metropolen als Magnete

So trieben neben einer hoffnungslos erscheinenden Wirtschaftslage auch die halb-feudalen Sozialstrukturen zahlreiche Menschen in die wirtschaftlich attraktiveren Regionen der Türkei. Die ersten Binnenmigranten, die in den fünfziger Jahren in die Städte zogen, behielten ihre agrarisch geprägte Lebensweise bei. Das Dorf war weiterhin ein wichtiger Bezugspunkt, aus dem z.B. Nahrungsmittel besorgt wurden. Mit der industriellen Entwicklung in den sechziger und siebziger Jahren stellten die Binnenmigranten das Gros der ungelernten Arbeiter, die die am schlechtesten bezahlten Arbeiten durchführten. Viele, die aus eher ländlich geprägten Gegenden der Türkei in die Metropolen strebten, konnten dort ihren Traum von einer Arbeit und einem besseren Leben nicht erfüllen. Die Metropolen, die wie Magnete die Menschen aus dem ganzen Land anzogen, erwiesen sich für viele eher als Fata Morgana denn als wirtschaftliche Oase. Die Neuankömmlinge trafen auf eine städtische Gesellschaft, die wenig Bedarf an ungelernten Arbeitskräften hatte. Die meisten hatten zuvor ausschließlich in der Landwirtschaft gearbeitet, die durch saisonal bestimmte Arbeitsabläufe, zeitlich ungeregelte Tagesabläufe und mangelnde Effektivität gekennzeichnet war. Andere waren im Kleinhandel beschäftigt gewesen oder hatten in unregelmäßigen Abständen saisongebundene Arbeiten verrichtet. Dies betraf insbesondere die aus Südostanatolien und aus den Mittelmeerregionen stammenden Türken. Zudem waren die Zentren überfüllt mit arbeit- und unterkunftsuchenden Menschen aus allen Teilen der Türkei. Es entstanden sogenannte *Gecekondus (von* türk.: „über Nacht gebaut"), Elendsviertel, deren Zahl sich in wenigen Jahren vervielfachte und deren armselige Hütten den Ärmsten der Armen wenigstens ein Dach über dem Kopf boten. Städte wie Istanbul vervielfachten ihre Bevölkerung innerhalb weniger Jahre. 1961 lebten in Istanbul 1,4 Millionen Einwohner, 1992 waren es 10,7 Millionen Menschen. Diese Situation eines großen Teils der Bevölkerung erklärt die große Attraktivität von Arbeitsplätzen im Ausland."

Faruk Sen – Andreas Goldberg, Türken in Deutschland. Leben zwischen zwei Kulturen, München 1994, S. 12 f

M 10 Türken in Deutschland

Türkische Wohnbevölkerung in der Bundesrepublik in der Bundesrepublik Deutschland und ihre Wachstumsraten, verteilt nach Jahren

Jahr	Türk. Wohnbevölkerung	Wachstumsrate in%
1960	2700	-
1961	6800	152,0
1962	15300	125,0
1963	27100	77,1
1964	85200	214,4
1965	132800	56,0
1966	161000	21,2
1967	172400	19,1
1969	322400	57,0

Jahr	Türk. Wohnbevölkerung	Wachstumsrate in%
1970	469200	46,0
1971	652800	39,1
1972	712300	9,1
1973	910500	28,0
1974	910500	-
1975	1077100	18,3
1976	1079300	0,2
1977	1118000	4,0
1978	1165100	4,2
1979	1268300	9,0
1980	1462400	15,3
1981	1546300	6,0
1982	1580700	2,2
1983	1552300	-2,0
1984	1425800	-8,1
1985	1400400	-2,0
1986	1425721	2,0
1987	1481369	4,0
1988	1523678	3,0
1989	1612632	6,0
1990	1694649	5,1
1991	1779586	5,0
1992	1854945	4,2
1993	1918000	3,3

Quelle: Jahrbücher des Statistischen Bundesamts Wiesbaden mehrerer Jahrgänge. Zitiert nach: Faruk Sen – Andreas Goldberg, Türken in Deutschland. Leben zwischen zwei Kulturen, München 1994, S. 15

M 11 Zwischen Integration und Reintegration: Türken in der BRD

Für Faruk Sen, Direktor des Essener Zentrums für Türkeistudien, ist die Situation der türkischen Wohnbevölkerung in der Bundesrepublik Deutschland zwischen Integration und Reintegration gekennzeichnet. So verzeichnet er in seiner Analyse integrationsfördernde wie -hemmende Momente:

„Neben der wirtschaftlichen Entwicklung erschwert auch die politische Situation seit dem Militärputsch von 1980 und seit dem Aufflammen der Kämpfe in Südostanatolien eine Reintegration der Türken. So stellt sich erneut die Frage, inwieweit die Türken inzwischen hier in der Bundesrepublik Deutschland integriert sind und weiter integriert werden können. Die Situation der in der Bundesrepublik Deutschland lebenden Türken läßt sich anhand von vier verschiedenen Integrationsansätzen messen, nämlich dem einer beruflichen, politischen, sozialen und wirtschaftlichen Integration. Die ersten positiven Integrationsansätze, im Gegenzug zu der rapiden Verschlechterung der türkischen Wirtschaft, wurden seit 1979 bei den Versuchen einer wirtschaftlichen Eingliederung der Türken in Deutschland erkennbar. Die Instabilität der türkischen Währung, das geringe Vertrauen in die türkische Wirtschaft und die dadurch bedingte Abnahme des Rückkehrwillens haben dazu beigetragen, daß die Türken inzwischen Kapitaleinlagen in Deutschland bevorzugen. Dabei spielt natürlich auch die Stabilität der deutschen Währung eine Rolle. Gleichzeitig wurde eine abnehmende Tendenz beim Sparverhalten bemerkbar. Zwischen 1975 und 1978 betrug die Sparquote 45 Prozent des Einkommens, während sie 1981 auf 35 und 1987 auf 16 Prozent sank. Ursache ist wohl in erster Linie der Umstand, daß die Erwerbsquote der türkischen Wohnbevölkerung nicht sehr hoch ist und die Erwerbstätigen die im Rahmen der Familienzusammenführung nachgereisten Familienmitglieder miternähren müssen. Die Distanzierung von dem Gedanken an eine Rückkehr in die Türkei hat aber auch das Konsum- und Sparverhalten verändert. Die Konsumneigung der türkischen Haushalte ist vergleichsweise höher als die vergleichbarer deutsche Haushalte. Diese Neigung nimmt parallel zur Aufenthaltsdauer in Deutschland zu. Der größte Teil des in Deutschland verdienten Geldes wird also nicht mehr ausschließlich gespart bzw. in die Türkei zurückgeschickt, sondern auf dem deutschen Markt ausgegeben und somit in den deutschen Wirtschaftskreislauf wieder zurückgegeben.

Als zweiter Aspekt einer beginnenden wirtschaftlichen Integration ist die Zunahme von selbständigen Erwerbstätigkeiten der Türken in Deutschland zu erwähnen. Ende der 80er Jahre kam es zu einem wahren Gründungsboom. Bis Ende 1993 hatten 37000 Türken in Deutschland den Gang in die Selbständigkeit gewählt. Die ersten Geschäfte wie Reisebüros, Änderungsschneidereien, Lebensmittelgeschäfte und Metzgereien, die Ende der 60er und Anfang der 70er Jahre eröffnet wurden, werden ständig um neue Geschäftsbereiche erweitert. Immer mehr Türken bemühen sich bei den Behörden und den Industrie- und Handelskammern um eine Gewerbeerlaubnis. Auch in Großmärkten fassen die Türken mit ihren Geschäften Fuß. Türkische Lebensmittelketten, Kassetten- und Videokassettenfirmen erzielen inzwischen Millionen-Umsätze. Die Zahl der Arbeitsplätze, die von türkischen Unternehmern in Deutschland in der Zwischenzeit bis zum Ende des Jahres 1993 geschaffen worden sind, summiert sich auf 135000. Als neue Entwicklung ist der Erwerb von Immobilien in Deutschland durch Türken zu nennen. Türken zeigen mittlerweile starkes Interesse am Immobilienkauf. In zahlreichen großen deutschen Städten wie z. B. Düsseldorf, Frankfurt und München bieten Immobilienfirmen ihre Objekte gezielt türkischen Verbrauchern an. Heute besteht unter Türken eine große Nachfrage nach Eigentumswohnungen und Häusern. Begleitet wird diese Tendenz von einem wachsenden Interesse an Bausparverträgen und Lebensversicherungen. Seit 1979 bemühen sich immer mehr Bausparkassen um türkische Kunden. Bis Ende 1994 haben 168000 in Deutschland lebende Türken für den Erwerb oder für den Bau einer Wohnung Bausparverträge abgeschlossen, in die bisher bereits 6,4 Milliarden DM eingezahlt worden sind. Auch der Hauserwerb unter Türken nimmt sehr stark zu. Man kann davon ausgehen, daß bereits über 50000 türkische Familien ein Haus oder eine Eigentumswohnung in Deutschland erworben haben. 10,2 Prozent der türkischen Familien wohnen also unter dem eigenen Dach. Eine ähnliche Entwicklung zeichnet sich bei den Lebensversicherungen ab. Diese Tendenz ist ein verhältnis- mäßig zuverlässiger Indikator dafür, daß Türken in zunehmendem Maße hier im Land investieren wollen und werden. Der Wille, Investitionen zu tätigen, kann auch am Komplement der Investitionen, dem Sparverhalten, abgelesen werden. Zwischen 1975 und 1978 betrug die Sparquote der in Deutschland lebenden Türken 45 Prozent. 1981 sank sie auf 34 Prozent und 1983 auf 23 Prozent. Die letzten Zahlen aus dem Jahre 1993 beziffern die Sparquote mit 14,6 Prozent. Diese Zahl drückt ein Sparverhalten aus, welches dem der Gesamtbevölkerung in Deutschland nahezu angeglichen ist.

Während also die wirtschaftliche Integration fortschreitet, stehen der beruflichen, sozialen und politischen Integration noch große Hemmnisse entgegen. Im Vordergrund stehen dabei die Probleme der zweiten Türkengeneration hinsichtlich ihrer beruflichen Eingliederung. Die erste Generation, die für bestimmte Hilfsarbeitertätigkeiten von der deutschen Industrie angeworben worden war, hatte schon bei der Einreise in die Bundesrepublik einen Arbeitsplatz. Abgesehen von den Rezessionsphasen hatte diese Gruppe in der Vergangenheit nur wenig Probleme mit der Sicherheit des Arbeitsplatzes. Die jüngsten Entwicklungen auf dem deutschen Arbeitsmarkt haben zwar auch diese Arbeitsplätze in Frage gestellt, doch leidet zur Zeit am stärksten die zweite Generation unter den schwierigen beruflichen Eingliederungsmöglichkeiten. Ganz deutlich sieht man dies bei einem Vergleich der Arbeitslosenzahlen verschiedener Bevölkerungsgruppen in Deutschland. Während 1993 die durchschnittliche Arbeitslosenquote in Deutschland bel 8,3 Prozent lag, betrug sie für die Ausländer 15,3 Prozent. Die Arbeitslosenquote der Türken lag mit 17,4 Prozent sogar noch weit darüber. Die Chancen der zweiten Generation können langfristig nur durch eine Intensivierung der Betreuung vom Kindergartenbesuch an verbessert werden. Zwar hat der Kindergartenbesuch türkischer Kinder in der letzten Zeit zugenommen, dennoch sind sie im Vergleich zu deutschen und anderen ausländischen Kindern in den Kindergärten unterrepräsentiert. Während 80 Prozent der deutschen, 75,5 Prozent der portugiesischen und 68 Prozent der jugoslawischen Kinder den deutschen Kindergarten besuchen, beträgt der Anteil bei den türkischen Kindern nur 39 Prozent. Die Abneigung der Eltern konfessionellen Kindergärten gegenüber, eine fehlende Aufklärung der Eltern und das zahlenmäßige Anwachsen der Koranschulen in Deutschland sind hierfür Ursachen.

Die Mißerfolge der türkischen Kinder und Jugendlichen in den Haupt- und weiterbildenden Schulen sind weitere Faktoren, die ihre berufliche Eingliederung erschweren. Erforderlich sind hier Fortbildungsangebote für Lehrer, speziell bezogen auf Ausländerkinder. Kenntnis der sozioökonomischen Situation in der Türkei sowie Kenntnisse in der grammatischen Struktur der türkischen Sprache würden den Lehrern türkischer Kinder die Arbeit wesentlich erleichtern und eine effektive Förderung in der Schule ermöglichen ..."

Faruk Sen, Türkei, 4. neuberarbeitete und erweiterte Aufl., München 1996, S. 162 ff

M 12 Zur Situation der Frauen

„Soziale Integration erfordert von den Türken zwingend eine Anpassung an die äußeren Lebensumstände in der Bundesrepublik Deutschland und die Respektierung der hiesigen Gesetze. Dies setzt zunächst bessere Kenntnisse der deutschen Sprache voraus. Durch eine Intensivierung von Sprachkursen könnten gezielt auch die türkischen Frauen angesprochen werden, die zur Zeit in Deutschland eine doppelte

Diskriminierung, als Frau und als Ausländerin, erfahren. Für die türkischen Frauen und Mädchen stellt sich die soziale Integration am problematischsten dar. Die Frauen, die seit 1974 im Rahmen der Familienzusammenführung hierher kamen, mußten zunächst vier Jahre lang auf die Erteilung einer Arbeitserlaubnis warten. Während dieser Zeit waren ihre Kontakte mit der deutschen Umwelt auf ein Minimum beschränkt. Die Rolle der Frau ist nach dem türkischen Wertmuster durch eine starke Abhängigkeit vom Mann gekennzeichnet, die in Deutschland aufgrund der fehlenden Außenkontakte noch verstärkt wird und zur Isolation führt. Für die Lösung der speziellen Probleme türkischer Frauen fehlen entsprechende Angebote der Sozialbetreuung. Türkische Frauen sind bundesweit in den türkischen Sozialbetreuungsstellen der Arbeiterwohlfahrt äußerst selten zu sehen. Ihre Probleme sind in Deutschland noch ungelöst; sie werden auf die Kinder, speziell die Mädchen, reflektiert. Die Sozialisation der zweiten Generation in Ghettos mit diskriminierten Müttern ist ein großes Hemmnis auf dem Weg zur sozialen Integration."

Faruk Sen, Türkei, 4. neubearbeitete und erweiterte Aufl., München 1996, S. 170

M 13 Die volkswirtschaftliche Bedeutung der Auslandstürken

Die wachsende Zahl türkischer Arbeitsmigranten nach Westeuropa (in kleineren Gruppen auch in die arabischen Staaten) bedeutete für die türkische Volkswirtschaft eine Dämpfung der Arbeitslosigkeit in den 60er Jahren, der Geldtransfer der „Auslandstürken" diente dem Staat zum Ausgleich seines hohen Außenhandelsdefizits. Für Deutschland waren die türkischen Arbeitsmigranten nicht nur notwendig zur Steigerung und Erhaltung von Produktivität (und die Verrichtung von bei Deutschen inzwischen unbeliebten Arbeiten), die „deutschen Türken" wurden im Laufe der Zeit durch eigene Investitionstätigkeit zu einem bedeutsamen Faktor der deutschen Volkswirtschaft, der wiederum Deutschen Arbeitsplätze bot.

Geldtransfer türkischer Arbeiter in die Türkei zwischen 1964 und 1992

Jahr	Geldtransfer in Milliarden Dollar
1964-1975	5,9279
1976-1980	6,653
1981	2,500
1982	2,1866
1983	1,5536
1984	1,8812
1985	1,7742
1986	1,696
1987	2,102
1988	1,865
1989	3,229
1990	3,337
1991	2,819
1992	3,008

zitiert nach: Faruk Sen – Andreas Goldberg, Türken in Deutschland. Leben zwischen zwei Kulturen, München 1994, S. 17

M 14 Situation im Betrieb: Miteinander oder Nebeneinander?

Ausländische Arbeitsmigranten sind von Betrieben wegen ihrer erwarteten Arbeitsleistung angeworben worden. Die Arbeit ist für die Migranten, anfangs fast ausschließlich, ein zentraler Lebensmittelpunkt, für die Frage, ob Integration gelingen kann, von entscheidender Bedeutung. Gemessen an der umfangreichen Literatur, die sich mit der Integration in der allgemeinen Gesellschaft oder dem schulischen Bereich beschäftigt, sind entsprechende Arbeitsplatzuntersuchungen eher rar. Einen Einblick bietet eine firmeneigene Untersuchung von BMW aus dem Jahre 1991:

„Im Hinblick auf das Verhältnis von Arbeitern und ihren Vorgesetzten hat eine 1991 durchgeführte Befragung ergeben, daß 62,9 % der rund 500 Befragten das Verhältnis zum Vorgesetzten positiv einschätzten, wobei allerdings die türkischen Mitarbeiter im Unterschied zu den deutschen weit weniger enthusiastisch waren und ein Drittel das Verhältnis zum Vorgesetzten als eindeutig negativ bewertete. Die empirische Studie jedenfalls hat ergeben, daß im Verhalten von Vorgesetzten und Meistern gegenüber den deutschen und den ausländischen Mitarbeitern völlig gleich war.

Nach der Zusammenarbeit mit den Kollegen wurde hier nicht eigens gefragt, allerdings könnte das Ergebnis der Antworten auf die Frage „Mit wem wäre Ihnen eine Zusammenarbeit am Arbeitsplatz am liebsten?“ Aufschluß geben. Ein Drittel der Deutschen zieht die Zusammenarbeit mit Landsleuten vor, nur 0,5 % wollen mit Kollegen anderer Nationalität arbeiten, allerdings stimmen immerhin 23,7 % einer gemischten Gruppe zu. Unter den ausländischen Mitarbeitern entschieden sich über zwei Drittel für die Antwort „ist mir egal“ (Deutsche: 32,8 %), weniger als 5 % wollten mit eigenen Landsleuten arbeiten. Damit wird eine tendenzielle Ablehnung der Ausländer durch die Deutschen deutlich. Die ausländischen Mitarbeiter hingegen zeigen sich wesentlich flexibler und keinesfalls darauf bedacht, nur mit eigenen Landsleuten zusammenzuarbeiten.

Auch die Firma Volkswagen (Werk Hannover) ließ 1991 im Zusammenhang mit einem Pilotprojekt zur Gruppenarbeit eine Befragung in der Lackiererei durchführen. Sie ergab, daß knapp drei Viertel die Zusammenarbeit mit den Kollegen als gut bezeichnete, aber nur etwa ein Drittel die mit den Vorgesetzten für gut hielt. Hier wurde nicht zwischen Deutschen und Ausländern unterschieden, es ist jedoch davon auszugehen, daß gerade in der Lackiererei, ähnlich wie bei BMW, ein vergleichsweise hoher Ausländeranteil zu verzeichnen ist.

Was bedeuten diese Antworten nun für die Frage nach der Integration der Ausländer? Gleichgültigkeit ist nicht unbedingt ein Indikator für eine funktionierende Integration, und die deutlich abweichenden Antworten der deutschen und der ausländischen Mitarbeiter bei BMW sind vielleicht eher ein Zeichen für mangelnde Kommunikation. Die empirische Studie hat gezeigt, daß Griechen, Türken und Jugoslawen in der Zigarettenpause beisammen saßen, während die deutschen Kollegen die Pause in anderen Räumen verbrachten. Auffallend war aber auch, daß die ausländischen Mitarbeiter nur über mangelhafte Deutschkenntnisse verfügten, es also nicht verwundern darf, wenn die Deutschen in der Pause lieber mit ihren deutschsprachigen Kollegen zusammensein wollten und die Anstrengungen mieden, derer es bedürfte, auch die ausländischen Kollegen miteinzubeziehen.

Obgleich die Kantine auf die Ansprüche der ausländischen Arbeitnehmer einzugehen versucht und sehr preiswert ist, war zu beobachten, daß kaum jemand das Angebot wahrnahm. Die meisten ausländischen Mitarbeiter zogen ihren Arbeitsplatz oder den Pausenraum für die Mittagspause vor, wo sie die von zu Hause mitgebrachten Speisen aßen. Auf die Frage, warum sie dies täten, gaben die Frauen zu verstehen, sie fühlten sich unter den vielen Männern nicht wohl, die Männer hingegen antworteten mit einer offensichtlichen Ausrede, nämlich, ihnen sei der Weg – etwa 200 m – zu weit. Die Reaktion verwundert um so mehr, als fast die Hälfte aller Befragten bereits mehr als zehn Jahre der Firma angehören und damit auch einen repräsentativen Querschnitt der Gesamtstruktur der Firma wiedergeben (da 61,4 % der Ausländer zehn und mehr Jahre im Unternehmen beschäftigt sind). Möglicherweise hängt die mangelnde Kommunikationsbereitschaft aber auch mit dem Alter der Befragten zusammen, das im Durchschnitt (40 Jahre und älter) über dem der Deutschen liegt. Demgegenüber haben viele der jüngeren Mitarbeiter bereits die Schule in Deutschland besucht, beherrschen also größtenteils die Sprache und sind eher zu Weiterbildung, vor allem auch im EDV-Bereich, bereit. Nicht zuletzt deshalb fällt ihre Integration leichter und ist im Idealfall sogar schon vollzogen. Das heißt freilich nicht, daß die Integration insgesamt nur noch eine Frage der Zeit ist. Die Altersstruktur der ausländischen Mitarbeiter bei der BMW AG sieht nach der firmeneigenen Statistik heute immer noch so aus, daß über 50 % der ausländischen Mitarbeiter zwischen 40 und 65 Jahre alt sind, wobei die Kerngruppe bei 40 bis 55 liegt, die Altersgruppe von 20 bis 30 Jahre hingegen nur 22,3 % beträgt. Die vielseitigen Bemühungen der Firmenleitung, des Betriebsrats und der Personalabteilungen in den letzten 20 Jahren, Integrationsprogramme zu entwickeln und anzubieten, sind also keinesfalls überholt."

Juliane Wetzel, Integration im Großbetrieb – am Beispiel BMW, in: Wolfgang Benz (Hrsg.), Integration ist machbar. Ausländer in Deutschland, München 1993, S. 95 ff

M 15 Türkische Unternehmer

„Traditionell haben Türken in der Bundesrepublik in der Regel schlechtbezahlte und bei Deutschen unbeliebte Tätigkeiten ausgeübt. Müllmann, Straßenkehrer oder Fließbandarbeiter, das sind wohl die typischen Tätigkeiten, mit denen man Türken in Verbindung bringt. Zunehmend tritt ins Blickfeld der Öffentlichkeit ein Teil dieser Minorität , der so gar nicht oin dieses Bild passen will – der türkische Unternehmer.

Zahlreiche Faktoren begünstigen die ausländischen Geschäftsgründungen. Diese Entwicklung begann bereits in den sechziger und siebziger Jahren, als die Nachfrage nach bestimmten Waren und Dienstleistungen seitens der ausländischen Arbeitnehmer und deren Familien zur Herausbildung der sogenannten „Nischenökonomie" führte. Diese Angebote wurden auch seitens der deutschen Kundschaft angenommen. Besonders während der ersten Hälfte der achtziger Jahre stieg das Interesse der Türken an einer selbständigen Erwerbstätigkeit sprunghaft an.

Aus den unterschiedlichsten, bereits erwähnten Gründen konnten zahlreiche Türken der ersten Generation den ursprünglich geplanten Aufbau einer selbständigen Existenz in der Türkei nicht realisieren. So wurde eine Geschäftsgründung in der Bundesrepublik als günstige Alternative zur Selbständigkeit in der Türkei angesehen. Wenn dieser Wunsch nicht persönlich verwirklicht werden konnte, wurde er auf die Kinder übertragen, die mit dem im Laufe der Jahre angesparten Kapital günstige Startbedingungen besaßen.

Investitionen türkischer Unternehmer

Zwei Drittel der türkischen Unternehmen sind als Familien- und/oder Kleinbetriebe zu bezeichnen, aber es finden sich auch zahlreiche Unternehmen mit einer größeren Beschäftigtenzahl, einer breiter angelegten Geschäftstätigkeit und multinationalen Geschäftsbeziehungen. 1990 gab es 33000 türkische Selbständige, die ein Gesamtinvestitionsvolumen von 5,7 Millionen DM tätigten und einen durchschnittlichen Jahresumsatz von 25 Milliarden DM erwirtschafteten. Nur drei Jahre später waren es schon 37000 türkische Selbständige, die über 135000 Arbeitsplätze geschaffen hatten. Das Investitionsvolumen im Jahr 1993 betrug 8 Milliarden DM, und der Gesamtjahresumsatz wird auf über 31 Milliarden DM beziffert – ein für die bundesdeutsche Volkswirtschaft nicht zu unterschätzender Faktor. Dies gilt auch für die neuen Bundesländer, wo mehr als die Hälfte der türkischen Firmeninhaber in den letzten Jahren Investitionen getätigt oder geplant haben.

...

Längst sind auch zahlreiche Deutsche bei türkischen Unternehmen angestellt. Besonders im Marketing, in der Kundenberatung und in der Verwaltung arbeiten – da kaum entsprechend ausgebildetes türkisches Personal vorhanden ist – häufig Deutsche. So beträgt der Anteil des deutschen Personals bei einem der größten türkischen reiseveranstalter, „Nazar-Holidays" in Düsseldorf, mehr als 60 %. Doch klagen zahlreiche türkische Unternehmer über akuten Personalmangel, der ihren Expansionsabsichten enge Grenzen setzt. Trotz übertariflicher Gehälter stehen deutsche Mitarbeiter nicht in ausreichender Zahl zur Verfügung. Wohl so manches Vorurteil verhindert eine Bewerbung bei einem türkischen Unternehmen.

Dies ist bedauerlich, denn die Situation der deutschen Arbeitnehmer in türkischen Firmen stellt sich durchweg positiv dar. Zahlreiche Bedenken, besonders von Frauen, die z.B. zunächst eine patriarchalische Geschäftsführung befürchteten, erwiesen sich nach deren eigenen Angaben als haltlos. Im Gegenteil, es wird der oftmals viel persönlichere Umgang miteinander lobend hervorgehoben. Generell wird die Tätigkeit in den wenigsten Fällen schlechter beurteilt als die in einem vergleichbaren deutschen Unternehmen."

Faruk Sen – Andreas Goldberg, Türken in Deutschland. Leben zwischen zwei Kulturen, München 1994, S. 34 f, 40 f

M 16 Wohnsituation

Die Türken wurden als Arbeitsmigranten gerufen; die Vorstellung vom „Gastarbeiter", der nach wenigen Jahren in seine Heimat zurückkehrt, erwies sich bald als unrealistisch. Der Familiennachzug veränderte die Problematik, nicht nur hinsichtlich der Wohnsituation der Türken und deren Ghettoisierung, sondern auch für die Schulen.

„Die ersten Türken wohnten als Arbeitnehmer in Heimen der sie beschäftigenden Firmen. Im Laufe der siebziger Jahre – besonders während der Phase der Familienzusammenführung – wechselten die Türken zunehmend auf den freien Wohnungsmarkt, konzentrierten sich dabei aber auf bestimmte Wohngebiete, so daß in zahlreichen Städten, so z.B. in Berlin-Kreuzberg und in Duisburg-Hüttenheim, Ghettogegenden entstanden.

Für die Entstehung solcher Ghettos lassen sich unterschiedliche Gründe nennen:

In erster Linie kam es den Türken darauf an, eine möglichst niedrige Miete zu zahlen, um die angestrebte hohe Sparrate verwirklichen zu können. Für die Mehrzahl der Türken war es wichtiger, möglichst viel Geld zu sparen, um bald ein Haus oder eine Eigentumswohnung in der Türkei erwerben zu können, als komfortabel zu wohnen. So waren sie bereit, während der vermeintlich kurzen Aufenthaltsdauer in der Bundesrepublik auf Wohnkomfort zu verzichten.

Aber auch die ablehnende Haltung vieler Vermieter gegenüber ausländischen, besonders türkischen Mietern, zwang die Türken, sich in bestimmten Stadtteilen, in schlechten und hauptsächlich nur noch Ausländern zugedachten Wohnungen anzusiedeln, da ihnen keine günstigen Alternativen angeboten wurden. Daneben trugen jedoch auch das Zusammengehörigkeitsgefühl, der Wunsch, möglichst in der Nähe des Arbeitsplatzes zu wohnen, und die Existenz schon vorhandener ausländischer Geschäfte zur Entstehung nationalhomogener Wohngegenden bei.

Die geschilderte Wohnsituation war also in engem Zusammenhang mit den Rückkehrabsichten der Türken zu sehen, die sich erst im Laufe des Aufenthaltes veränderten. Während 1980 noch rund 40 Prozent der Türken in ihre Heimat zurückkehren wollten, sank der Anteil bis 1993 auf 17 Prozent. Da immer mehr Türken ihren Lebensabend in der Bundesrepublik verbringen wollen, geht auch die hohe Sparquote bei den türkischen Familien zurück, während ihre Konsumneigung zunimmt. ...

Besonders die zweite Generation, deren Integrationsmöglichkeiten und -wünsche anders aussehen als die der ersten Generation, sieht sich auf dem Wohnungsmarkt in einer kritischen Lage. Viele türkische Familien würden heute gern außerhalb der Ghettogegenden eine Wohnung finden. Ihre Bemühungen scheitern in der Regel an der Ausländer ablehnenden Haltung der Vermieter. Ein gezieltes Wohnungsangebot der Kommunalverwaltungen könnte solche Bemühungen zweifellos fördern. Die Türken wollen heute besser und komfortabler wohnen. Sie sind bereit, mehr dafür zu bezahlen. Mit dem Entschluß, sich langfristig in der Bundesrepublik zu etablieren, wollen sie zukunftsorientiert planen und investieren."

Faruk Sen, 1961–1993: Eine kurze Geschichte der Türken in Deutschland, in: Claus Leggewie – Zafer Senocak (Hrsg.), Deutsche Türken. Das Ende der Geduld, Reinbek 1993, S. 23 f

M 17 Türkische Medien: Tageszeitungen

Türkische Tageszeitungen gehören schon seit Ende der 60er Jahre zur Presselandschaft der Bundesrepublik. Mit 87% (1994) liest ein großer Teil der Türken in Deutschland regelmäßig türkische Zeitungen, ein deutlich größerer Anteil als in der Türkei selbst (etwa ein Drittel); während dort die Auflagenzahlen eher abnahmen, verzeichneten sie in Deutschland steigende Zahlen, trotz eines wachsenden Angebotes an türkisch-sprachigen Fernsehsendungen. Die Steigerungsquoten sind nicht in mangelnden Deutschkenntnissen zu suchen; denn etwa ein Viertel der täglichen Leser türkischer Tageszeitungen liest auch eine deutsche Tageszeitung. Der Grund liegt wohl eher in dem Bedürfnis, Informationen über die Ereignisse in der Heimat zu erhalten, gleichzeitig eine wichtige Informationsquelle über die Vorgänge in der Bundesrepublik zu nutzen. Alle Zeitungen werden in Frankfurt gedruckt, wo sich der Hauptsitz der Redaktionen befindet. Hauptamtliche Journalisten arbeiten in verschiedenen Großstädten der Bundesrepublik wie Bonn, Hamburg, Berlin, München und Köln. „Hürriyet" und „Tercüman" erscheinen mit einer eigenen NRW-Ausgabe und verfügen wie „Milliyet" über eine wöchentliche Berlin-Ausgabe. Seit 1992 erscheint wöchentlich die Wirtschaftszeitung „Dünya".

Auflagenhöhe sowie inhaltliche und politische Ausrichtung der Europa-Ausgaben verschiedener türkischer Zeitungen (nach eigenen Angaben 1994)

Zeitung	**redaktionelle Linie**	**Auflagenhöhe insgesamt**	**davon in BRD vertrieben**
Hürriyet	liberal	168973	72000
Tercüman	konservativ	6000	5000
Milliyet	linksliberal	32000	18000
Yeni Günaydin	konservativ	21000	14000
Milli Gazete	konservativ stark islamisch geprägt	7200	7200
Türkiye	rechtsliberal	56000	50000
Zaman	konservativ stark religiös geprägt	7000	4000

Nach: Faruk Sen – Andreas Goldberg, Türken in Deutschland. Leben zwischen zwei Kulturen, München 1994, S. 119

M 18 Türkische Medien: Fernsehen

„Nutzung türkischer und deutscher Sender

Nach den Ergebnissen verschiedener Untersuchungen ist davon auszugehen, daß das deutsche Fernsehen, im Gegensatz zu den über Kabel und Satellit zu empfangenden öffentlich-rechtlichen und privaten türkischen Programmen, in den türkischen Haushalten nur ein Schattendasein fristet. Die Einschaltquote von ARD, ZDF, RTL plus und SAT 1 liegen gerade einmal zwischen 3,5 und 1,5 %. Lediglich die türkischen Haushalte, die nur über einen Antennenanschluß verfügen und somit keine türkischen Programme empfangen können, nutzen die deutschen Sender in nennenswertem Umfang.

Uneingeschränkter Spitzenreiter in der Zuschauergunst ist das Auslandsfernsehen der öffentlich-rechtlichen „Türkische Radio-TV-Cooperation" (TRT), die mit ca. 10000 Mitarbeitern zu den größten europäischen Sendeanstalten zählt. Seit 1990 kann das Programm in allen alten Bundesländern, in der Schweiz, in Belgien, Holland, Dänemark, England, in der Türkei sowie in den Turkrepubliken über Kabel oder via Satellit empfangen werden, 57 % der 1,918 Mio. Türken in Deutschland sehen Abend für Abend TRT, um Nachrichten, Musik- und Unterhaltungsshows, Filme und Serien aus der Heimat zu konsumieren. Darüber hinaus produziert TRT-International große Programmanteile in Deutschland, die über 30 % der Sendezeit ausfüllen. Das Programm wird ausschließlich vom türkischen Staat finanziert. Allerdings ist der Zuschauerkreis des TRT-INT bei Haushalten mit der Möglichkeit zum Empfang von Satelliten relativ gering, da die privaten Anbieter bevorzugt werden."

Faruk Sen – Andreas Goldberg, Türken in Deutschland. Leben zwischen zwei Kulturen, München 1994, S. 126

M 19 Ein im- oder exportiertes Problem: Kurden

Der z.T. vorbildliche Umgang des türkischen Staates mit seinen zahlreichen ethnischen Minderheiten (wie z.B. Lasen, Terkessen u.a.) wird in Deutschland meist nicht wahrgenommen. Das Kurden-Problem (früher die Armenierfrage) prägt das öffentliche Meinungsbild. Das umfangreiche Thema kann hier nur aufgezeigt werden, wobei ein generationensbedingter Mentalitätswandel innerhalb der in Deutschland lebenden Kurden auffällig ist, bei dem nach den Beobachtungen der Verfasser bei ihren Schülern die Auswirkungen von deutscher Einheit und Golfkrieg wie Katalysatoren wirkten.

Eine kurze Zusammenfassung bieten Faruk Sen und Andreas Goldberg vom Zentrum für Türkeistudien in Essen:

„Während die erste Generation der kurdischen Migranten sich im Rahmen der hier ausgeprägten türkischen Sozialisation noch vorrangig als Türken und nicht als Kurden begriff, betonen die zweite und dritte Generation – wie auch die in den achtziger Jahren nach Deutschland geflohenen Kurden – ein im Exil entwickeltes eigenes kurdisches Selbstbewußtsein. So legen immer mehr junge Kurden in Deutschland Wert darauf, die Sprache, die ihre Eltern bereits vergessen hatten, neu zu lernen, kurdische Exilliteratur entsteht.

Die Aktivitäten der PKK belasten mittlerweile das Zusammenleben zwischen Türken und Kurden allgemein und beeinflussen auch das Miteinander beider Bevölkerungsgruppen in der Bundesrepublik. Die Separationsorganisation versucht einen Keil zwischen Türken und Kurden zu treiben. Die Weltöffentlichkeit soll den Eindruck gewinnen, daß die PKK die legitime Vertreterin aller Kurden sei. Doch entgegen der PKK-Propaganda leben Türken und Kurden in Deutschland relativ friedlich miteinander."

Faruk Sen – Andreas Goldberg, Türken in Deutschland. Leben zwischen zwei Kulturen, München 1994, S. 115

M 20 Integration oder Minderheitenstatus

Das neue Staatsbürgerschaftsrecht erleichtert zwar die Einbürgerung von Migranten, löst aber nicht die Integrationsprobleme. Immer mehr Türken in Deutschland sind gar keine Migranten, d.h. Einwanderer mehr, sondern in Deutschland geboren. Was ist mit den Türken, die nicht deutsche Staatsbürger werden wollen? Wie wird das Recht auf Beibehaltung ihrer kulturellen Identität für die Neubürger geregelt? Der 1967 in Afyon (Türkei) geborene, seit seinem ersten Jahr in Deutschland lebende Uzun referierte 1993 die grundsätzlichen Positionen:

„Mit der Erkenntnis, daß ein De-facto-Immigrationsprozeß stattgefundenn hat und daß sich Millionen von Menschen in Deutschland niedergelassen haben, aber keine rechtliche Gleichstellung genießen, begann in der deutschen Öffentlichkeit die Diskussion um kommendes Wahlrecht, erleichterte Einbürgerung, doppelte Staatsangehörigkleit und Antidiskriminierungsgesetz.

Das neueste Kapitel in dieser Diskussion ist die Frage einer völkerrechtlich anerkannten Minderheitenregelung für die türkische Bevölkerung. Der SPD-Abgeordnete Freimut Duve hat dieser Diskussion Auftrieb gegeben, indem er zwischen der Türkei und Deutschland vertraglich zu kodifizierende Minderheitenrechte für die Türken in Deutschland gefordert und hierfür den deutsch-polnischen Vertrag als vorbildlich bezeichnet hat. Der Versuch der Integration sei gescheitert, entstanden sei eine Minderheit, deren Angehörige zwar Deutsche werden, zugleich aber Angehörige der türkischen Minderheit bleiben wollten. Über die doppelte Staatsangehörigkeit hinaus seien Minderheitenrechte und -status daher angemessen und notwendig. Helmut Rittstieg, Professor für öffentliches Recht an der Universität Hamburg, setzt dagegen den Akzent auf erleichterter Einbürgerung und doppelte Staatsangehörigkeit und sieht in Minderheitsregelungen die Gefahr der Verfestigung der Separierung zwischen den Bevölkerungsteilen. Zudem verweist er darauf, daß gemäß der aktuellen völkerrechtlichen Definition der Minderheit nur solche Gruppen eine Minderheit sind, die „traditionell" in einem relativ geschlossenenen Siedlungsgebiet in einem Land leben und die die Staatsbürgerschaft dieses Landes besitzen."

Ertogrul Uzun, Gastarbeiter – Immigranten – Minderheit. Vom Identitätswandel der Türken in Deutschland, in: Claus Leggewie – Zafer Senocak (Hrsg.), Deutsche Türken. Das Ende der Geduld, Reinbek 1993, S. 63

Hakki Keskin, Professor an der Hamburger Fachhochschule, untersucht die gleiche Frage:

„Auch der von uns verwendete Begriff „Einwanderer" scheint nur noch bedingt der realen Lage der „deutschen Türken" zu entsprechen. Er ist zwar für die Eingewanderten zutreffend, aber nicht mehr für die in Deutschland geborenen. Für diese ist Deutschland kein Einwanderungsland, es ist ihre Heimat.

Die De-facto-Deutschen türkischer Herkunft haben sich mittlerweile zu einer „ethnisch-kulturellen Minderheit" entwickelt, genau wie dies für ehemalige „Gastarbeiter" und „Ausländer" aus anderen Ländern der Fall ist. Die ethnisch-kulturellen Minderheiten leben in Deutschland über das ganze Bundesgebiet verstreut. Sie haben keine historisch gewachsenen Territorien, Gebiete also, in denen sie die Mehrheit bei der Wohnbevölkerung ausmachen. Weder heute noch in Zukunft können die ethnisch-kulturellen Minderheiten in Deutschland Gebietsansprüche erheben. Weder historisch noch demographisch besteht ein Anrecht darauf. Die sogenannten Nationalitätenkonflikte, Ansprüche auf einen eigenen Staat, werden also für Deutschland nicht in Frage kommen."

Hakki Keskin, Wir bleiben hier. Plädoyer für eine offenen Gesellschaft, in: Claus Leggewie – Zafer Senocak (Hrsg.), Deutsche Türken. Das Ende der Geduld, Reinbek 1993, S. 68

M 21 Eine Kontroverse: Türkische Kritik an deutscher Kritik

Vera Gaserow hatte in der „Tageszeitung" (taz) vom 9. Mai 1995 das Medienverhalten der türkischen Gemeinde kritisch beleuchtet und dabei ausgeführt: „Die öffentliche Meinung der in Deutschland lebenden türkischen EinwanderInnen wird nicht in Berlin, Köln oder Rüsselsheim, sondern in Istanbul und Ankara gemacht." Dabei wurde der von Seiten des türkischen Staats kontrollierte Sender TRT-INT (bundesweit ins deutsche Kabel eingespeist) kritisch untersucht und unter Berufung auf Untersuchungen des Essener Zentrums für Türkeistudien beklagt, daß 57 % der türkischen Migranten nie ein deutsches Fernsehprogramm einschalten. Als Ursachen führt Gansenow an, daß sich nach Mölln und Solingen dieser Rückzug auf türkische Medien verstärkt habe, da ARD und ZDF diese Zuschauergruppen vernachlässige. Dieser insgesamt informative Hintergrundbericht fand am 18. Mai in einem „Debattenbeitrag" selbstgefällige Ignoranz. Zu Vera Gaserows „Rückzugskritik an den TürkInnen" die Gegenposition der Deutschlandkorrespondentin der türkischen Tageszeitung „Yeni Yüzyil", Dilek Zaptcioglu:

„Die Türken in Deutschland als „EinwanderInnen" oder „Minderheit" zu bezeichnen, ist eine Verklärung der Tatsachen. In den ewigen Status des polizeilich erfaßten Ausländers gedrängt, haben sie in diesem Land keine politische, mediale oder kulturelle Existenz. Hier geborene junge Türken, die sich schon längst als einen Teil dieser Gesellschaft verstanden, erfahren mit zunehmendem Alter, daß sie „nicht dazugehören". Nicht nur Mölln und Solingen haben das Bewußtsein der Türken für ihre Ausgrenzung geschärft – die selbstgefällige Ignoranz der deutschen Gesellschaft gegenüber den zwei Millionen Türken in Deutschland ist eine tägliche Erfahrung, über die keine weihnachtlichen Lichterketten hinwegtäuschen können.

Junge Türken, die aus Gymnasien kommen, bis vor kurzem nur deutsche Freunde hatten und kaum türkisch sprechen können, entdecken jetzt, daß sie „anders" sind. Dieser Prozeß hat sicherlich mit der heutzutage verstärkten Identitätssuche zu tun. Aber daß sie ihre Identität wieder im „Rückzug auf das Türkische" finden, ist allein Verdienst der deutschen Gesellschaft, die das Andersartige nicht als interessant, geschweige denn als gleichwertig behandelt.

...

Der türkischen Medienexplosion als „Ausdruck einer mangelnden Integration" versucht Vera Gaserow in ihrem Artikel im Gespräch mit dem Vertreter des „Türkischen Bundes Berlin-Brandenburg" mit der Frage auf die Schliche zu kommen: „Vielleicht interessiert die türkische Gemeinschaft sich deshalb nicht für die deutsche Gesellschaft, weil sie gut ohne sie auskommt?" Eine wahrlich originelle Vorstellung: Leben die Türken etwa nicht hier? Gehen sie nicht in deutschen Betrieben arbeiten? Kaufen sie nicht bei Hertie oder Karstadt ein? Haben sie ihre Sparkonten nicht auf deutschen Banken? Sehen ihre Wohnstuben anders aus als deutsche? Gibt es nicht mittlerweile türkische Rechtsanwälte und Richter, Steuerberater und Gutachter, Theaterspieler und Tänzer? Was sollen sie noch tun, um sich zu „integrieren"?

„Integration" ist auch und vor allem Aufgeschlossenheit für das Andersartige und ehrliches, gegenseitiges Interesse. Von meinen vielen Kontakten mit den Türken in diesem Land weiß ich, daß sie fast ausnahmslos alle über das Desinteresse und die Ignoranz der deutschen Gesellschaft, über ihre tagtäglich erlebte Ausgrenzung, über Vorurteile, ja über blanken Haß verbittert sind und sich deshalb nicht zuletzt aus verletztem Stolz zurückziehen. Dazu kommt die Berichterstattung der deutschen Medien über die Ereignisse in der Türkei und in der türkischen Gemeinschaft hier, die als zu „einseitig" empfunden wird. „Deutsche Journalisten kommen nur, wenn es brennt" – das ist die vorherrschende Meinung. [...] Vera Gaserows Artikel ist kein Einzelfall: Unter den Linken in Deutschland herrschte über lange Zeit das Bild des „guten, zu beschützenden" Ausländers. Jetzt scheint man sich endlich so frei zu fühlen, auch sagen zu können, daß „der Türke nicht an sich gut sein muß". „Er" ist nämlich chauvinistisch, zieht sich von morgens bis abends niveaulose, fundamentalistische Heimatsendungen rein, steht für Armeespenden Schlange und will sich nicht integrieren! Ich treffe sogar auf Stimmen, die gegen ein Wahlrecht für Türken sind, da sie ja „nur Ankaras Politik hierher tragen" würden.

Angesichts solcher haarsträubenden Pauschalisierungen und der Produktion neuer Feindbilder müßten die Konservativen und Ultrarechten vor Neid erblassen. Seit fünfzehn Jahren geht es in diesem Land noch um dieselbe Frag: Wann wird das Prinzip „no taxation without representation“ auch in diesem Land gültig?“

zitiert nach: Eberhard Seidel-Pielen, Unsere Türken. Annäherung an ein gespaltenes Verhältnis, Berlin 1995, S. 175 f

M 22 Die Aufnahme von Migranten im Vergleich

Die türkischen Arbeitsmigranten im Kaiserreich wurden in der Regel als Gäste behandelt, die der Bundesrepublik als „Gäste“ bezeichnet. Einen Vergleich mit der Aufnahme der deutschen Exilanten nach 1933 in der Türkei zieht Fritz Neumark:

„Je länger wir in der Türkei waren, um so mehr fiel uns auf, wieviel stärker als wir selbst das Volk dort psychologisches Einfühlungsvermögen besaß. Ich erwähne diese Beobachtung um deswillen, weil man im Ausland ganz allgemein die türkische Gastfreundschaft und nur sie als besonderes Charakteristikum der Türken hervorhebt. Aber die Besonderheiten des türkischen Volkes erschöpfen sich bei weitem nicht in dieser, gerade auch gegenüber Deutschen traditional betätigten Gastfreundschaft. Tatsächlich ist das Denken und Handeln der durchschnittlichen Türken in mannigfacher Beziehung grundsätzlich verschieden von dem der Westeuropäer – die Bewohner der Mittelmeerstaaten ausgenommen – und dem der Nordamerikaner.

Die Türken sind, um es schlagwortartig auszudrücken, menschlicher, spontaner, wärmer und höflicher. Sie selbst empfinden den Unterschied, und es traf durchaus den Kern der Sache, wenn ich nach meiner Rückkehr nach Deutschland in Gesprächen mit türkischen Gastarbeitern wiederholt auf meine Frage, was ihnen an der Bundesrepublik gefiele und was nicht, die Antwort erhielt: „Die Deutschen sind außerordentlich tüchtig und fleißig, aber sie sind kalt oder doch kühl.“ Insbesondere das bekannte Wort des Korans: „Die Eile ist des Satans“ wird auch heute noch von allen Bevölkerungsschichten anerkannt. Das Bemühen, die Motive des Gesprächs- und Handelspartners zu verstehen, und das Vergnügen, Diskussionen mit Nachbarn oder Passanten zu führen und dabei möglichst viel über deren persönliche Verhältnisse, einschließlich etwa ihres Einkommens und Vermögens, zu erfahren oder auch nur zu erraten, gehören gleichfalls hierher.“

Fritz Neumark, Zuflucht am Bosporus. Deutsche Gelehrte, Politiker und Künstler in der Emigration 1933–1953, Frankfurt 1980, S. 60 f

M 23 Wie sich türkische „Gastarbeiter“ sehen

„GASTSKLAVEN VON EUROPA
Eine neue Art der Sklaverei

Die Gastarbeiter von Europa werden zu einer Art der Sklaverei gerufen; zu einem vorübergehenden Sklaventum. Die neuen Sklaven gingen diese Sklaverei sogar freiwillig ein, indem sie für diese zeitlich begrenzte Sklaverei lange Schlangen auf den Listen bildeten.

Man muß die Gastarbeiter, die fast überall als „neue Sklaven von Europa“ genannt werden, als eine natürliche Folge der wirtschaftlichen Ordnung und Produktionsbeziehungen sehen. In den hochentwickelten kapitalistischen Strukturen werden die Sklaven durch die Gastarbeiter aus den unterentwickelten Ländern ersetzt. Der Unterschied liegt darin, dass diese neuen Sklaven Europas, die den Mangel an Arbeitskräften decken, nicht in Besitz genommen werden, sondern scheinbar freiwillig auswandern und wieder zurückkehren. Also wird im Kapitalismus nicht „der Arbeiter“, sondern „die Arbeitskraft“ gehandelt. Die Arbeitskraft trägt jedoch den Menschen mit, der sie innehat.“

Ali S. Gitmez „Disgöç Öyküsü“ (Die Geschichte der Migration), 1979, Ankara, S. 103 (aus dem Türkischen übersetzt von Metin Oezsinmaz und Gisbert Gemein)

„... Egal wie lange ich nun erzähle, wie schwer die Arbeit in Deutschland ist, werdet ihr es bestimmt nicht verstehen. Die Arbeit hat nichts mit unserer zu tun. Besonders könnt ihr am Anfang aus Müdigkeit nicht feststellen, wo ihr seid. Ihr meint, ich lebe auf dem Mond, vielleicht im Grab. Es ist halt so schwierig. Du kriegst deinen Bauch voll. Du hast auch fürs Trinken genug Geld. Du kannst allerlei Sorten Getränke aus sieben verschiedenen Ecken der Welt kaufen, sogar die der Könige. Wenn du anfängst sie zu trinken, schläfst du aus Müdigkeit ein....

Nachts tut es mir überall weh. Nach der Arbeit zu Hause kann ich meinen Arm nicht heben, um eine Zigarette zu rauchen. Sie haben keine Sonne, nicht ein ordentliches Meer. Wenn man ab und zu beides sehen könnte, könnte man, Ehrenwort, alles vertragen ...“

Güney Dal „E5“ , 1979, Milliyet Yayinlari, Istanbul, Seite 49–51 (aus dem Türkischen übersetzt von Metin Oezsinmaz und Gisbert Gemein)

„... Lassen die Deutschen uns aus Liebe kommen? Nein. Warum soll ein Fremder dich mögen? Liebt dich dein Mutterland überhaupt? Die Deutschen teilen uns die schwerste und dreckigste Arbeit zu. Ich bin gerade aus dem Urlaub und habe wieder Heimweh ...“

Füruzan, „Yeni Konuklar“ (Neue Gäste), 1977, Bilgi Yayinlari, Ankara (S. 240) (aus dem Türkischen übersetzt von Metin Oezsinmaz und Gisbert Gemein)

M 24 Eine literarische Quelle: Gedicht eines Türken in Deutschland

Gedanken über die Rückkehr

I

Kein Gesicht erinnert mich hier an meine Kindheitstage
Hier rannte ich nicht in Gassen
Weder brachten mir die Nachbarn hier Wöchnerinsorbet
Noch süße Leichenkrapfen
Nie hörte ich den ersten Schrei eines Kindes im Nachbarhaus
Nie sah ich hier einen Sarg auf Schultern
Kein Kanonenschuß als Zeichen zum Brechen des Fastens
Und im Ramadanfest wird hier für die Kinder kein Festplatz geschmückt
Meine Schuhe setzen hier keinen Straßenstaub an
Und die Sonne bringt mich an keinem Tag zum Schwitzen
Weil ich die Sprache hier nicht verstehe komme ich in Verruf

Pflaumen und Mandeln sehe ich nicht mehr blühen
Melonenberge und Körbe voller Feigen gibt es hier nicht
Die Aprikose kenne ich kaum noch auf ihrem Zweig
Blaue und weiße Maulbeeren sind längst nicht mehr
Weder wurde ich hier Soldat noch hatte ich hier meine Hochzeitsnacht
Den Tee den Anisschnaps brachte ich mit weißen Bohnen und Döner-Kebap
Doch mich konnte ich hierher nicht bringen

2
Hier sind alle meine Kindheitstage
Alle Worte meiner Zunge sind von hier
Mit Ausnahme meines eigenen Namens
Mit Ausnahme meiner Eltern Namen

In Kindergarten und Schule ging ich hier
Auf Wurstbrot und Pfannkuchen könnte ich nicht verzichten
Hier kenne ich den Marktplatz und das Kaufhaus
Hier finde ich mich zurecht in der U-Bahn

In der E-Mannschaft unseres Bezirksvereins bin ich Rechtsaußen
Hier findet die Geburtsfeier meiner Freunde statt
Wie könnte ich von weit her dazu kommen
Wie könnte ich sie einladen zu meinem Geburtstag
Wenn ich eines Tages fortginge von hier
Ich bin doch von nirgendsher gekommen
Nirgendshin kann ich zurückkehren.

Yüksel Pazarkaya

Anmerkung
Der Autor ist Leiter der türkischen Redaktion des WDR und hat den Verfassern die hier abgedruckte Fassung seines türkischen Gedichtes zur Verfügung gestellt.

M 25 Welche Aufgabe hat die Schule?

Im Rahmen der Familienzusammenführung zwischen 1974 und 1981 kamen zahlreiche Jugendliche nach Deutschland. Der Anteil türkischer Jugendlicher unter 15 Jahren in der türkischen Wohnbevölkerung hat sich seit Mitte der 70er Jahre bis heute mehr als verdoppelt; davon waren bereit 1989 mehr als 75 % in Deutschland geboren. Die über 600000 türkischen Kinder und Jugendlichen stellen die Schulen vor große, oft unlösbare Probleme, weil die deutsche Politik sich vor der Beantwortung von Fragen drückt, von denen der Autor Zafer Senocak (5 Gedichtbände, eine Anthologie zur türkischen Literatur der Gegenwart) einige stellt:

„Die Forderung nach geregeltem islamischen Religionsunterricht an deutschen Schulen ist berechtigt, aber wer soll ihn erteilen? Und in welcher Sprache? Wird er wie in der Türkei nur einer Glaubensrichtung im Islam folgen, das heißt der sunnitischen, oder auch die Aleviten berücksichtigen, die mehr als 20 Prozent der Türken ausmachen? Die wenigsten Deutschen wissen etwas über die unterschiedlichen Glaubensrichtungen im Islam. Ein bärtiger Mullah aus dem Iran scheint die gesamten Phantasien im Westen in Bezug auf den Islam an sich gebunden zu haben. Kurdisch ist eine Sprache, die in der Türkei gesprochen wird. Da die Kurden von der Türkei nicht als ethnische Minderheit anerkannt werden, gibt es dort in den Schulen weder Unterricht in dieser Sprache noch ein Fernsehprogramm auf Kurdisch. Kann das auch in Deutschland so bleiben, wenn die Türken in Deutschland als ethnische Minderheit anerkant werden sollten?"

Zafer Zanoglu, Deutsche werden – Türken bleiben, in: Claus Leggewie – Zafer Senocak (Hrsg.), Deutsche Türken. Das Ende der Geduld, Reinbek 1993, S. 15

M 26 Wandel eines Bildes

„Ausgangspunkt unserer kleinen Untersuchung sind einige Beobachtungen, die sich heute in der Türkei leicht wiederholen lassen. Etwa: auf die Beantwortung der Frage nach der Herkunft eines Deutschen folgt häufig eine Bemerkung, gepaart mit herzlichem Schulterklopfen oder anerkennendem Lachen, daß man mit den Deutschen schon immer gut Freund gewesen sei, nur in der letzten Zeit höre man so schreckliche Geschichten von der Ausländerfeindlichkeit in Deutschland und ob das denn wahr wäre? Oder: Zum Schulbeginn hält der Direktor einer Schule eine Ansprache an die Schüler und erwähnt, daß mit den neu hinzugekommenen Schülern aus Deutschland sich westliche Ansprüche und Einstellungen verbreiteten, daß man aber in der Türkei sei, wo gewisse westliche Ideen nicht ihren Platz hätten, weshalb ein besonderer Schülerordnungs- und Hilfsdienst eingerichtet worden sei, der vertrauensvoll mit der Schulleitung zusammenarbeite, um solchen Erscheinungen zu begegnen.

Dies sind neue Töne, die anzeigen, daß sich das Deutschlandbild in der Türkei wandelt. Denn bisher waren es neben einer sehr allgemeinen Vorstellung von Deutschland, seiner Geschichte und Geographie vor allem seine wirtschaftlichen und kulturellen Leistungen, die vermeintlichen „nationalen Charaktereigenschaften" seiner Bürger, die zu einer hochgradig positiven Einstellung der Bundesrepublik gegenüber beitrugen. Die Massenmedien stellten die Leistungen der westdeutschen Industrie heraus und festigten nationale Stereotypen mit Zuschreibungen wie „fleißig", „sauber", „ordentlich", „diszipliniert"."

Ünal Kaya und Ingo Strutz, Türken in Deutschland – Deutschland in der Türkei, in: Internationale Schulbuchforschung 10 (1988), S. 71

M 27 Was Schüler vom jeweils Anderen lernten

Ünal Kaya und Ingo Strutz haben türkische Schulbücher für Geschichte und Geographie darauf untersucht, was Schüler über Deutschland und die Deutschen erfahren, und konfrontieren ihre Ergebnisse mit Befunden über das Deutschlandbild von in der Bundesrepublik lebenden türkischen Jugendlichen. Sie fassen ihr Ergebnis zusammen:

„Als kurzes Fazit unserer Auswertung möchten wir festhalten: Die Sammlung von Lexikonfakten, die fehlende Auseinandersetzung mit beide Länder betreffenden kritischen Fragen führt zu einem statischen Bild von Deutschland und „den Deutschen". Wandlungen der deutschen Gesellschaft, ihrer wirtschaftlichen Leistungsfähigkeit und ihrer sozialen Zusammensetzung werden kaum thematisiert. Die Veränderungen, die in der Realität stattfinden, spiegeln sich in den Lerninhalten nicht wider. Von daher ist erklärbar, daß Schüler von einem Stereotyp ins andere überwechseln, wenn angelernte Kenntnisse und Wirklichkeitserfahrung nicht übereinstimmen. Die Medien bieten hinreichend Ersatzangebote. Eines dieser Angebote, das von den Schulbuchdarstellungen gestützt wird, besteht darin, die große osmanisch-islamische Vergangenheit wiederzubeleben, in der sich die Überlegenheit der türkischen Kultur über die des Abendlandes erwiesen habe. Wir kennen diese Art der Legitimation durch Geschichte. Auch in unserer Presse finden wir Artikel, die vor „Bedrohung" durch die Ausländer (und die Türken werden hier oft namentlich erwähnt), vor der Verunsicherung unseres Arbeitsmarktes und des sozialen Friedens warnen. Die Türken, die aus der Bundesrepublik in die Türkei zurückkehren, können das Opfer einer doppelten Bedrohungsangst werden: Wanderer zwischen zwei Kulturen. Unterricht kann diese Diskriminierung nicht beseitigen, aber könnte jedenfalls versuchen, ihr entgegenzuwirken. In diesem Sinne war unsere kleine Analyse gemeint."

Ünal Kaya und Ingo Strutz, Türken in Deutschland – Deutschland in der Türkei, in: Internationale Schulbuchforschung 10 (1988), S. 80 f

Eine umfassende Analyse deutscher Schulgeschichtsbücher nach 1945 hinsichtlich der Darstellung der Kreuzzüge und der Osmanen hat Gisbert Gemein in einem Vortrag in der Anadolu Universität Eskesehir 1988 vorgetragen. Seine damalige Zusammenfassung hinsichtlich der Darstellung der Osmanen gilt zwar im Grundsatz weiter, muß allerdings durch einige bemerkenswerte Beispiele aus der jüngsten Schulbuchgeneration differenziert werden; so wird in dem von Pandel herausgegebenen Realschulwerk „geschichte konkret" (Schroedel Verlag) osmanische bzw. türkische Geschichte in eigenständigen Kapiteln unter Berücksichtigung des derzeitigen didaktischen Standards dargestellt.

„Vergleicht man die verschiedenen Schulbuchgenerationen, so sind zwar - ähnlich wie bei der Darstellung der Kreuzzüge – Veränderungen und Verbesserungen feststellbar, doch in unterschiedlicher Gewichtung:

- Einzelne klischeehafte und fehlerhafte Darstellungen sind entfallen, weniger wohl aufgrund einer bewußten Schulbuchrevision, als vielmehr, weil dieser Thematik heute weniger Raum gegeben wird.
- Nur wenige Bücher stellen die Osmanen in eigenen Kurzkapiteln vor, in dreien zufriedenstellend, in einem verkürzt und in einem zum Teil tendenziös. Angesichts der Vielzahl der Bücher ist dieser quantitative Befund typisch für die Bedeutung, die man der osmanischen Geschichte beimißt. Als typisch darf allerdings auch gelten, daß in der Mehrheit der Fälle, wo bewußt mit traditionellen Sichtweisen gebrochen wird und eine Neubearbeitung beginnt, zufriedenstellende Ergebnisse erzielt werden.
- In alten wie neueren Büchern überwiegen Berichte über Eroberung und militärische Ereignisse, während sozioökonomische und kulturgeschichtliche Sachverhalte eher marginal bleiben. Dieses Übergewicht der politischen Ereignisgeschichte oder gar der Kriegsgeschichte steht im übrigen im Widerspruch zur herrschenden didaktischen Meinung in Deutschland sowie zu den geltenden Richtlinien.

- Daß dieser Sachverhalt dennoch sowohl bei der Schulbuchgenehmigung als auch in der wissenschaftlichen Diskussion kaum eine Rolle spielt, ist nur durch die Tatsache zu erklären, daß der Thematik insgesamt noch immer eine geringe Bedeutung zugemessen wird. Jutta de Jong und Martin Strohmeier beklagen daher zu Recht eine Tendenz in deutschen Schulbüchern, die Geschichte Südosteuropas nur noch „als marginale Manövriermasse in den divergierenden Großmachtinteressen" zur Sprache kommen zu lassen. Diese Tendenz gilt allerdings nicht nur für die türkische Geschichte. Die deutsch-polnischen Schulbuchempfehlungen, die zu einer Verbesserung der fehlerhaften Darstellung der Polen in deutschen Schulbüchern führen sollten, laufen heute oft ins Leere, weil die entsprechenden Themen gar nicht mehr in den Büchern behandelt werden.
- Angesichts dieser gering geschätzten Bedeutung des Themas ist es erklärbar, wenn auch nicht zu entschuldigen, wenn didaktische Kategorien, die in den Kreuzzugskapiteln zumindest bei einigen Büchern zumindest ansatzweise realisiert werden, nämlich eine kritische Wertung oder entsprechende Gegenwartsbezüge, im Hinblick auf den Komplex Osmanische Geschichte, gänzlich fehlen."

Gisbert Gemein, Die Darstellung der Kreuzzüge und der Osmanen in deutschen Schulgeschichtsbüchern, in: Zeitschrift für Türkeistudien, 2/89, S. 125 f

2.4 Deutsche und Türken im „Haus Europa": Hoffnungen – Enttäuschungen

Deutschland und die Türkei verbindet eine weit über einhundertjährige freundschaftliche Beziehung, in der Türkei viel stärker als in Deutschland empfunden, wobei die „Waffenbrüderschaft" im 1. Weltkrieg (mit ihren viel älteren historischen Wurzeln), aber auch das Wirken der deutschen Emigranten eine bedeutende Rolle spielen. Die Politik beider Länder besaß nach dem 2. Weltkrieg grundlegende Gemeinsamkeiten in Antikommunismus, Marshall-Plan und damit verbundene Anlehnung an die USA und die Einbindung in die NATO. Als die Türkei 1959 einen Antrag stellte, als assoziiertes Mitglied in die 1957 gegründete EWG aufgenommen zu werden, wurde dem ohne grundlegende Bedenken in einem Abkommen 1963 mit Wirkung von Dezember 1964 zugestimmt.

Die schöne Fassade der deutsch-türkischen Beziehungen begann allerdings in den letzten beiden Jahrzehnten des 20. Jhs. erheblich zu bröckeln. Zwar hatte Bundeskanzler Kohl 1985 die erste Visite eines westeuropäischen Regierungschefs nach 1980 (Militärputsch) unternommen, doch wurde dieser Besuch auf beiden Seiten von Ängsten, Befürchtungen und Vorbehalten überschattet, ging es doch um die sog. Freizügigkeitsklausel des Assoziierungsvertrages, die am 1. Dezember 1986 in Kraft treten sollte. Das deutsche nie verhüllte Unbehagen an einer „drohenden Flut von Zuwanderern" provozierte entsprechende Wirkungen auf türkischer Seite. Zwar mußte sich die Türkei damit abfinden, daß das Problem der versprochenen Freizügigkeit in einer weiterreichenden Vereinbarung zwischen der EU und der Türkei geregelt werden sollte, doch die Hoffnungen auf eine Vollmitgliedschaft wurden ebenso nicht erfüllt. Die Bundesregierung hat dabei außer mit Worten das türkische Begehren kaum jemals tatkräftig unterstützt. Daß andererseits – ebenfalls von Deutschland besonders unterstützt – Griechenland in die EU aufgenommen und dann die Rolle eines „Türstehers" für das türkische Aufnahmegesuch übernahm, war für die Türkei eine weitere Enttäuschung. Als auf dem Hintergrund rassistischer Ausschreitungen in Deutschland, deren Opfer auch Türken waren, die christdemokratischen Regierungschefs Europas bei einem Treffen in Brüssel im März 1997 eine Mitgliedschaft der Türkei in der EU ablehnten, war nicht nur ein Pressekrieg die Folge, sondern auch deutliche deutschland- bzw. Kohl-kritische Äußerungen des türkischen Regierungschefs. Eine „nicht europafähige" Türkei war dabei nicht nur im Mark ihres säkularen, seit Atatürk westlich ausgerichteten Selbstverständnisses getroffen, innenpolitisch bedeutete diese Abweisung eine Stärkung islamistischer Tendenzen, die eine Bindung an den Westen ablehnen. Während der Außenminister der CDU-FDP-Koalition Kinkel die Türkei an Europa „heranführen" wollte (d.h. nicht hereinführen), sprach sein Nachfolger Fischer von der rotgrünen Koalition wieder von Aufnahme in die EU. Ein in Helsinki 1999 gefaßter Beschluß der Regierungschefs bestätigte (wohl auf amerikanischen Druck und Rücksicht auf den NATO-Partner) diese Politik, – wenn die Türkei bestimmte Kriterien erfüllt (Umsetzung der Menschenrechte, Lösung der Kurdenfrage). Die Türkei wird sicherlich diese Bekundungen auf dem Hintergrund ihrer jüngsten Erfahrungen skeptisch betrachten. Sie fühlt sich seit Kemal Atatürk als europäisches Land und demokratischer Staat, seit mehr als 30 Jahren pocht sie an der Tür der EU und muß nun hinnehmen, daß die seit 1990 aus dem kommunistischen Block entlassenen neuen Staaten Ostmitteleuropas sie gewissermaßen „überholt" haben, obwohl sie aus türkischer Sicht größere Demokratiedefizite aufweisen.

Materialien

M 1 Willkommen in Europa?

„Willkommen in Europa!

Europa, – Avrupa –, war seit den Tanzimat-Sultanen, den Jungtürken und erst recht ab Kemal Atatürk das Zauberwort für die Türkei. In den 60er Jahren, nach der erfolgreichen Integration in den Nordatlantikpakt und der Einbindung in den Westen rückt das Traumziel näher und näher. Die europäischen Industriestaaten, allen voran Westdeutschland, Frankreich und Italien, haben sich 1957 in den Römischen Verträgen auf die Errichtung einer überstaatlichen europäischen Wirtschaftsgemeinschaft (EWG) geeinigt. Bereits 1959 stellt Ankara den Antrag, als assoziiertes Mitglied aufgenommen zu werden. Dem Antrag wird in Brüssel, dem Sitz der EWG, ohne grundsätzliche Bedenken stattgegeben und das Abkommen 1963 mit Wirkung ab Dezember 1964 unterzeichnet. Ein kleiner Wermutstropfen war für die Türken lediglich, daß der Rivale Griechenland bereits zwei Jahre früher assoziiert worden war. Der Vertrag mit der Türkei sieht eine Zollunion mit der EWG vor, die zu einer Vollmitgliedschaft führen soll. Damit war diplomatischerseits eine gewisser Unsicherheitsfaktor eingebaut worden, denn ein automatischer Beitritt war nicht vorgesehen. Die türkische Wirtschaft – damals noch vorwiegend agrarisch ausgerichtet – sollte sich in einer 10jährigen Vorbereitungs- und einer 12jährigen Übergangsphase an die hochindustrialisierte Europäische Wirtschaftsgemeinschaft anpassen. Das heißt innerhalb einer Phase von 22 Jahren. „Nach uns die Sintflut" dachten wohl die kurzsichtigen Politiker der EWG damals, als sie Probleme lostraten, die 1964 in ihrer Tragweite noch gar nicht abzusehen gewesen sind und welche die EU in größtmögliche Verlegenheit bringen werden. Denn über lange, quälende Jahre bis heute wird die Europäische Union ihre einstige Zusage hinauszuzögen versuchen ...

Aber warum nur hat 1963/64 kein EWG-Gründungsmitglied Bedenken erhoben, obwohl doch in der Präambel der Römischen Verträge auf das gemeinsame *christliche* Erbe Europas hingewiesen wurde? Warum hat der damalige Präsident der EWG-Kommission, der Deutsche Walter Hallstein, kurz und bündig erklärt: „*Die Türkei ist Teil* Europas"? Ganz einfach: Das, was heute das Schreckgespenst der EU ist, nämlich die Freizügigkeit türkischer Arbeiter in Europa, war damals erwünscht, ja geradezu gefordert."

Michael W. Weithmann, Atatürks Erben auf dem Weg nach Westen. Die Türkei im Spannungsfeld zwischen Nahost und Europa, Heyne, München 1997, S. 285 f

M 2 Die Haltung der Bundesregierung 1986

Der deutsche Botschafter in Ankara in einem Interview anläßlich des Besuches von Bundespräsident Richard von Weizsäcker im Mai 1986:

„Die Bundesregierung bestreitet der Türkei selbstverständlich nicht das Recht, einen Antrag auf volle Mitgliedschaft in der EG zu stellen ... Die Frage ist nur: Welcher Zeitpunkt könnte geeignet sein für diesen Schritt? Nach meiner Kenntnis werden nicht nur die Bundesregierung, sondern alle anderen Regierungen der EG-Staaten einen Zeitpunkt in diesem Jahr kaum für geeignet halten. Wenn ein solcher Antrag gestellt wird und die Antwort darauf negativ ist, könnte dies die Beziehungen zwischen den EG-Ländern und der Türkei ungünstig beeinflussen, ja, es könnte sogar zu einer Krise in den Beziehungen kommen. Gegenwärtig dürften die Mitgliedstaaten der EG nicht bereit sein, in Verhandlungen über eine Vollmitgliedschaft einzutreten. Eine solche Perspektive liegt in der Zukunft. Hierfür muß die Zeit reif sein."

zitiert nach: Udo Steinbach, Die Türkei im 20. Jahrhundert. Schwieriger Partner Europas, Bergisch-Gladbach 1996, S. 420

M 3 Deutschland und die Türkei in Europa?

„Bei seinem Staatsbesuch in Deutschland im November 1996 trifft Demirel auf einen wohlgesinnten Bundespräsidenten Roman Herzog, der in seiner Rede indes unmißverständlich „die Lösung der *Probleme* in *Ihrem* Südosten ... nach den *Prinzipien des Völkerrechts* und der Menschenrechte" anmahnt. Bundeskanzler Helmut Kohl und Außenminister Klaus Kinkel preisen sich zwar als „Garanten der traditionellen deutsch-türkischen Verbundenheit", machen aber aus ihrer Abneigung gegenüber der jetzigen türkischen Führung kein Hehl. Verbindliche Zusagen für den EU-Beitritt gibt Bonn nicht, ja selbst Demirels Forderung, die Türkei bei der EU-Erweiterung vorrangig zu berücksichtigen, wird lediglich zur Kenntnis genommen. Außenminister Kinkel verwendet zum ersten Mal die Formel: „*Deutschland sieht seine Aufgabe darin, die Türkei* an *die Europäische* Union *heranzuführen«*. (Wohlgemerkt: *heran*führen bedeutet etwas anderes als *hinein*führen.) Frustriert muß der alte Europa-Kämpe Süleyman Demirel die Erkenntnis mit nach Hause nehmen, daß die seit 33 Jahren assoziierte Türkei in Brüssel plötzlich weniger willkommen ist als ehemalige Ostblockstaaten, die in die EU drängen, daß man zurückgestuft wird hinter Polen, Tschechien, Ungarn, ja vielleicht sogar noch hinter Rumänien oder Bulgarien. In der Türkei selbst werden die Vorbehalte gegen die „treulose EU" dadurch noch größer. Enttäuschung breitet sich besonders bei den noch westlich orientierten Schichten aus, die sich inmitten der islamischen Bewegung im Stich gelassen fühlen. Indirekt stärkt das natürlich die Position der islamistischen Regierung."

Michael W. Weithmann, Atatürks Erben auf dem Weg nach Westen. Die Türkei im Spannungsfeld zwischen Nahost und Europa, München 1997, S. 428 f

M 4 Zum Assoziationsabkommen vom 12.9.1963

Art. 28 dieses Abkommens besagt:

„Sobald die Durchführung dieses Abkommens es gerechtfertigt erscheinen läßt, daß die Türkei die aus dem Vertrag der Gemeinschaft erfließenden Verpflichtungen voll erfüllen kann, werden die vertragschließenden Parteien die Möglichkeit eines Beitrittes der Türkei prüfen."

Hans Plattner, österreichischer Botschafter in der Türkei, kommentiert:

„Interessant ist der Wortlaut des Artikel 28 des Assoziationsabkommens , der zwei wichtige Vorbehalte für einen EU-Beitritt der Türkei enthält: Erstens sei der Zeitpunkt abzuwarten, zu dem anzunehmen ist, daß die Türkei die aus dem Vertrag mit der Gemeinschaft erfließenden Verpflichtungen voll erfüllen kann und, zweitens, solle dann, falls dies zutreffe, die Möglichkeit eines Beitritts erst noch *geprüft* werden. Aus Artikel 28 ist also ersichtlich, daß die Behauptungen der türkischen Politik, wonach das Assoziationsabkommen ein Recht der Türkei auf die EU-Mitgliedschaft begründet nicht unbedingt richtig sind.

Angesichts dieser Formulierung und des gesamten Annäherungsprozesses, insbesondere des Abschlusses der Zollunion kann man aber den Rechtsstandpunkt vertreten, daß die EU mit der Absicht gehandelt hat, letztlich die Vollmitgliedschaft der Türkei zu ermöglichen. Ob ihr daraus auch die Verpflichtung erwächst, der Türkei bei der Erreichung dieses Zieles zu helfen, bleibt dahingestellt."

Hans Plattner, Die Türkei. Eine Herausforderung für Europa, München 1999, S. 179

Anmerkung:

Zollunion — Am 13.9.1995 stimmte das Europäische Parlament der Zollunion mit der Türkei zu, die am 1. Jan. 1996 in Kraft trat.

M 5 Eine türkisch-europäische Stimme

Der türkische Ministerpräsident Mesut Yilmaz in einem Essay „Gemeinsam in Eurasien":

„Die türkische Nation teilt die westlichen Werte aus ganzem Herzen ... ein besonderes Merkmal türkisch-deutscher Beziehungen ist die Tatsache, daß über zwei Millionen Türken in Deutschland leben ... Deutschland ist für sie zur zweiten Heimat geworden. Die in Deutschland lebenden Türken bilden eine Brücke der Freundschaft zwischen der Türkei und Deutschland. Deshalb sollten die Türkei und Deutschland ihre Politik und ihre Ausführungen gegenüber der türkischen Bevölkerung in diesem Lichte gestalten."

Frankfurter Allgemeine Zeitung vom 29. September 1997, S. 11 f

M 6 Cem Özdemir über die Türkei als Teil Europas

Cem Özdemir ist Mitglied des Deutschen Bundestages seit 1994, innenpolitischer Sprecher der Fraktion Bündnis 90/Die Grünen und Vorsitzender der deutsch-türkischen Parlamentariergruppe; in seinem mehr appellativen als analysierenden Aufsatz drückt er deutsche wie türkische politische Hoffnungen aus:

„Die Türkei – ein Teil Europas?

„ Der Türkei jedoch die europäische Perspektive zu nehmen, heißt gleichzeitig, die Selbstisolation, die islamischen Kräfte zu stärken... Deswegen haben wir – auch weil hier 2,2 Millionen Menschen leben, die aus der Türkei stammen, aber auch aus weiteren außen- und europapolitischen Gründen – ein Interesse daran, das Verhältnis zur Türkei produktiv zu gestalten. Wir haben ein Interesse an der Europäisierung der Türkei in einem umfassenden Sinne. Genau dieses betreibt die Bundesregierung."

Die Worte des Bundesaußenministers Joschka Fischer stehen sowohl im europäisch-türkischen als auch im deutsch-türkischen Verhältnis für einen Vorzeichenwechsel, dessen erste Ergebnisse bei dem Türkei-Besuch Fischers im Juli 1999 sichtbar wurden. Die Bundesregierung weiß um die Bedeutung einer ernsthaften Mitgliedschaftsperspektive für die Türkei in die Europäische Union.

Der Türkei heute eine klare, glaubwürdige Beitrittsperspektive zu bieten heißt, den europäisch und demokratisch ausgerichteten Reformkräften in diesem Land den dringend nötigen Aufwind zu geben. Die Europäische Union als eine Wertegemeinschaft hat die Möglichkeit, als Transmissionsriemen zu fungieren und zur Modernisierung der Türkei beizutragen, da jeder Schritt Richtung EU-Integration an eine Verbesserung der Menschenrechtslage, an Demokratisierung und an die demokratische Lösung des Kurdenkonflikts geknüpft sein wird. Es ist unabdingbar, dass die Türkei im Status eines möglichen zwölften Beitrittskandidaten den Reformanforderungen in diesen Bereichen nachkommen muss. Ausschlaggebend ist jedoch hierbei nicht, warum und für wen diese Reformen verwirklicht werden – sei es, um der Europäischen Union beizutreten, sei es aus innenpolitischen Interessen –, sondern dass sie überhaupt verwirklicht werden. Die bisherigen türkischen Regierungen bewiesen in dieser Hinsicht ein großes Talent zu diskutieren, Erklärungen wie „Wir sind uns zwar dessen bewusst, dass in puncto Demokratisierung Fortschritte erzielt werden müssen, aber wenn wir dies tun, dann nur weil wir es selber wollen, nicht weil die Europäische Union uns das vorschreibt" waren keine Seltenheit. Statt mit ausgefallenen Verzögerungsstrategien Reformen zu verschieben, sollte endlich der Demokratisierungsprozess vorangebracht werden. Denn nur als vollständig demokratisches Land kann die Türkei mit Recht behaupten, kulturell und historisch zu Europa zu gehören. Und dass sie das tut, liegt im Interesse der Bundesrepublik."

Cem Özdemir, Deutschland und die Türkei, in: Magazin für Mitglieder der Wiss. Buchgesellschaft, Darmstadt 04/99, S. 52

M 6 Die Türkei und Europa: das amerikanische Interesse

Der amerikanische Präsidentenberater Brzezinski führt – mit Auswirkungen für die europäischen Partner der USA – über die Bedeutung der Türkei aus:

„Um einen stabilen und unabhängigen Südkaukasus und ein ebensolches Zentralasien zu fördern, muß Amerika sich davor hüten, die Türkei (von Europa,) zu entfremden ... Eine Türkei, die sich ausgestoßen fühlt von Europa, dem es sich doch anschließen will, wird mehr eine islamische Türkei werden ... Amerika sollte daher seinen Einfluß in Europa nutzen, um die Zulassung der Türkei zur EU zu fördern und sollte darauf bestehen, die Türkei als einen europäischen Staat zu behandeln – vorausgesetzt, die türkische internationale Politik nimmt keine dramatische Wende in islamistischer Richtung."

Zbigniew Brzezinski, The Grand Chessboard. American Primacy and its Geostrategic Imperatives, New York 1997, S. 203 f; zitiert nach: Bassam Tibi, Aufbruch am Bosporus. Die Türkei zwischen Europa und dem Islamismus, München 1998, S. 64

M 7 Ein türkischer Deutschlandkenner

Der ehemalige Botschafter der Türkei in Deutschland, Onur Öymen, schreibt im Vorwort seines Buches „Die Macht der Türkei":

„Der 13. Dezember 1997 wird einmal als an ein Wendepunkt für die Türkei in Erinnerung bleiben. An diesem Tag hatte der Staats- und Ministerpräsidentenrat der EU in Luxemburg eine historische Entscheidung getroffen. Es ging um die Entscheidung über die Erweiterung der Union. Hier wurden die Länder bestimmt, die in einer absehbaren Zukunft in die Europäische Union aufgenommen werden können. Die Türkei war nicht unter diesen Ländern. Diese Entscheidung hat in der Türkei eine Reaktion hervorgerufen. Die Menschen mit unterschiedlichen Ansichten glaubten, daß der Türkei ein Unrecht angetan wurde. Die Türkische Republik, die von Atatürk durch eine der größten Reformen des XX. Jahrhunderts gegründet worden war, hatte seit 75 Jahren in der Staatsform der Republik die Demokratie gehütet, sich entwickelt und wurde in vielen Bereichen zu den entwickelten Ländern gezählt. Ein solches Land sollte seinen verdienten Platz in Europa annehmen. Eine Isolierung der Türkei von Europa wäre ein historischer Fehler. Die Mehrheit der Bevölkerung in der Türkei teilte diese Ansicht.

Die Kritiken gegen diese Entscheidung der EU waren kaum anders als die unsachlichen Behauptungen der Gegner, die seit 20 Jahren verwendet werden, um die Türkei aus Europa herauszuhalten.

Neben denen, die Vorurteile hatten, wurden auch manche Optimisten in Westeuropa von der seit Jahren intensiv betriebenen Propaganda gegen die Türkei beeinflußt. Wie Ugur Mumcu beschreibt, war die Zahl derjenigen nicht gering, die angebliche Kenntnisse besäßen, ohne tatsächlich über die Türkei Bescheid zu wissen.

Die Kritik aus Westeuropa spiegelte sich in der Türkei wirkungsvoll wieder. Manche wurden aus diesem Grunde pessimistisch, manche fingen in einer Gegenreaktion an, nach anderen Perspektiven für die Türkei zu suchen."

Onur Öymen, Türkiye nin Gücü („Die Macht der Türkei"), Istanbul, Okt. 1998, Vorwort (aus dem Türkischen übersetzt von Metin Oezsinmaz und Gisbert Gemein)

Benutzte Literatur

M. Salim Abdullah, „... und gab ihnen sein Königswort“. Berlin – Preußen – Bundesrepublik. Ein Abriß der islamischen Minderheit in Deutschland, Altenberge 1987

Fikret Adanir, Der jungtürkische Modernismus und die nationale Frage im Osmanischen Reich, in: Zeitschrift für Türkeistudien, 2/89, S. 79ff

Taner Akcam, Armenien und der Völkermord. Die Istanbuler Prozesse und die türkische Nationalbewegung, Hamburg 1996

Cigdem Akkaya – Yasemin Özbek – Faruk Sen, Länderbericht Türkei, Darmstadt 1998

Niyazi Aksit u.a., Sosyal Bilgiler, 2. Aufl., Ankara 1981

Wilhelm Baum, Kaiser Sigismund, Hus, Konstanz und Türkenkriege, 1993

Wolfgang Benz (Hrsg.), Integration ist machbar. Ausländer in Deutschland, München 1993

Niyazi Berkes, The Development of Secularism in Turkey, Neudruck New York 1998

Ingeborg Braisch, Geschichte des Islam, RAAbits Geschichte, März 2000

Fürst Bühlows Reden,3 Bde, hrsg. von Johann Penzler (Bd. 1–2) und und Otto Hötzsch (Bd. 3), Berlin 1907–09

Matthias Buhbe. Türkei. Politik und Zeitgeschichte. Studien zur Politik und Gesellschaft des Vorderen Orients, Opladen 1996

Sadi Ceylan, Die geschichtliche Umwandlung der ökonomischen Gesellschaftsformation der Türkei, Berlin 1985

Gordon A. Craig, Deutsche Geschichte 1866–1945, München, 3. Aufl. 1980

Christoph Dinkel, German Officers and the Armenian Genocide, in: Armenian Review Bd. 44, Nr.1, 1991

Bilhan Doyuran, Türkische Migrantenkinder in Österreich, Eskisehir 1990

Ekkehard Eickhoff, Venedig, Wien und die Osmanen. Umbruch in Südosteuropa 1645–1700, Stuttgart 1988

Akif Ekin – Axel Singler, Nachbar Türkei. Wo sich Europa und Asien verbinden, Frankfurter Allgemeine Zeitung GmbH 1997

Gültekin Emre, 300 Jahre Türken an der Spree, Köln 1997

Suraya Faroqhi, Kultur und Alltag im Osmanischen Reich, München 1995

Suraya Faroqhi, Geschichte des Osmanischen Reiches, München 2000

Gisbert Gemein, Die Darstellung der Kreuzzüge und der Osmanen in deutschen Schulgeschichtsbüchern, in: Zeitschrift für Türkeistudien 2/89, S.113ff

Gisbert Gemein – Joachim Cornelissen, Kreuzzüge und Kreuzzugsgedanke in Mittelalter und Gegenwart, München 1992

Gisbert Gemein – Hartmut Redmer, Der christlich-europäische Westen und die islamische Welt – ein Kampf der Kulturen, in: Geschichte und Geschehen – exempla, Stuttgart 2001

Geschichte in Quellen, 7 Bde. München 1980 ff

Carl Göllner, Turcica, 3 Bd., Baden Baden 1978

Dietrich Gronau, Mustafa Kemal Atatürk oder Die Geburt der Republik, Frankfurt 1994

Die Große Politik der europäischen Kabinette 1871–1914, im Auftrage des Auswärtigen Amtes hrsg. von Johannes Lepsius u.a., Berlin 1927

Klaus-Detlev Grothusen (Hrsg.), Der Scurla-Bericht, Schriftenreihe des Zentrums für Türkeistudien, Bd. 3, Frankfurt 1987

Ilhan Gün – Rüdiger Damm, Außenseiter. Die Geschichte des Zusammenlebens und kommunale Ausländerpolitik/Ausländerarbeit, Berlin 1994

Wolfgang Gust, Der Völkermord an den Armeniern, München 1993
History: – An economic and social history of the Ottoman Empire 1300–1914, Leiden 1994
Tessa Hoffmann (Hrsg.), Der Völkermord an den Armeniern vor Gericht. Der Prozeß Talaat Pascha, Göttingen 1980
Albert Hourani, Die Geschichte der arabischen Völker, Frankfurt 1992
Nicolae Jorga, Geschichte des Osmanischen Reiches, 1997
Unal Kaya und Ingo Strutz, Türken in Deutschland – Deutschland in der Türkei, in: Internationale Schulbuchforschung 10 (1988), S. 71ff
Marian Kent (Hrsg.), The Great Powers and the End of the Ottoman Empire, London 1984
A. v. Keller, Fastnachtspiele aus dem fünfzehnten Jahrhundert, Bd. 1, Stuttgart 1853
Hakki Keskin, Vom Osmanischen Reich zum Nationalstaat. Werdegang einer Unterentwicklung, Berlin 1981
Ute Knight – Wolfang Kowasky (Hrsg.), Deutschland nur den Deutschen? Die Ausländerfrage in Deutschland, Frankreich und den USA, Erlangen 1991
Eckhard Koch, Chancen und Risiken von Migration. Deutsch-türkische Perspektiven, 1998
Richard Kreuter – Otto Spies (Hrsg.), Der Gefangene der Giauren, Die abenteuerlichen Schicksale des Dolmetschers Osman Aga aus Temeschwar von ihm selbst erzählt, Graz 1962
L. Kudrut-Erkönen, Familie Reuter in Ankara, in: Erinnerungen an Ernst Reuter, Berlin 1978
Werner Kündig – Steiner (Hrsg.), Die Türkei. Raum und Mensch, Kultur und Wirtschaft in Gegenwart und Vergangenheit, Tübingen 1974
Claus Leggewie – Zafer Senocak (Hrsg.), Deutsche Türken. Das Ende der Geduld, Reinbek, 1991
Im Lichte des Halbmonds, Ausstellungskatalog, hrsg. von Staatl. Kunstsammlungen Dresden, Ausstellung 20. Aug. bis 12. Nov. 1995
Luther – Kurt Aland (Hrsg.), Die Werke Martin Luthers in einer Auswahl für die Gegenwart, Bd. 7, Stuttgart 1967
Amin Maalouf, Der heilige Krieg der Barbaren. Die Kreuzzüge aus der Sicht der Araber, München 1996
A. L. Macfie, Atatürk, London 1994
A. L. Macfie, The End of the Ottoman Empire 1908–1923, New York 1998
Ferenc Majoros, Das Osmanische Reich, Eisenach 1996
Ferenc Majoros – Bernd Rill, Das Osmanische Reich (1300–1922). Die Geschichte einer Großmacht, Regensburg 1994
Josef Matuz, Das Osmanische Reich. Grundlinien seiner Geschichte, Darmstadt 1985
Karl May, Durch die Wüste, Bamberg 1952
Peter Milger, Die Kreuzzüge. Krieg im Namen Gottes, Gütersloh 1989
Helmuth von Moltke, Unter dem Halbmond. Erlebnisse in der alten Türkei 1835-1839, Edition Erdmann
Helmut Neuhaus (Hrsg.), Deutsche Geschichte in Quellen und Darstellung, Bd. 5: Zeitalter des Absolutismus 1648–1789, Reclam, Stuttgart 1997
Michael Neumann-Adrian – Christoph K. Neumann, Die Türkei. Ein Land und 9000 Jahre Geschichte, München 1990

Fritz Neumark, Zuflucht am Bosporus. Deutsche Gelehrte, Politiker und Künstler in der Emigration 1933–1953, Frankfurt 1980

Bernd Nicolai, Moderne und Exil. Deutschsprachige Architekten in der Türkei 1925–1955, Berlin 1998

Gustav Oelsner. Portrait eines Baumeisters. Im Auftrage der Freien Akademie der Künste hrsg. von E. Lüth, Hamburg 1960

Cem Özdemir, Currywurst und Döner – Integration in Deutschland, Bergisch Gladbach 1999

Cem Özdemir, Deutschland und die Türkei, in: Magazin für Mitglieder der Wiss. Buchgesellschaft, Darmstadt 04/99

Sami Özkara (Hrsg.), Türkische Migranten in der Bundesrepublik Deutschland, 2 Bde., Köln 1988 und 1990

Burhan Oguz, Yüzyillar Boyunca Alman Gercegi ve Türkler, Istanbul 1998

Onur Oymen, Türkiye nin Gücü („Die Macht der Türkei"), Istanbul 1998

Alan Palmer, Verfall und Untergang des Osmanischen Reiches, München 1992

Imet Pamaksizoglu, Türkiye Cumhuriyet Inkilap (Geschichte der Reformen in der türkischen Republik), Istanbul 1992

Hans-Jürgen Pandel (Hrsg.), Geschichte konkret. Ein Lern- und Arbeitsbuch, Bd. 2 und 3, Schroedel Verlag, Hannover 1997 und 1998

Michelle Para-Alledo – Hérve Bordas (Hrsg.), Türkei. Archäologie – Kunst – Geschichte, Stuttgart 1990

Hans Plattner, Die Türkei. Eine Herausforderung für Europa, München 1999

Bernd Rill, Kemal Atatürk, Reinbek 1985

Roberti Monachi Historia Hierosolymitana, in: Recueil des Historiens des Croisades, Bd. 3, Paris 1866 (Neudruck 1992)

Bernd Roeck (Hrsg.), Deutsche Geschichte in Quellen und Darstellung, Bd. 4: Gegenreformation und Dreißigjähriger Krieg 1555–1648, Reclam, Stuttgart 1996

Edvard Said, Orientalism, New York 1979 (dt.: Frankfurt 1981)

Norbert Saupp, Das Deutsche Reich und die armenische Frage 1878–1914, 1990

Gregor Schöllgen, Imperialismus und Gleichgewicht. Deutschland, England und die orientalische Frage 1871–1914, München 1992

Stefan Schreiner (Hrsg.), Die Osmanen in Europa. Erinnerungen und Berichte türkischer Geschichtsschreiber, Graz 1985

Hagen Schulze (Hrsg.), Europäische Geschichte, München 1994

Faruk Sen, Türkei. Land und Leute, München, 2. Aufl. 1986

Faruk Sen, Türkei, 4. neubearbeitete und erweiterte Aufl. München 1996

Faruk Sen – Andreas Goldberg, Türken in Deutschland. Leben zwischen zwei Kulturen, München 1994

Günter Seufert, Cafe Istanbul: Alltag, Religion und Politik in der modernen Türkei, München 1997

Eberhard Seidel-Pielen, Unsere Türken. Annäherung an ein gespaltenes Verhältnis, Berlin 1995

Claudius Sieber-Lehmann, Der türkische Sultan Mehmed II. und Karl der Kühne, der „Türck im Occident", in: Franz Rainer Erkens (Hrsg.), Europa und die osmanische Expansion im ausgehenden Mittelalter, Berlin 1997

Udo Steinbach, Die Türkei im 20. Jahrhundert – schwieriger Partner Europas, Bergisch Gladbach 1996

Udo Steinbach, Geschichte der Türkei, München 2000

Henri Stierlin, Von den Seldschuken zu den Osmanen, 1998
Bassam Tibi, Aufbruch am Bosporus, München 1998
Bassam Tibi, Europa ohne Identität? Die Krise der multikulturellen Gesellschaft, München 1998
Bassam Tibi, Kreuzzug und Dschihad. Der Islam und die christliche Welt, München 1999
Bassam Tibi, Einladung in die islamische Geschichte, Darmstadt 2001
Monika Tworuschka, Analyse der Geschichtsbücher zum Thema Islam, Braunschweig 1986
Ernst Wagner (Hrsg.), Quellen zur Geschichte der Siebenbürger Sachsen, Köln 1976
Harry Wagner – Friedburg Maier u.a. (Hrsg.), Recht und Rat. Handbuch zur Sozialen Arbeit mit MigrantInnen, Freiburg 1996
Wapnewski (Hrsg.), Walther von der Vogelweide, Gedichte, Frankfurt 1962
Michael W. Weithmann, Atatürks Erben auf dem Weg nach Westen. Die Türkei im Spannungsfeld zwischen Nahost und Europa, München 1997
H. Widmann, Exil und Bildungshilfe. Die deutschsprachige akademische Emigration in die Türkei nach 1933, Bern/Frankfurt 1973
Zentrum für Türkeistudien (Hrsg.), Ausländer in der Bundesrepublik Deutschland. Ein Handbuch, Opladen 1994
Zentrum für Türkeistudien (Hrsg.), Achmed Talib. Stationen des Lebens eines türkischen Schuhmachermeisters in Deutschland von 1917 bis 1983. Kaiserreich – Weimarer Republik – Drittes Reich – DDR, Köln 1997
Herbert Zippe, Illustrierte Geschichte Österreichs, Innsbruck 1967

Anhang

Eine kleine Islamkunde in Stichworten

Abraham

Der Koran bezeichnet A. (Ibrahim) als „Vorbild für die Menschen", „Anvertrauter" bzw. „Freund Gottes"; er gilt neben Moses, Jesus und den anderen jüdischen Propheten als „Prophet Gottes" (der Allah mit seinem Verstand „gefunden" hat), die mit Mohammed als dem „letzten Propheten" die gleiche göttliche Offenbarung verkündeten. A. gilt als Urvater der drei monotheistischen Religionen. Im Koran finden sich viele Parallelen zur christlich-jüdischen Tradition (Abrahams Gotteserkenntnis, seine Kritik am Polytheismus, Bitte für das vom Untergang bedrohte Sodom, Opferung seines Sohnes und die Verhinderung durch Gott). Nach dem Koran steht auch die Kaaba in Mekka in Verbindung zu A. (Erbauung zusammen mit seinem Sohn Ismael oder „Reinigung" eines vorgefundenen Gebäudes von polytheistischen Greueln). Auf A. wird die Wallfahrt (Hadsch) nach Mekka zurückgeführt. Im katholisch-islamischen Dialog spielt A. eine bedeutende Rolle; Papst Johannes Paul II. hat mehrfach auf seine Juden, Christen und Muslime verbindende Rolle hingewiesen.

Aleviten

Diese insbesondere in der Osttürkei, auch Syrien (Staatspräsident Assad) verbreitete schiitische Richtung, wobei die A. selbst grundsätzlich die Zugehörigkeit zur schiitischen Richtung ablehnen, benennt sich nach dem Schwiegersohn des Propheten, Ali, wird im muslimischen Raum meist als Häretiker mißtrauisch betrachtet, weil sie zwar an Allah und seinen Propheten glauben, den Koran anerkennen, die üblichen Pflichten (fünf Säulen) aber anders interpretieren, den Moscheebesuch als unwesentlich betrachten, religiöse Versammlungen in Gemeinschaftshäusern ohne strenge Geschlechtertrennung abhalten, die Fastenzeit nicht einen ganzen Monat, sondern an bestimmten Tagen durchführen, gemeinsame Tänze erlauben und kein Kopftuch für Frauen vorschreiben, ebenso wenig rituelle Waschungen vornehmen; das Verzehren von Fleisch nichtrituell geschlachteter Tiere ist ebenso wie Alkohol erlaubt; neben der ganztägigen Cem-Versammlung wird großer Wert auf das persönliche Gebet in der Nacht gelegt. Die Spannungen zwischen Sunniten und A. sind auch in der türkischen Gemeinde in Deutschland ausgeprägt. Die A. sind in der Regel Befürworter des Laizismus und sozialdemokratischen Ideen aufgeschlossen.

Ali

Vetter und Schwiegersohn des Propheten Mohammed (verheiratet mit dessen Tochter Fatima), 4. Kalif (656–61), wird von den Schiiten als 1. Imam verehrt.

Ayatollah

(arab. „Zeichen Gottes") ist der höchste Ehrentitel für einen besonders verdienstvollen schiitischen Theologen, der als Mullah den Rang und die Autorität eines Gelehrten besitzt, theologische und juristische Fragen selbständig entscheiden zu dürfen. Der Rang des A. wird gewissermaßen vom Volk angetragen, es gibt keine Institution, die den

Titel formal verleihen kann; notwendig ist allerdings die Anerkennung durch die anderen Mullahs. Im heutigen Iran ist im Vergleich zur Geschichte eine Inflationierung des Titels zu beobachten.

Bilderverbot
Judentum und Islam nehmen das biblische B. besonders ernst; der Koran (vgl. 21,56 und 34,13) kritisiert lediglich Götzenbilder. Das B. wird aus der Unvollkommenheit des Menschen gegründet, der Gott nur unvollkommen, d.h. lästerlich darstellen könnte. Die Darstellung der Gesandten Gottes (Mohammed, Jesus) wie anderer Gläubiger wird abgelehnt, weil die Gefahr bestünde, sie zu Idolen bzw. Götzen zu machen. Ein generelles B. für Menschen und Tiere, nicht Pflanzen hat sich im Islam zu Beginn des 8. Jh.s durchgesetzt, gilt gleichermaßen für Sunniten und Schiiten, insbesondere sakralen Gebäuden, mit bedeutsamen Ausnahmen in Badeanlagen von Palästen, auf Teppichen, Prunkgegenständen und Illustrationen von Büchern.

Buchreligionen
sind für den Islam Judentum und Christentum, weil sie für den Koran als „Schriftbesitzer" mit Tora und Evangelium (Singular!) göttliche Offenbarungstexte besitzen. Im Gegensatz zu sog. Heiden gilt ihnen gegenüber Toleranz und freie Religionsausübung gegen Entrichtung einer Kopfsteuer. In Sure 2,62 und 22,17 werden auch die „Sabier" (vermutlich die noch heute existierende südarabische Täufergemeinschaft der Mandäer) sowie in 22,17 die Zoroastrier als Schriftbesitzer bzw. als Gläubige genannt.

Dschihad
(„Mühe", „Anstrengung") wird im Westen meist falsch mit „heiliger Krieg" übersetzt; für Kampf und Krieg benutzt der Koran die üblichen arab. Wörter Qital, Harb, Fath, Dschihad im Sinne eines „Einsatzes um der Sache Gottes willen". Muslime unterscheiden zwischen dem „Großen D.", der auf eine Bekämpfung der eigenen schlechten Seiten zielt, und dem „Kleinen D.", der auch bewaffneter Heidenkampf sein kann, ursprünglich nicht gegen „Schriftbesitzer" gerichtet war. D. ist immer eine persönliche Entscheidung, Staat oder Geistlichkeit kann – im Unterschied zur vom Neuen Testament nicht gerechtfertigten Vorstellung des aus aus dem römischen bellum iustum entwickelten proelium sanctum des Westens – nur dazu aufrufen. Dieser private Charakter des kleinen D. hat bis in abbasidische Zeit zu mehreren „Privatkriegen" muslimischer Geistlicher mit ihren Gemeinden außerhalb jeder staatlichen Politik geführt. In der Kreuzzugszeit wird der Begriff allerdings von Nuraddin, verstärkt Saladin für die politischen Zwecke der Rückeroberung eingesetzt. Da auch die Osmanen ihre Eroberungen entsprechend legitimierten, erklärt sich die westliche Fehlübersetzung, die durch die Instrumentalisierung des Begriffs durch heutige Fundamentalisten bestätigt erscheint. Dagegen betonen vor allem westlich ausgerichtete Staaten wie die Türkei den Großen D.; ähnliche Forderungen finden sich in deutschen (NRW) Lehrplänen für muslimische Unterweisung, daß durch D. das Lernziel erreicht wird, Schüler bereit und fähig zu machen, ihr Leben aktiv selbst in die Hand zu nehmen, Mißstände nicht als Schicksal zu nehmen, sondern an ihrer Beseitigung mitzuwirken. In syrischen Religionsbüchern wird der D. zum Einsatz für den Baath-Sozialismus; in der Präambel der ägyptischen Verfassung erscheint er als Aufforderung, die Verfassungsprinzipien umzusetzen.

Fasten
gehört zu den 5 Grundpflichten (Säulen) des Muslim, findet im Ramadan (9. Monat des islamischen Mondkalenders) statt, beginnt nach europäischem Kalender jedes Jahr 11 Tage früher als im Vorjahr; „rollt" also durch die verschiedenen Jahreszeiten; die Zeit der Enthaltsamkeit für jeden erwachsenen, gesunden Muslim von jeder Nahrung (auch Getränke und Genußmittel wie Rauchen) gilt von Morgendämmerung bis Sonnenuntergang (d.h. bis zu 20 Stunden) und wird als eine intensivere Hingabe an Gott und größere Solidarität mit den Mitgläubigen auf der ganzen Welt verstanden. Das allabendliche „Fastenbrechen" ist dann ein kommunikatives Ereignis im Verwandten-, Nachbarn- und Freundeskreis. Der Ramadan ist auch die Zeit der Buße und Versöhnung. Höhe- und Abschlußpunkt ist das Fest „Id al-Fitr" (Fest des Fastenbrechens), im türkischen Islam „scheker Bayram" (Zuckerfest), weil die Kinder vielerlei Süßigkeiten erhalten.

Fatwa
(eingedeutscht: Fetwa) ist das Rechtsgutachten eines „Mufti" (Rechtsgelehrter) über religiös-rechtliche Fragen, das jeder Gläubige einholen kann. F. reichen bis in die islamische Frühzeit zurück, dienten als Entscheidungshilfe für Richter, waren ein Mittel, den Islam den jeweils zeitgenössischen Problemen anzupassen.

Fünf Säulen
meint die Grundpflichten eines Muslim gegenüber Gott, seinen Mitmenschen und der Gemeinschaft (Umma). Indem sie von den Gläubigen öffentlich und gemeinsam vollzogen werden, sind sie sowohl persönliche wie gesellschaftliche Handlungen. Zu den Grundpflichten gehören: 1) das Glaubensbekenntnis; 2) das rituelle Pflichtgebet; 3) das Fasten; 4) die Pflichtabgabe (Zakat; meist ungenau bzw. falsch als Almosen bezeichnet); 5) die Wallfahrt nach Mekka.

Rituelles Gebet
gehört zu den 5 Grundpflichten (Säulen) des Islam; Gebetsrichtung anfangs gegen Jerusalem, bis Mohammed mit den medinesischen Juden brach und die Richtung Mekka vorschrieb; die zu seinen Lebzeiten variierende Zahl verfestigte sich im 1. Jh. muslimischer Zeitrechnung zu 5 über den Tag gestreuten rituellen Gebeten (neben den persönlichen spontanen) mit vorangehender Reinigung (Wasser an jeder Moschee, sauberer Sand in der Wüste), die mit entsprechender anständiger Kleidung innere Reinheit versinnbildlichen. Der Muslim braucht zum G. keine Moschee, weil „die ganze Erde für ihn zur Moschee gemacht" wurde. Es besteht aus der Rezitation von Suren und Gebeten, bei denen der Gläubige auf seinem Gebetsteppich steht, sich verbeugt, auf den Boden hinwirft und sitzt.

Geschichtsverständnis
Geschichte ist die notwendige Vorstufe zum Jenseits (Paradies). Jedes historische Ereignis hat für den Muslim einen doppelten Bezug: Im Diesseits soll er die ideale Gesellschaft der Umma aufbauen und im Jenseits sich für die irdischen Aktivitäten verantworten. Religion und Politik bilden eine Einheit, (staatliche) Geschichtsschreibung ist daher abhängig von theologischen Einflüssen. Aus westlicher Sicht sind die theolo-

gischen Unterschiede zwischen Sunniten und Schiiten geringfügig, die Auseinandersetzungen eine Folge der politischen Streitfrage hinsichtlich der Nachfolgeregelung. Die Frage nach dem rechtmäßigen Herrscher ist allerdings aus dem Selbstverständnis der Muslime theologisch-religiös hoch aufgeladen, die Opfer der kriegerischen Auseinandersetzungen werden zu Märtyrern.

Glaubensbekenntnis
Das islamische G. konzentriert sich auf den Glauben an den einen und einzigen Gott (strenger Monotheismus, korrespondierend mit einer islamischen Kritik an der christlichen Dreifaltigkeitslehre mit ihrer Tendenz zum Polytheismus), an Gottes Engel, an die Bücher Gottes (die Offenbarungen, insb. Koran), an die Gesandten Gottes (die Propheten, insb. den letzten: Mohammed), an den jüngsten Tag (Paradies).– Eine der Taufe vergleichbare Aufnahme in die Gemeinschaft der Gläubigen ist nicht vorhanden. Muslim wird man durch das bewußte Sprechen des Glaubenszeugnisses vor Zeugen: „Ich bezeuge, daß es keine Gottheit gibt außer Gott. Ich bezeuge, daß Mohammed der Prophet Gottes ist." Wer diese zentralen Aussagen nicht mehr für verpflichtend hält, gilt als ausgestoßen, ein früher (z.T. auch heute) todeswürdiges Vergehen.

Gottesbegriff
Der jüdische, christliche und muslimische Gott weist große Übereinstimmungen, aber auch Unterschiede auf. Gemeinsam ist die Vorstellung vom einen (einzigen) lebendigen Gott als Schöpfer der Welt, Herr der Geschichte, der es in seiner Barmherzigkeit (im Koran mehr als 700mal so genannt) gut mit den Menschen meint. Die von feministischen Theologie innerhalb des Christentum kritisierte Vorstellung von Gott als „liebenden Vater" ist dem Islam fremd, im Koran erscheint er als Rabb (Herr, Lehrer), der Mensch als sein „Diener" (nicht Sklave). Nach christlicher Vorstellung hat Gott aus Liebe zu den Menschen in dem historischen Jesus seine Transzendenz durchbrochen und (endliche) Menschengestalt angenommen, während für den Koran die Grenze zwischen Mensch und Gott unüberwindlich ist (Sure 42,11: „Ihm gleicht nichts.").

Hadith
(„Mitteilungen") sind neben dem Koran der zweite Traditionsstrang über Entscheidungen, Handlungen und Äußerungen des Propheten; entsprechende Aufzeichnungen anderer frühislamischer Autoritäten werden als „Idschma" bezeichnet. Die ursprünglich im Umlauf befindlichen mündlichen Überlieferungen wurden im 3. Jh. musl. Zeitrechnung in heute 6 weitgehend anerkannten Sammlungen zusammengefaßt, die sich durch z.T. widersprüchliche Versionen unterscheiden. Die Schiiten besitzen eine eigene Hadith-Tradition.

Imam
hat mehrere Bedeutungen; bei den Sunniten kann er den Vorbeter beim rituellen Gemeinschaftsgebet, religiöser Beamter, Vorbeter beim Freitagsgebet, Lehrer an einer Koranschule oder auch geistiges Oberhaupt von Richtungen und Schulen sein. Bei den Schiiten ist er der oberste Leiter Gemeinde, entspricht also dem sunnitischen Kalifen; er muß Nachkomme Alis sein.

Islam
leitet sich von der arab. Wurzel s-l-m (heil sein) ab, das aus der arab. Sprache abgeleitete Wort Muslim (aus dem Persischen abgeleitet: Moslem) geht auf die Partizipialform „aslama“ der gleichen Wurzel zurück: „derjenige, der sich Gott hingibt“; die westliche Bezeichnung „Mohammedaner“ ist nicht nur sachlich verfehlt, wirkt auf Muslime, die sich Gott und nicht dem als Mensch verstandenen Mohammed unterwerfen, wie eine Beleidigung (vergleichbar der Bezeichnung „Papisten“ für Katholiken). Hauptsächliches Wesensmerkmal des I. ist der Glaube an Einheit und Einzigkeit Gottes. Er ist einerseits eine der großen Weltreligionen, nach dem Selbstverständnis seiner Anhänger aber auch das aus innerer Überzeugungen kommende Praktizieren der den Gläubigen auferlegten religiösen Pflichten sowie die Vorstellung der einen und wahren Menschheitsreligion, aus der sich – ähnlich wie beim Christentum – ein Absolutheitsanspruch ableitet. In der muslimischen Theologie wird oft das Wort Islam mit dem Wort Salam (Frieden; vgl. hebräisch Schalom) in Verbindung gebracht, das aus der gleichen Wurzel abgeleitet ist.

Jerusalem
ist neben Mekka und Medina die drittwichtigste heilige Stadt des Islam, auf deren heiligen Felsen als Stätte des Abrahams-Opfers Abdalmalik 668 den Felsendom errichtete, in dessen unmittelbarer Nähe die südlich gelegene Al-Aqsa-Moschee nach islamischer Auffassung schon im Koran (17,1) erwähnt ist. Von dem Felsen soll zudem Mohammed seine Himmelsreise angetreten haben.

Jesus
im Koran Isa genannt, Sohn der Maria (keine Vaterschaft), nicht Gottes Sohn, gilt als Prophet, „Wort Gottes“, „Geist Gottes“, in mancher Hinsicht fast Mohammed gleichwertig; ihm werden Wundertaten, Heilungen und Totenerweckungen zugeschrieben; nach seinem Tod wird er zu Gott in den Himmel erhöht. Die Vorstellung seines Sühnetodes ist dem Islam fremd, weil sich jeder Mensch selbst vor Gott zu verantworten hat. Der Jesus des Koran tritt durch seine Reden und Handlungen hervor, die islamische Mystik entwirft das Bild eines heimat- und besitzlosen asketischen Wanderers, der in dieser Hinsicht selbst Mohammed übertrifft.

Kalifat
Das schon im Koran benutzte Wort Khalifa bedeutet „Stellvertreter Gottes auf Erden“, erhält historische Bedeutung durch das (als Einheit betrachtete) politische und religiöse Nachfolgeamt des Propheten Mohammed. Die vier ersten „Rechtgeleiteten Kalifen (632–661: Abu Bakr, Umar, Uthman, Ali) wurden von einem Beratungsgremien gewählt; diese Zeit wird in der muslimischen Historiographie als „Goldenes Zeitalter“, obwohl es von Bürgerkriegen und Kalifenmorden geprägt ist, aus denen die Dynastie der Umayyaden hervorging. Ab dem 9. Jh. ging die politische Macht des K. zurück, lokale Gouverneure und Heerführer gründeten neue Dynastien. Dem K. blieb die Rolle eines geistlichen Oberhauptes; islamische Rechtsgelehrte sahen die Einheit des Islam bzw. der Umma in der Erwähnung des Kalifennamens im Freitagsgebet und der in seinem Namen geprägten Münzen gewahrt. Vom 10.–12. Jh. gab es neben dem sunnitischen Kalifat der Abbasiden in Bagdad ein fatimidisches Gegenkalifat in Kairo.

Nach der Beseitigung des Abbasidenkalifat durch die Mongolen (1258) konnte jeder Sultan, der die religiösen Gesetze aufrechterhielt, den Titel beanspruchen. Seit dem 15. Jh. führten die Osmanensultane den Titel und versuchten ein universelles Kalifat wieder zu errichten. 1924 wurde das Kalifat von Kemal Atatürk abgeschafft.

Kismet
„Los", „Anteil", „Geschick" spielt im Volksglauben eine Rolle, ist kein theologischer Begriff. Im Westen als Fatalismus mißverstanden, ist es Ausdruck eines Gottvertrauens, das immer mit dem Eingreifen Gottes (Schicksalsschläge oder Glücksfälle) rechnet.

Koran
Der K. („Vortrag", Rezitation"), aus 114 Suren (Abschnitten) mit unterschiedlich vielen Versen bestehend, in der Regel nach Länge geordnet (Ausnahme Sure 1), entstanden ab 610 zunächst in Mekka, dann in Medina, ist für Muslime nicht das Werk Mhammeds, sondern „Wort Gottes". Die heutige verbindliche Koranausgabe entstand unter dem 3. Kalifen Uthman. Überwiegend (etwa 90%) beschäftigt sich der Koran mit ethischen Werten und den Eigenschaften Gottes, nur eine Minderheit der Verse von etwa 6% mit konkreten Vorschriften. Als Gottes Werk gilt der Koran als unübertrefflich, als wunderbares, unübertreffliches Buch, ohne jeden Widerspruch, auch neuzeitliche wissenschaftliche Erkenntnisse vorwegnehmend. Da Gott den Koran in Arabisch entstehen ließ, gilt diese als „heilige Sprache".

Medina
ist neben Mekka und Jerusalem die zweite heilige Stadt des Islam, weil sie Wohnsitz des Propheten seit der „Hidschra" („Auswanderung") aus Mekka 622 war und sich dort seine Grabmoschee befand, um die – spätosmanisch prachtvoll ausgeschmückt und heute von den fundamentalitischen Wahhabiten im 19. Jh. zerstört – neben Wallfahrt eine regelrechte Heiligenvereherung entstand; M. hat bis heute zahlreiche Ausbildungsstätten.

Mekka
ist Geburtsstadt des Propheten und des Islam, seine heiligste Stadt, gilt als „Mutter der Städte" (Sure 6,92; 42,7), ist Zielort der verpflichtenden Wallfahrt, Richtung des rituellen Pflichtgebetes; Mittelpunkt ist die Kaaba (ein 13m langer, 12m breiter und 15m hoher mit schwarzem, goldbestickten (Koranverse) Seidentuch behängter Quader. Nach islamische Überlieferung ist die Kaaba so alt wie die Menschheit, von Adam errichtet; Abraham hat mit seinem Sohn Ismael das inzwischen zerstörte Gebäude wieder aufgerichtet.

Mohammed
um 570 in Mekka geboren, gestorben 632; aus der angesehenen Sippe der Haschimiten aus dem Stamm der Quraisch, nach dem frühen Tod des Vaters von seinem Großvater, dann seinem Onkel erzogen. Mit 25 Jahren lernt der Kaufmann M. die angesehene Kaufmannswitwe Chadidscha kennen, deren Geschäfte er führt und später heiratet. Ein Wendepunkt tritt um 610 ein, als M. intensiver nach dem Sinn des Lebens fragte, das

oberflächliche Leben der Mekkaner kritisierte, sich in die Berge zurückzog, die göttliche Offenbarung erfuhr und den arabischen Polytheismus kritisierte. Dies fand den Widerstand der wohlhabenden Kaufmannschaft, die an dem bedeutenden Wallfahrtsort Mekka (Kaaba) interessiert war. Die innermekkanischen Auseinandersetzungen führten 622 zur „Hidschra („Auswanderung", Exil, nicht Flucht) nach Medina, wo verschiedene Stämme einen Friedenrichter suchten. Hier zeigt sich M. weniger als religiöser Führer denn als Staatsmann, Politiker und Feldherr, der die weiterhin rivalisierenden Mekkaner besiegt, nach Mekka zurückkehrt und in der Kaaba die Götzenbilder zerstört. Bei seinem Tod war er religiöser und politischer Führer ganz Arabiens. Sehr bald nach seinem Tode werden seine Lebensweise und Aussprüche zum Leitbild der Gläubigen, wird zum Idealbild des gerechten, charismatischen Führers. Aufgrund der auf ihn zurückgehenden Verbesserung der Lage der arabischen Frauen, seines Einsatzes für unterprivilegierte Gruppen (z.B. Sklaven) betrachten manche islamischen Denker M. als Sozialreformer (manchen sogar als Sozialisten), mindestens als Verfechter einer gerechteren Gesellschaftsordnung.

Moschee
von arab. „Masdchid", der Ort, an dem man zum Gebet niederfällt; in jedem größeren Ort als Freitagsmoschee mit Gebetsnische Richtung Mekka vorhanden; daneben kleinere Gebteshäuser; Kanzel und Brunnen für das rituelle Waschen ferner Koranständer gehören zur Ausstattung; Fußmatten oder Teppiche bedecken den Boten, Bilder sind verboten, dafür kunstvolle Kalligraphie vorhanden. Die Zentralmoschee ist meist Zentrum des gesellschaftlichen Lebens, häufig beherbergte sie die lokale Verwaltung, Medresen (Bildungseinrichtungen) sind oft angeschlossen (Al-Azhar-Universität in Kairo).

Mufti
Gelehrter, der seit dem 8. Jh. ein Rechtsgutachten (Fatwa) erstellen darf, in osmanischer Zeit von erheblicher Bedeutung für das politische und Alltagsleben.

Mullah
Titel des rangniedrigsten Geistlichen bei den Schiiten, vergleichbar dem christlichen Gemeindepfarrer.

Scharia
bedeutet „Weg", meint ursprünglich den Weg zur Verwirklichung der Einheit von Glauben und Handeln, dann die Gesamtheit der Vorschriften, die das private und öffentliche Leben der Menschen betreffen. Im Westen wird S. oft als „islamisches Gesetz" übersetzt, mißverständlich, wenn darunter die westliche Vorstellung von (säkularem) Recht und Gesetz mitklingt. In islamischer Vorstellung sind die Vorschriften nicht Selbstzweck, sondern Hilfen, sich richtig auf Gott auszurichten. Daraus folgt, daß nicht in jeder historisch-politischen Situation jede Regelung der S. zum Tragen kommen muß (z.B. Regelungen zur Sklaverei finden heute in keimem islamischen Staat zumindest offiziell Anwendung). Dagegen benutzen Fundamentalisten heute die Kopftuchfrage zur politischen Abgernzung vom Westen.

Schiiten
Schia heißt „Abspaltung". Selbst in viele Richtungen zersplittert, sind die S.neben den Sunniten Anhänger einer der beiden großen Hauptrichtungen des Islam. Im Frühislam trennten sie sich von den Sunniten weniger aus theologischen Gründen sondern im Streit über die Nachfolgefrage: die S. erkannten nur Nachkommen Alis, des Neffen und Schwiegersohn Mohammeds, als oberstes Gemeinhaupt an, während den Sunniten die Zugehörigkeit zum Stamm des Propheten ausreichte. Innerhalb des Islam bilden die S. eine Minderheit von etwa 10–15%.

Sunniten
Sunna bedeutet gewohnte Handlungsweise hinsichtlich der Verkündung des Propheten, seiner Aussprüche und Handlungen, auch die seiner frühen Gefährten, bedeutet dann in Abgrenzung zur Schia die Orthodoxie, der sich die Mehrheit (fast 90%) der Muslime als Sunniten verpflichtet weiß.

Umma
bezeichnet die von Mohammed geschaffene religiöse und politische Gemeinschaft der Gläubigen, die die alten Stammesbande bzw. Clanstrukturen ersetzte. Gott ist der eigentliche Herrscher der U., der Mensch sein Stellvertreter (Khalifa), die U. beruht mithin auf der Gottesfürchtigkeit ihrer Mitglieder, umfaßt auch den politischen Bereich, da für den Muslimen ein separierter Bereich nicht existiert, sein religiöser Auftrag die ganze Welt bzw. alle Lebenslagen umfaßt. Anfangs bestand die Umma überwiegend aus Arabern, mit der zunehmenden Konversion von Nicht-Arabern seit den Abbasiden (ab 750) wird die U. als Gemeinschaft vieler Völker verstanden, die jeden aufnimmt, der sich zum Islam bekennt und seine Gebote einhält.

Wallfahrt
Für alle erwachsenen Muslime beider Geschlechter ist die Hadschdsch religiöse Pflicht, die am 1. Tag des Monats Shawwal (folgt dem Ramadan) beginnt. Folge dieser Terminierung ist in historischer Zeit die Organisation von Pilgerkarawanen (auch ein Beschäftigungsfeld für nomadisierende Araber); deren Schutz war bedeutsames Herrschaftselement der Osmanen in Arabien. Im Gegensatz zu westlichen Pilgerfahrten ist An- und Abreise nicht konstituierendes Moment; wesentlich ist die Einhaltung bestimmter Riten (vom 8.–13. Tag).

Zakat
ist (neben der der freiwilligen Almosenspende) als regelrechte Steuer eine der 5 Grundpflichten; vom arab. Verb „zaka" = reinigen abgeleitet, interpretieren Muslime die Pflichtabgabe als eine Reinigung von Habgier mit ihrem sozial schädlichen Charakter; sie ist Ausdruck der Dankbarkeit gegenüber Gott, der dem Menschen die Möglichkeit eröffnet, in Wohlstand oder Armut zu leben, woraus für die Begüterten die Pflicht erwächst den ärmeren Mitmuslimen einen Teil des Besitzes zu geben. Die Grenze, wo Armut beginnt, ist allerdings in den vier anerkannten islamischen Rechtsschulen umstritten.